파이썬과 **리액트**를 활용한
주식 자동 거래 시스템 구축
데이터 수집부터 거래 자동화, API 서버,
웹 개발, 데이터 분석까지 아우르는

파이썬과 리액트를 활용한
주식 자동 거래 시스템 구축
데이터 수집부터 거래 자동화, API 서버,
웹 개발, 데이터 분석까지 아우르는

지은이 박재현

펴낸이 박찬규 엮은이 윤가희 디자인 북누리 표지디자인 Arowa & Arowana

펴낸곳 위키북스 전화 031-955-3658, 3659 팩스 031-955-3660

주소 경기도 파주시 문발로 115 세종출판벤처타운 311호

가격 28,000 페이지 348 책규격 188 x 240mm

1쇄 발행 2020년 02월 12일

2쇄 발행 2020년 08월 24일

ISBN 979-11-5839-188-1 (93000)

등록번호 제406-2006-000036호 등록일자 2006년 05월 19일

홈페이지 wikibook.co.kr 전자우편 wikibook@wikibook.co.kr

이 도서의 국립중앙도서관 출판시도서목록 CIP는

서지정보유통지원시스템 홈페이지(http://seoji.nl.go.kr)와

국가자료공동목록시스템(http://www.nl.go.kr/kolisnet)에서 이용하실 수 있습니다.

CIP제어번호 CIP2020001414

파이썬과 **리액트**를 활용한
주식 자동 거래 시스템 구축

데이터 수집부터 거래 자동화, API 서버, 웹 개발, 데이터 분석까지 아우르는

박재현 지음

위키북스

개발을 시작한 지 10년쯤 되는 시점에 어느덧 책을 두 권째 출판하게 됐습니다.

첫 번째 책의 주제는 암호 화폐와 관련된 시스템의 개발이었고, 이번 책에은 주식과 관련된 시스템의 개발을 다룬 책입니다. 두 권 모두 시스템 전반에 대한 구성 및 개발에 대한 내용을 다룹니다.

하나의 주제로 깊이 있게 다루는 내용도 좋지만, 아무것도 없는 상태에서 전체 시스템을 개발하는 내용을 다뤄보고 싶었습니다. 물론 깊이 면에서는 하나의 주제를 다루는 책보다는 얕을 수밖에 없습니다.

다만 시스템 개발의 전체적인 구성과 흐름, 개발 방법 등 개발자가 최소한으로 알고 있으면 좋을 내용과 주식이라는 주제를 결합해 지금까지 개발자로서 쌓아온 경험을 녹여내 좋은 책을 쓰고 싶었습니다.

이 책은 읽는 독자의 레벨에 따라 어렵게 느껴질 수도, 너무 쉽게 느껴질 수도 있습니다. 모든 독자의 기대를 만족할 수 없기에 1, 2년 차의 개발자 수준에 맞춰 작성하고자 했습니다.

이제는 개발자로서 어떠한 길을 가야 할지 고민하는 시점에 와서 이 책은 저한테 또 다른 기회를 줄 기회가 될 것 같아 설렘 가득하기도 합니다. 이 책을 읽는 독자분들께도 작은 영감이나 자극을 줄 수 있다면 성공한 게 아닐까 합니다. 마지막으로 여기까지 올 수 있었던 버팀목인 준우와 선우, 매번 미안하다는 말밖에 할 수 없는 아내, 소중한 친구들과 동료들, 항상 적극적으로 도와주시는 위키북스 대표님과 식구분들께 감사하다는 말씀 전하고 싶습니다.

책과 관련된 문의는 카페(https://cafe.naver.com/stocklab1)에 올려주시면 확인 후 답변드리겠습니다.
카페에서 추가 자료나 정보를 함께 공유할 수 있도록 할 예정입니다. 많은 관심 부탁드립니다.

01

주식 자동 거래 시스템
프로젝트

프로젝트를 진행하기에 앞서 이번 장에서는 '주식 자동 거래 시스템 프로젝트'가 무엇인지 간략히 소개하고, 프로젝트의 목표와 무엇을 배울 수 있는지 살펴보겠습니다. 그리고 나서 기본적인 개발 환경을 구성하는 방법을 알아보겠습니다.

앞으로 진행되는 장에서는 무수히 많은 코드와 익숙하지 않은 개념을 만나게 될 수도 있습니다. 이 책을 접하는 독자가 아는 범위에 따라 쉬울 수도 있고 어려울 수도 있습니다. 이 책은 기본적으로 간단한 프로그래밍 정도는 할 수 있다는 전제하에 작성했으며, 수많은 코드를 보면서 목표를 잃지 않기 위해 1장에서는 목표와 진행 방향을 알아보려고 합니다.

1.1 프로젝트 소개

이 프로젝트는 주식 자동 거래 시스템을 개발하는 프로젝트입니다. 하지만 단순히 자동 거래 시스템의 내용을 넘어 데이터를 수집하는 방법, 거래 자동화, 외부와 연결하기 위한 API 서버, API 서버와 데이터를 주고받는 웹 개발까지 아우르는 프로젝트입니다. 추가로 데이터 분석을 위한 기초적인 방법까지 실습하는 넓은 범위의 내용을 다루는 프로젝트입니다. 따라서 이 프로젝트는 많은 양의 코드를 개발해야 합니다. 그리고 습득해야 하는 기본 개념이나 기술이 많기 때문에 적지 않은 부담이 될 수도 있습니다. 주식 거래라는 주제로 기술을 습득한 다음 자신이 직접 필요한 시스템을 만들고 운영해보고 싶은 분에게는 기본적인 가이드라인을 제공하는 프로젝트가 될 것입니다. 하지만 개발 경험이 없는 분에게는 큰 도전이 될 수 있습니다. 어렵더라도 도전해보고 싶은 분에게만 이 책을 추천하고 싶습니다.

이 책은 개발 서적이기 때문에 코드를 중심으로 책이 구성돼 있습니다. 각 장에서는 개발하고자 하는 모듈에 관해 설명하고, 모듈 단위로 전체 코드를 소개합니다. 그다음 전체 코드에서 몇 개의 라인 단위로 코드를 소개하는 방식으로 진행합니다.

이 책을 진행하면서 실행해야 하는 명령어는 다음과 같이 Consolas 폰트에 굵은 이탤릭체로 작성했습니다.

__python -m unittest tests.test_agent_ebest__

코드를 실행한 후 출력되는 결과는 회색 배경의 박스 안에 작성했습니다.

```
>>> def func(a, b, c):
...     return b, a, c
...
>>> arg = [1, 2, 3]
>>> func(*arg)
(2, 1, 3)
```

이 책의 모든 코드는 https://github.com/wikibook/stock-trading/에서 내려받을 수 있습니다.

그럼 이어서 이 프로젝트의 목표를 알아보겠습니다.

1.2 프로젝트의 목표

이 책에서는 다음 세 가지 목표를 가지고 진행합니다.

- 증권사에서 제공하는 API를 이용해 파이썬으로 거래 자동화 시스템을 개발해 봅니다.
- 외부로 기능을 제공하기 위한 API 서버를 구현하고, API 서버를 이용한 웹과 앱에 필요한 화면을 만들어 봅니다.
- 데이터 분석에 필요한 내용을 실습해 봅니다. 주어진 데이터를 이용해 필요한 데이터를 만들어 보며, 최종적으로 퀀트 전략을 구현해 봅니다.

첫 번째 목표는 거래 자동화 시스템입니다. 증권사에서 제공하는 API를 이용하는 방법과 공공데이터 포털, 국내 외 사이트에서 제공하는 데이터를 수집, 저장하는 방법을 알아보고 최종적으로 트레이딩 로직을 적용하는 방법을 알아보겠습니다. 첫 번째 목표를 달성하면 그림 1.1과 같이 콘솔에서 데이터베이스에 쌓인 데이터를 볼 수 있으며, 자동으로 거래를 할 수 있는 스케줄러까지 구현하게 됩니다. 특별한 화면은 없지만, 자동으로 기본적인 거래를 할 수 있는 시스템을 구동할 수 있습니다. 파이썬을 이용한 데이터 수집, 저장, MongoDB의 활용, 스케줄러 구현 등 다양한 내용을 접하게 됩니다.

그림 1.1 데이터베이스에 저장된 데이터

두 번째는 거래 자동화 시스템에서 구현한 내용을 웹으로 확인할 수 있게 하는 것입니다. 시스템의 데이터를 확인할 수 있는 화면이 없다면 항상 로그나 데이터베이스를 들여다봐야 합니다. 불편한 시스템의 접근성을 개선하고, 사용자에게 필요한 화면을 개발하는 것을 목표로 합니다. 이를 위해서 파이썬으로 REST API 서버를 구성합니다. 먼저 REST API의 개념을 알아보고, API 서버를 구현합니다. API 서버를 개발한 다음에는 웹을 개발하며, 이 웹은 API 서버와 통신하면서 데이터베이스에 저장된 데이터를 그림 1.2와 같이 보여주고 차트를 그립니다.

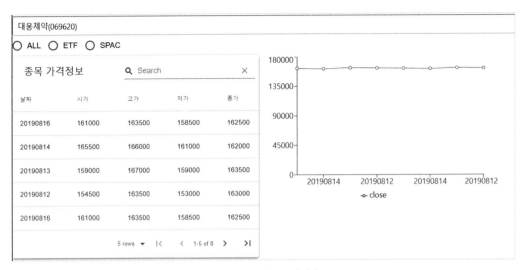

그림 1.2 API 서버와 통신하며 데이터베이스에 저장된 데이터를 보여주는 웹 화면

세 번째는 데이터 분석에 필요한 기본적인 방법을 익히는 것입니다. 데이터를 가공하고 시각화 등과 관련된 내용을 알아보겠습니다. 실제로 주식과 관련된 데이터를 제공하는 주체에 따라 데이터의 형식은 다양합니다. 다양한 형식의 데이터를 필요에 맞게 가공하는 방법과 간단한 차트를 그리는 방법을 알아보겠습니다. 그림 1.3과 같이 주피터 노트북을 이용해 차트를 그리고, 데이터를 가공하는 방법을 알아봅니다. 또한 데이터를 가공하는 방법을 기반으로 퀀트 전략도 살펴볼 예정입니다.

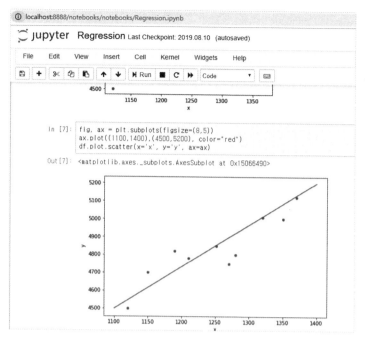

그림 1.3 주피터 노트북에서 데이터 분석

이렇게 3가지 목표를 위해서는 파이썬, 리액트, 판다스 등 몇 가지 언어와 라이브러리에 대해 알고 있어야 합니다. 이 프로젝트는 몇 가지 언어와 라이브러리를 이용해 시스템 개발에 필요한 항목에 대해 가이드라인을 제공하는 역할을 합니다. 하지만 사람마다 필요한 기능, 화면이 다를 수 있기 때문에 모든 내용을 프로젝트에 포함할 수는 없습니다. 이 책에서 제공하는 내용을 바탕으로 살을 덧붙여 자신만의 시스템 개발에 도전하기 바랍니다.

1.3 프로젝트에 진행에 필요한 사항

앞서 소개한 세 가지 목표를 진행하려면 파이썬과 리액트(ReactJS)에 대한 기본적인 내용을 알고 있어야 합니다. 파이썬은 배우기 쉽고 다양한 오픈 소스 라이브러리, 강력한 머신러닝, 딥러닝 프레임워크 등 편리성을 앞세워 많은 사람이 사용하는 언어로 성장했습니다. 이 책을 읽는 독자도 어느 정도 파이썬에 관한 기본적인 문법은 알고 있다는 가정하에 진행하며 별도로 파이썬 문법과 관련된 내용은 설명하지 않습니다.

이 외에 필요한 웹 화면을 개발하기 위해 리액트의 기본 개념을 소개한 다음 샘플 예제를 살펴보면서 리액트의 간단한 사용법을 알아봅니다. 물론 리액트 공식 페이지의 튜토리얼을 따라서 진행해보면 이 프로젝트를 진행하는 데 무리가 없을 것입니다. 하지만 튜토리얼 자체도 매우 많은 내용을 포함하고 있어서 이 책에서는 튜토리얼을 진행해보지 않더라도 리액트에 대한 내용을 익힐 수 있게 할 것입니다. 다만 리액트의 개발은 자바스크립트로 진행되며 기본적인 자바스크립트에 대한 문법을 알고 있어야 합니다. 이 책에서 자바스크립트에 관한 기본적인 내용은 소개하지 않습니다. 자바스크립트와 관련된 내용은 필요에 따라 인터넷[1]에 있는 자료나 다른 기초 서적을 읽어보길 권장합니다.

1.4 책의 구성

1장과 2장에서는 프로젝트 개발에 필요한 개발 도구와 프로젝트의 설정과 관련된 내용을 알아봅니다.

3~5장에서는 주식 자동 거래 시스템에 필요한 모듈을 만들어 봅니다. 먼저 3장에서는 데이터 수집과 관련된 내용을 살펴봅니다. 주식과 관련된 정보를 한 곳에서 다 얻을 수는 없습니다. 따라서 다양한 데이터 소스에서 필요한 데이터를 얻는 방법을 알아봅니다. 4장에서는 수집된 데이터를 저장할 수 있는 데이터베이스의 구성에 관해 알아봅니다. 시스템에서 데이터베이스는 굉장히 중요한 역할을 합니다. 분석을 위한 데이터, 거래 데이터, 가격 데이터 등 다양한 데이터를 영구적으로 보관할 수 있고 손쉽게 가져다 쓸 수 있는 데이터베이스는 자동화 시스템에서 필수적인 요소입니다. 5장에서는 3장과 4장에서 구현한 모듈을 이용해 주기적으로 실행하는 스케줄러 및 트레이딩 모듈을 구현하는 방법에 대해 알아봅니다. 추가로 백테스팅에 관련된 내용도 알아보겠습니다.

6장과 7장에서는 웹을 개발하는 데 필요한 내용을 살펴봅니다. 먼저 6장에서는 API 서버를 구성하는 방법을 알아봅니다. API 서버를 개발하기 위한 RESTful에 대한 개념을 알아보고 실제 구현까지 해보겠습니다. 7장에서는 6장에서 개발한 API 서버와 통신할 수 있는 웹 개발에 대한 내용을 알아봅니다. 먼저 리액트의 기본 개념에 대해 소개하며 샘플 예제를 통해 리액트의 사용법을 익혀봅니다. 그리고 최종적으로 프로젝트의 화면을 구현해 봅니다.

8장에서는 데이터 분석에 필요한 라이브러리와 관련된 내용을 알아봅니다. 라이브러리를 이용해 주어진 데이터를 가공해 새로운 데이터를 생성하는 방법을 알아보겠습니다.

---

1 https://www.w3schools.com/js/default.asp

9장에서는 이 프로젝트에서 개발한 코드를 배포할 수 있는 다양한 방법을 알아봅니다. 10장에서는 8장의 내용을 기반으로 몇 가지 퀀트 전략을 소개하겠습니다. 몇 가지 유명한 퀀트 전략에 대해 알아보고 이를 구현해봅니다.

목차에서 알 수 있듯이 시스템을 위한 개발 환경부터 서버, 웹 개발, 데이터 분석까지 광범위한 내용을 진행하게 됩니다. 1에서 10장까지 다양한 내용을 다루다 보니 상세한 내용을 모두 담기에는 한계가 있습니다. 그런 점에 대해서는 양해를 구합니다.

1.5 책에서 다루지 않는 내용

이 책은 주식 거래와 관련된 주제를 다루지만, 시스템 개발과 관련된 기본적인 내용을 소개하는 목적으로 집필했습니다. 따라서 다음과 같은 내용은 이 책에서 다루지 않습니다.

- 파이썬과 자바스크립트와 관련된 기본적인 문법과 사용법은 다루지 않습니다.
- 트레이딩 수익률, 선물, 옵션과 관련된 내용은 다루지 않습니다.

이 책에서는 지면 관계상 파이썬과 자바스크립트에 관련된 기본적인 문법과 사용법은 소개하지 않습니다. 파이썬과 자바스크립트와 관련된 기초적인 내용은 이미 시중에 좋은 책이 많이 나와 있으니 관련 서적을 참고하기 바랍니다. 자바스크립트와 관련된 내용은 소개하지 않지만, 리액트의 개념과 사용법은 소개합니다.

또한 이 책은 트레이딩 수익률을 높이기 위한 방법 및 선물, 옵션과 관련된 거래 방법 등 트레이딩 기법과 관련된 내용은 다루지 않습니다. 트레이딩의 수익률과 관련된 기법과 로직은 시스템의 기능을 이용해 직접 구현하기 바랍니다.

이 책은 주식 거래를 주제로 시스템을 처음부터 끝까지 스스로 구축해보는 것을 목표로 하고 있습니다. 목표에 집중하기 위해 범위를 벗어나거나 기초적인 내용과 관련된 내용을 소개하지 않는 부분에 대해서는 이해를 부탁드립니다.

다음 절에서는 프로젝트 진행에 필요한 개발 환경을 구성해 보겠습니다.

1.6 개발 환경 구성

이번 절에서는 개발 환경 구성과 관련된 내용을 알아보겠습니다. 이 책은 다음과 같은 환경을 기준으로 프로젝트를 진행했습니다.

운영체제: 윈도우10 64bit

파이썬: 3.6.8 32bit

리액트: 16.8.2

증권사: 이베스트 투자증권 xingAPI

대부분의 증권사는 OCX, COM, DLL 방식의 라이브러리를 제공합니다. 파이썬에서 OCX, COM 방식의 라이브러리는 윈도우 운영체제에서만 호출할 수 있기 때문에 프로젝트는 윈도우 환경에서 진행합니다. 그리고 증권사 API를 파이썬에서 사용하려면 32bit 파이썬을 사용해야 합니다. 리액트는 16버전 이상이라면 문제없이 프로젝트를 진행할 수 있습니다.

추가로 소스 코드를 작성하기 위한 통합 개발 환경(IDE), 파이썬 의존성(Dependency)을 관리하기 위한 가상 환경에 대해서도 알아보겠습니다.

먼저 다음 절에서는 파이썬 설치 및 가상 환경을 구성하는 방법을 알아보겠습니다.

파이썬 설치 및 가상 환경 구성

프로젝트를 진행하기에 앞서 파이썬을 설치하고 가상 환경을 구성하겠습니다.

먼저 파이썬을 설치하겠습니다. 파이썬 설치 파일은 공식 홈페이지[2]에서 내려받을 수 있습니다. 파이썬에는 32bit 버전과 64bit 버전이 있는데, 이 책을 따라 하려면 운영체제에 상관없이 32bit 파이썬을 설치해야 합니다. 64bit 파이썬은 증권사 API와 호환되지 않아 사용을 권장하지 않습니다.

---

2 https://www.python.org/

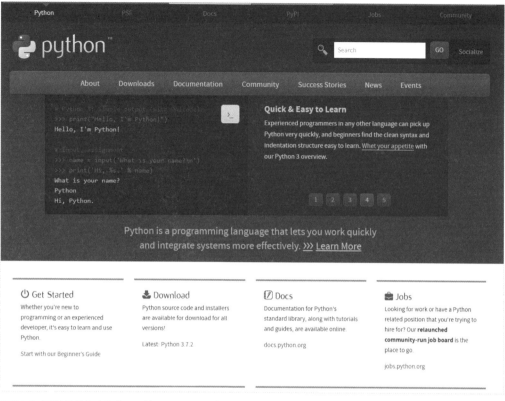

그림 1.4 파이썬 공식 홈페이지(https://www.python.org)

공식 홈페이지에서 [Downloads] → [Windows] 메뉴를 선택하면 여러 버전의 파이썬 버전을 확인할 수 있습니다. 파이썬 3.6.8 'Windows x86 executable installer'[3]를 내려받고 실행합니다.

파이썬 인스톨러가 실행되면 'Add Python 3.6 to PATH' 옵션을 선택하고 [Install Now]를 선택해 설치를 진행합니다. 만약 파이썬을 설치할 경로를 바꾸고 싶다면 [Customize installation]을 선택하고 설치 경로를 변경할 수 있습니다. 필자는 C:Wpython36_x86 경로에 설치를 진행하겠습니다.

---

3 https://www.python.org/ftp/python/3.6.8/python-3.6.8.exe

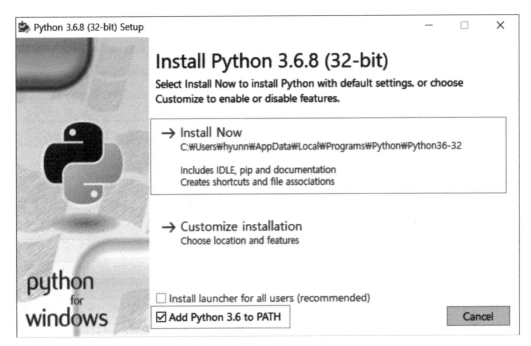

그림 1.5 파이썬 인스톨러로 파이썬 설치

설치가 완료되면 명령 프롬프트(cmd)를 실행한 다음 python 명령어를 실행합니다.

```
C:\>python --version
```

다음과 같이 파이썬 버전이 출력되면 정상적으로 설치가 완료된 것입니다.

```
Python 3.6.8
```

파이썬 3 버전부터는 pip라는 도구가 기본적으로 포함돼 있습니다. pip는 파이썬 패키지의 설치, 삭제
및 업그레이드를 도와주는 도구입니다. pip를 이용하면 수많은 라이브러리를 편리하게 설치할 수 있습
니다. pip도 정상적으로 실행되는지 확인하기 위해 다음 명령어를 실행합니다.

```
C:\>pip --version
```

정상적으로 실행되면 아래와 같은 메시지를 확인할 수 있습니다.

```
pip 18.1 from c:\python36_x86\lib\site-packages\pip (python 3.6)
```

pip의 사용법은 pip를 사용하는 시점에 간략하게 소개하도록 하겠습니다.

이번 절에서는 파이썬을 설치하는 방법을 알아봤습니다. 이어지는 절에서는 파이썬 가상 환경에 대해 알아보겠습니다.

파이썬 가상 환경 만들기

파이썬 가상 환경은 프로젝트 단위로 필요한 파이썬 패키지의 의존성을 관리하기 위해 사용하는 개발 도구입니다. 하나의 PC에서 여러 파이썬 프로그램이나 프로젝트를 만들게 되면 프로젝트마다 필요한 라이브러리 버전이 다를 수 있습니다. 이러한 문제를 해결하기 위해 프로젝트별로 가상 환경을 생성하고, 가상 환경에서 개발을 진행하면 프로젝트별로 필요한 라이브러리의 의존성을 손쉽게 관리할 수 있습니다. 가상 환경은 virtualenv와 virtualenvwrapper를 설치하면 사용할 수 있고, virtualenv와 virtualenvwrapper는 pip를 이용해 설치할 수 있습니다. 다음과 같이 pip install 명령어를 이용해 설치하려는 패키지 명을 입력하면 됩니다. Windows 용은 virtualenvwrapper-win을 입력합니다.

```
C:\>pip install virtualenv virtualenvwrapper-win
```

설치가 완료됐으면 파이썬 가상 환경을 이용할 수 있습니다.

다음은 가상 환경을 사용하는 방법을 알아보겠습니다. virtualenvwrapper는 가상 환경과 관련된 기능을 손쉽게 사용할 수 있도록 명령어를 제공하는 역할을 합니다. 그중에서 이 책에서 사용할 명령어는 다음과 같습니다.

- mkvirtualenv : 가상 환경을 만듭니다.
- deactivate : 가상 환경을 종료합니다.
- rmvirtualenv : 가상 환경을 삭제합니다.
- workon : 가상 환경으로 진입합니다.

이번 프로젝트에서 사용할 가상 환경을 생성하면서 각 명령어를 살펴보겠습니다. 프로젝트에서 사용할 가상 환경의 이름은 stocklab으로 하겠습니다. 먼저 가상 환경을 만들기 위해 다음 명령어를 입력합니다.

```
C:\>mkvirtualenv stocklab
```

명령어를 입력하면 다음과 같이 실행되는 모습을 볼 수 있습니다.

```
Using base prefix 'c:\\python36_x86'
New python executable in C:\Envs\stocklab\Scripts\python.exe
Installing setuptools, pip, wheel...
done.
```

첫 번째 줄에는 가상 환경을 만드는 데 사용할 파이썬의 위치가 출력되고, 두 번째 줄에는 가상 환경이 만들어진 경로가 출력됩니다.

가상 환경이 만들어지면 다음과 같이 프롬프트의 앞부분이 가상 환경 이름(stocklab)으로 바뀐 모습을 확인할 수 있습니다. 이는 stocklab 가상 환경을 이용하고 있음을 알려줍니다.

```
(stocklab) C:\>
```

가상 환경을 종료할 때는 deactivate 명령어를 입력합니다.

```
(stocklab) C:\>deactivate
C:\>
```

가상 환경에 다시 진입할 때는 workon 명령어를 이용합니다.

```
C:\>workon stocklab
(stocklab) C:\>
```

workon 명령어만 입력하면 현재 생성된 가상 환경 목록을 볼 수 있습니다.

```
(stocklab) C:\>workon
```

```
Pass a name to activate one of the following virtualenvs:
==============================================================================
stocklab
```

가상 환경을 삭제할 때는 rmvirtualenv stocklab을 입력합니다.

```
C:\>rmvirtualenv stocklab
```

가상 환경은 프로젝트를 진행하는 데 꼭 필요한 도구는 아니지만, 프로젝트 관리를 위해서 대부분의 개발자가 사용하는 도구 중 하나입니다. 하나의 파이썬으로 여러 가지 프로젝트를 진행하게 되면 라이브러리에 대한 의존성 관리를 하기가 쉽지 않습니다. 특별한 이유가 없다면 가상 환경은 반드시 사용하길 권장합니다.

이번 절에서는 파이썬 가상 환경을 설치하고 사용하는 방법을 알아봤습니다. 다음 절에서는 프로젝트 개발에 사용할 통합 개발 환경(IDE)을 설치하는 방법과 사용법을 알아보겠습니다.

1.7 통합 개발 환경(IDE) – 비주얼 스튜디오 코드

통합 개발 환경은 코드 작성, 디버그, 컴파일, 배포 등 프로그램 개발과 관련된 모든 작업을 하나의 프로그램 안에서 처리하는 환경을 제공하는 소프트웨어를 의미합니다. 파이썬 개발을 지원하는 통합 개발 환경은 무료부터 유료까지 다양한 도구가 있습니다. 대표적인 파이썬 개발 환경으로는 파이참(PyCharm), 이클립스(Eclipse), 비주얼 스튜디오(Visual Studio), 비주얼 스튜디오 코드(Visual Studio Code) 등 다양한 통합 개발 환경이 있으며, 이번 프로젝트에서는 가벼우면서 무료로 사용할 수 있는 비주얼 스튜디오 코드를 사용하겠습니다. 이미 기존에 사용하고 있는 통합 개발 환경이 있다면 익숙한 통합 개발 환경을 사용해도 무방합니다.

비주얼 스튜디오 코드는 다른 통합 개발 환경보다 경량화된 코드 편집 도구입니다. 파이썬 외에 다양한 언어(C++, C#, Java, PHP, Go)를 지원하며, 웹 개발도 할 수 있습니다. 그리고 많은 플러그인을 제공하고 있어 취향에 맞게 확장할 수 있습니다.

비주얼 스튜디오 코드 설치 및 실행

비주얼 스튜디오 코드는 공식 홈페이지[4]에서 내려받을 수 있습니다. 공식 홈페이지의 첫 화면에서 [Download for Windows]를 선택해 설치 파일을 내려받습니다.

---

4 https://code.visualstudio.com/

그림 1.6 비주얼 스튜디오 코드 공식 홈페이지

내려받은 파일을 실행한 다음 설치가 완료되면 다음과 같이 비주얼 스튜디오 코드의 첫 화면을 볼 수 있습니다.

다음은 프로젝트 폴더를 만들어 보겠습니다. 폴더명은 'stock-lab'으로 하겠습니다. 메뉴에서 [File] → [Open Folder] (단축키 : Ctrl + K, O)를 선택한 다음 C:\stock-lab 폴더를 만들고 [폴더 선택] 버튼을 클릭하면 다음과 같이 프로젝트 개발을 시작할 수 있는 화면을 볼 수 있습니다.

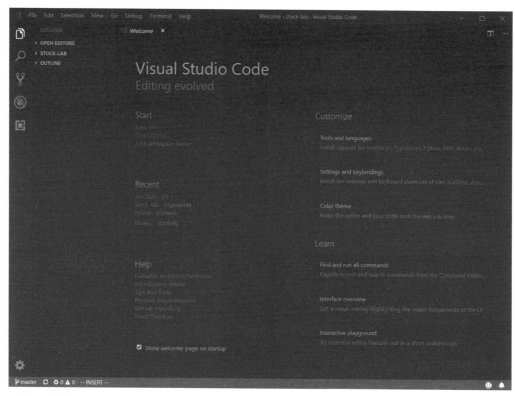

그림 1.7 비주얼 스튜디오 코드

왼쪽에 있는 Explorer 창은 프로젝트 폴더를 관리하는 창입니다. Explorer 창에서는 폴더와 파일을 생성하고 조회할 수 있습니다. Explorer 창에서 프로젝트명 오른쪽에 있는 아이콘은 왼쪽부터 차례로 파일 생성, 폴더 생성, 갱신(Refresh), 하위 폴더 접기(Collapse) 버튼입니다(그림 1-10).

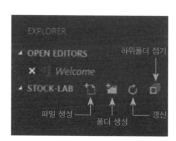

그림 1.8 EXPLORER 창 – 프로젝트명 오른쪽에 있는 아이콘

먼저 폴더와 파일을 생성해 보겠습니다. 'conf'라는 폴더를 생성하고, 'conf' 폴더에 'config.ini' 파일을 만들어 보겠습니다.

Explorer 창에서 두 번째에 있는 [폴더 생성] 버튼을 클릭해 폴더를 생성하고, 폴더명은 'conf'로 지정합니다. 이어서 첫 번째에 있는 [파일 생성] 버튼을 클릭하고, 파일명을 'config.ini'로 지정합니다.

그림 1.9 conf 폴더와 config.ini 파일 생성

config.ini 파일은 프로젝트에서 서버의 접속 정보와 사용자의 개인 정보를 저장하는 용도로 사용합니다. 이 파일은 절대로 외부로 노출되면 안 되는 중요한 파일입니다.

다음으로 Explorer 창 왼쪽에서는 그림 1.12와 같이 몇 가지 아이콘이 모여 있는 도구 모음을 볼 수 있습니다. 위에서부터 차례로 첫 번째 문서 탐색(Explorer), 문자열 검색(Search), 치환(Replace), 소스 컨트롤(형상 관리), 디버깅, 플러그인 버튼입니다.

그림 1.10 도구 모음

파이썬 플러그인 설치

도구 모음 중에서 마지막에 있는 플러그인을 이용해 파이썬 플러그인을 설치해 보겠습니다. [플러그인] 아이콘을 클릭하면 플러그인을 검색하고 설치할 수 있는 화면이 나옵니다. 왼쪽에 있는 검색창에서 'Python'을 입력해 검색하면 파이썬과 관련된 다양한 종류의 플러그인을 볼 수 있습니다. 그중에서 Microsoft에서 배포하는 Python을 클릭한 다음 오른쪽 화면에 있는 [Install] 버튼을 클릭해 Python 플러그인을 설치합니다.

그림 1.11 파이썬 플러그인 설치

이 플러그인은 파이썬 개발의 편의성을 위해 린팅(규칙 검사), 디버깅, 인텔리전스(코드 자동 완성), 코드 포맷팅, 리팩토링, 단위 테스트, 스니펫 등을 지원합니다.

이 외에도 에디팅을 위한 Vim이나 웹 개발을 위한 Web Server 등 개발에 필요한 다양한 플러그인을 제공하고 있습니다. 몇 가지 유용한 플러그인은 부록에서 소개하겠습니다.

이번 절에서는 비주얼 스튜디오 코드 설치를 설치하고 파이썬 플러그인을 설치했습니다. 이 책에서는 특별히 비주얼 스튜디오 코드와 관련된 내용으로 개발이 진행되는 내용은 없습니다. 따라서 통합 개발 환경은 개인의 취향에 따라 얼마든지 변경해도 무방합니다.

프로젝트
시작하기

이번 장에서는 최종적으로 구현할 시스템의 구조를 알아보겠습니다. 시스템의 구조는 데이터를 중심으로 필요한 모듈을 정의하게 됩니다.

- 데이터를 저장할 수 있는 데이터베이스
- 데이터를 수집하는 모듈
- 데이터의 저장/변경을 지원하는 모듈
- 데이터를 외부에서 핸들링하기 위한 API 서버
- 데이터를 외부에서 조회할 수 있는 웹

이처럼 모두 데이터를 중심으로 모듈을 구현하게 됩니다. 그리고 구현한 모듈은 테스트 케이스를 작성해 각 기능에 대해 단위테스트를 수행합니다. 그럼 구현하게 될 모듈을 알아보고, 프로젝트를 시작하기 위한 폴더를 구성해 보겠습니다.

2.1 시스템의 구조 및 설정

이번 절에서는 시스템의 구조를 자세히 알아보겠습니다. 이번 프로젝트에 필요한 모듈은 데이터를 중심으로 정의됩니다. 따라서 필요한 모듈에 대해 알아본 후 프로젝트를 시작하는 데 필요한 간단한 작업을 진행해 보겠습니다.

전체 시스템의 구성

시스템의 구성을 그림으로 그려보면 그림 2.1과 같습니다.

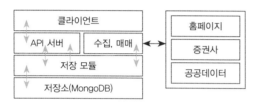

그림 2.1 시스템 구성 및 데이터 흐름

일반적으로 시스템은 저장소를 중심으로 구성되며, 저장소에는 다양한 데이터를 저장할 수 있습니다. 필요에 따라 데이터를 삽입, 변경, 삭제하게 되면 이러한 데이터와 관련한 작업을 사용자로부터 화면으로 입력받거나 자동으로 수행하게 할 수도 있습니다. 이번 프로젝트 역시 그림 2.1의 클라이언트 프로그램은 웹을 이용해 사용자에게 화면을 제공하며, 프로그램이 수행된 로직에 의해 최종적으로 데이터가 저장소에 반영됩니다. 또한 수집과 매매를 지원하는 모듈은 매일, 매시, 매분 자동으로 데이터를 수집, 변경합니다.

그림 2.1에서 화살표는 생성, 변경된 데이터가 이동하는 방향을 의미합니다. 데이터가 이동하는 방향에서 최종 목적지는 저장소이며, 저장소에 접근하려면 저장 모듈을 거쳐서 반영할 수 있게 구성했습니다. 저장 모듈이 없어도 저장소에 데이터를 반영할 수 있지만, 보안이나 기능적으로 제한된 방법만 허용함으로써 오류를 줄이고 무분별한 요청을 막을 수 있게 처리합니다.

그밖에 외부로 기능을 제공하는 API 역시 저장 모듈을 이용해 저장소에 있는 데이터에 접근하거나 변경할 수 있습니다. 다만 미리 정의한 데이터만 외부로 제공합니다. 최종 클라이언트 프로그램이나 웹은 특정한 화면에서 API 서버로 요청을 하게 되며, API 서버로부터 반환받은 데이터를 화면으로 제공하거나 변경합니다.

먼저 데이터를 수집하고 매매하기 위한 모듈을 구현합니다. 수집한 데이터와 저장소, 트레이딩 할 수 있는 모듈을 만들면 기본적으로 동작하는 시스템이 완성됩니다. 특별한 화면이 필요하지 않다면 이 모듈만으로도 시스템을 운영할 수 있습니다. 다만 데이터를 확인하거나 다른 사람에게 필요한 데이터를 제공하려면 매번 저장소에 접근해 확인하거나 로그를 들여다봐야 합니다.

이런 부분을 발전시키려면 API 서버와 클라이언트 프로그램이나 웹이 필요합니다. API와 서버 그리고 웹을 구현하면 사용자만의 HTS, MTS(홈/모바일 트레이딩 시스템)가 완성됩니다. 당연히 증권사에서 제공하는 시스템보다는 모든 면에서 떨어질 수밖에 없지만, 사용자에게 꼭 필요한 기능, 데이터만 효율적으로 보고 거래 이력을 데이터화해서 관리할 수 있게 됩니다.

프로젝트 모듈 구성

이번 절에서는 그림 2.1의 모듈에 필요한 기능을 정리해 보겠습니다.

1) 수집, 매매 모듈

주식 거래와 데이터 분석에 필요한 데이터를 수집하는 모듈입니다.

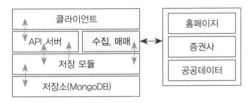

그림 2.2 수집, 매매 모듈

종목의 가격 정보와 종목과 관련된 여러 가지 정보를 수집하고, 간접 정보(환율 등)를 수집하는 역할을 합니다. 주식 관련 거래와 가격 정보는 증권사 API를 이용합니다. 증권사 API를 이용해 매수, 매도할 수 있는 주문 기능도 제공합니다. 그 외에 증권사에서 얻을 수 없는 정보를 공공데이터에서 얻는 방법과 웹페이지로부터 얻는 방법도 알아보겠습니다. 자세한 내용은 3장과 5장에서 살펴보겠습니다.

2) 저장 모듈(데이터의 저장, 변경을 지원하는 모듈)

여러 경로로부터 데이터의 저장, 변경, 삭제 요청을 받아서 저장소에 직접적으로 실행하는 모듈입니다. 저장소에는 저장 모듈을 통해서만 접근할 수 있게 합니다.

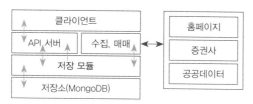

그림 2.3 저장 모듈

저장 모듈을 만들지 않아도 파이썬 라이브러리를 이용해 MongoDB에 저장, 수정, 삭제 등을 할 수 있습니다. 하지만 별도의 저장 모듈을 만드는 이유는 저장소에 일으키는 명령을 제어하고 로깅하기 쉬우며 무분별한 접근을 차단하고, 공통적인 역할을 손쉽게 처리할 수 있기 때문입니다. 저장 모듈은 수집, 매매 모듈뿐만 아니라 API 서버에서도 사용합니다.

그리고 저장소는 MongoDB를 사용합니다. MongoDB는 문서 기반 데이터베이스로 스키마가 자유로운 장점이 있습니다. 복잡한 계산을 요구하는 쿼리는 구현이 복잡해질 수도 있지만, 비교적 쿼리(질의)가 단순한 편입니다.

MongoDB와 관련한 내용은 4장에서 자세히 살펴보겠습니다.

3) API 서버

클라이언트나 웹과 통신하기 위한 API 서버를 구축합니다. API 서버는 외부 클라이언트나 웹이 저장소의 데이터를 이용하기 위한 다리 역할을 합니다.

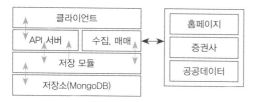

그림 2.4 API 서버

예를 들어 UI에서 사용자가 특정 행위(버튼 클릭, 마우스 이동 등)를 하면 클라이언트 프로그램은 특정 행위에 해당하는 정보를 API 서버에 요청하고, 그 값을 돌려받은 후 다시 UI에 정보를 갱신해주는 형태로 동작합니다. 이렇게 웹이 요청하는 정보를 제공하기 위한 API 서버는 RESTFul 기반으로 진행합니다. RESTFul에 관한 설명은 6장 API 서버 개발에서 살펴보겠습니다.

4) 웹

API 서버와 통신하며 자동 거래 시스템에 필요한 웹을 개발합니다. 웹이나 클라이언트 프로그램이 없다면 우리가 저장한 데이터를 조회할 때마다 직접 저장소로 들어가서 매번 쿼리를 수행해 필요한 결과를 얻어야 합니다. 이런 방식은 매우 번거로우므로 자주 조회하는 데이터를 손쉽게 조회하려면 웹을 개발하는 것이 좋습니다.

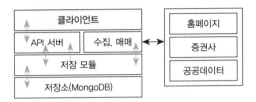

그림 2.5 클라이언트(웹)

웹은 웹 개발 라이브러리인 리액트를 기반으로 개발합니다. 기본적인 종목 데이터 선택, 데이터 조회, 차트를 지원하는 UI를 웹으로 개발합니다. 리액트와 관련된 내용은 7장에서 살펴보겠습니다.

5) 저장된 데이터 분석

마지막으로 시스템의 한 부분으로 데이터베이스나 파일로부터 데이터를 가져와 가공, 분석하고 시각화하는 방법을 알아보겠습니다. 데이터 분석 및 시각화는 각각의 주제만으로도 방대한 범위입니다. 이번 프로젝트에서는 간단한 차트를 그려보고 필요한 데이터를 만드는 방법을 알아보겠습니다. 이와 관련된 내용은 8장에서 살펴보겠습니다.

이번 절에서는 전체 시스템의 구성 및 시스템을 구성하는 모듈을 알아보고 어떤 항목을 진행할지 알아봤습니다. 이 프로젝트는 몇 가지 언어와 라이브러리를 사용해야 최종적으로 완성할 수 있습니다. 각 언어, 프레임워크 관련해서 깊은 내용을 알 필요는 없더라도 기본적인 개념과 사용법은 이해해야 진행할 수 있습니다. 개념과 사용법은 각 장에서 관련 있는 모듈을 개발하기 전에 소개하도록 하겠습니다.

이번 절을 통해서 어느 정도 이 프로젝트의 진행 방향을 이해할 수 있었을 것으로 생각합니다. 모든 개발 과정은 사용자가 이 내용을 기반으로 자신만의 시스템을 구성할 수 있도록 기본적인 내용에 초점을 맞추게 됩니다. 기본적인 내용을 잘 이해하고 익히면 응용하거나 활용하는 데에는 크게 문제가 없을 것입니다. 포기하지 않고 끝까지 잘 진행할 수 있기를 바랍니다.

이어서 다음 절에서는 프로젝트 설정을 진행하겠습니다.

2.2 프로젝트 초기 환경 설정

이번 절에서는 프로젝트를 시작하는 데 필요한 초기 환경을 구성해 보겠습니다. 웹 개발에 필요한 내용을 제외한 모듈 개발에 필요한 패키지를 정의합니다. 정의된 패키지를 기준으로 폴더로 만들면 됩니다. 웹 개발에 필요한 프로젝트 설정은 7장에서 진행하겠습니다. 그럼 첫 번째로 프로젝트 패키지를 구성해 보겠습니다.

프로젝트 패키지 구성

이번 절에서는 프로젝트 패키지를 구성해 보겠습니다. 각 모듈 단위로 패키지를 구성할 수도 있으며, 각 모듈을 여러 패키지를 이용해 구현할 수도 있습니다.

그림 2.2는 이 프로젝트의 패키지 구조입니다. stock-lab은 프로젝트 홈 폴더이며 하위에 'stocklab' 으로 패키지명을 정의했습니다. stocklab 하위에는 모듈별로 서브 패키지를 정의하겠습니다.

그림 2.2 프로젝트 패키지 구조 (위치:C:₩stock-lab₩stocklab)

각 서브 패키지는 다음과 같이 정의했습니다.

- agent : 수집과 매매를 지원하는 모듈

- db_handler : MongoDB에 저장, 변경을 지원하는 모듈

- scheduler: 스케줄러 모듈(주기적인 작업을 수행하기 위한 모듈)

파이썬에서 패키지는 일반적인 폴더로 생성하면 됩니다. 그리고 생성한 폴더에는 __init__.py 파일을 생성합니다. __init__.py는 해당 폴더가 패키지임을 알려주는 역할을 하며, 몇 가지 패키지에 대한 정보를 정의할 수 있고, 빈 파일이어도 상관없습니다. 파이썬 3.3 이상부터는 __init__.py 파일을 생성하지 않아도 패키지로 인식하지만, 하위 호환성을 위해 __init__.py를 만드는 것이 좋습니다. 우선 패키지 구조만 만들어 두고, 실제 구현은 3장부터 진행하겠습니다.

이번 절에서는 증권사 API에 대해 알아보겠습니다. 모든 증권사가 API를 제공하는 것은 아니지만, 중소규모의 증권사는 API를 제공하고 있습니다. 하지만 대부분 ActiveX 기반의 COM, OCX 방식으로 제공하거나 DLL 방식으로 제공하고 있습니다. COM, OCX 방식의 라이브러리는 윈도우 운영체제에서만 호출할 수 있기 때문에 프로젝트에서 윈도우 운영체제를 사용할 수밖에 없는 이유이기도 합니다.

이 프로젝트에서는 이베스트 투자증권에서 제공하는 xingAPI를 사용하겠습니다. 이베스트 투자증권의 xingAPI는 비교적 쉽게 자동화 시스템을 개발할 수 있는 환경을 갖추고 있습니다. 그리고 파이썬을 이용한 API 호출 역시 다른 API에 비해 비교적 쉽습니다. 이번 절에서는 이베스트 투자증권의 xingAPI에 대한 기본적인 내용을 알아보겠습니다.

이베스트 투자증권

이베스트 투자증권의 공식 홈페이지는 https://www.ebestsec.co.kr/입니다. 이베스트 투자증권에서 제공하는 xingAPI는 고객 프로그램에서 사용할 수 있는 API를 제공하며, xingAPI는 DLL, COM 버전을 제공합니다. COM 방식은 DLL을 기반으로 실행되지만, 사용자 편의를 위한 부분이 포함돼 있습니다. DLL 방식은 속도가 빠른 장점이 있지만, 개발의 편의성이 COM 방식보다는 떨어집니다. 따라서 이 프로젝트에서는 COM 방식을 파이썬에서 호출해서 사용하는 방식으로 진행합니다.

또한 이베스트 투자증권에서는 API를 테스트해볼 수 있는 DevCenter 프로그램을 제공합니다. DevCenter는 각 API에 대한 상세 정보를 확인하고, API를 테스트할 수 있는 프로그램입니다. 다음 절에서 DevCenter의 사용법을 알아보겠습니다.

그 외에 xingAPI에 대한 상세 개발 가이드는 아래 주소에서 확인할 수 있으며, PDF 형태로 내려받아 볼 수 있습니다. 중간중간 사용하게 될 API에 대한 내용은 책에서 간략히 소개하겠습니다.

> xingAPI 상세 개발 가이드 : https://www.ebestsec.co.kr/apiguide/guide.jsp

이베스트 투자증권 회원가입

우선 xingAPI를 사용하려면 이베스트 투자증권 홈페이지에서 회원가입을 한 다음 API 사용 등록을 해야 합니다. 그리고 계좌 개설을 위해서는 다음과 같은 단계를 거쳐야 합니다.

다이렉트 계좌 개설(비대면 계좌 개설) → 공인인증서 발행 또는 타행인증서 등록 → 모의 투자 신청

API 사용 등록을 하려면 공인인증서로 로그인해야 하며, 타행인증서 등록 후 로그인합니다 .

모의투자 신청

API 사용 신청이 완료되면 모의투자를 신청해 모의투자 상에서 개발을 진행하도록 하겠습니다. 모의투자 신청은 [고객센터] → [모의투자] → [상시 모의투자] → [모의투자 참가 신청]에서 할 수 있습니다. 필명과 비밀번호(홈페이지 비밀번호와 다른 비밀번호)를 입력하고, 상품은 국내주식을 선택합니다. 투자원금과 투자기간은 필요에 맞게 선택합니다. 약관에 동의한 다음 아래에 있는 [상시모의투자 신청하기] 버튼을 클릭합니다.

모의투자에서 사용할 필명과 모의투자 시스템 접속 로그인 비밀번호를 입력하세요.			
아이디	hyunny88		
모의투자 비밀번호	기존접속비밀번호 비밀번호 변경하기 4자리~ 8자리 이하 : 모의투자 시스템 접속 로그인 비밀번호 입니다. * 한글 사용 불가 (영문/숫자 2가지 이상 조합, 영문대소문자 구분)		
필명	☐ 중복확인 (특수문자 사용금지)		
상품구분	☑ 국내주식	☐ 국내선물옵션	☐ 해외선물
	투자원금 5억원 ▼	투자원금 3,000만원 ▼	각 통화별 고정금액
	투자기간 3개월 ▼	투자기간 3개월 ▼	투자기간 3개월 ▼
이메일	@ 직접입력 ▼		
연락처	- -		
수집.이용에 관한 사항			☑ 동의
제공에 관한 사항			☑ 동의

그림 2.3 모의투자 신청

모의투자 신청이 끝나면 참가 신청 이력을 확인할 수 있습니다.

모의투자 참가신청	모의투자 참가취소			

*   님의참가신청내역은다음과같습니다.

대회명	상시모의투자			
아이디				
리그부문	**국내 주식**	☐ **국내 선물옵션**		**해외 선물**
	계좌: 555-01- 투자원금:500,000,000 기간: 19/02/16 ~ 19/05/16	미신청		미신청

확인

그림 2.4 모의투자 참가 신청 내역

실거래 투자를 위한 계좌 개설

알아보기

이번 프로젝트는 모의투자를 대상으로 개발하지만, 실거래 계좌도 비대면으로 개설할 수 있습니다. 아래 주소의
플레이 스토어/앱스토어에서 이베스트 투자증권 앱을 내려받은 다음 계좌 개설 절차에 따라 진행하면 실거래
계좌를 만들 수 있습니다.

- 안드로이드 : https://play.google.com/store/apps/details?id=com.ebest.mobile&hl=ko
- iOS : https://apps.apple.com/kr/app/이베스트-모바일-계좌개설-가능/id978618686

xingAPI 설치

이어서 xingAPI를 설치하겠습니다. 이베스트 투자증권 홈페이지에서 [고객센터] → [매매시스템] →
[API] 메뉴로 이동합니다. 화면에 xingAPI 패키지 설치 화면이 나오면 [최신버전 설치] 버튼을 클릭해
xingAPI 설치를 진행합니다

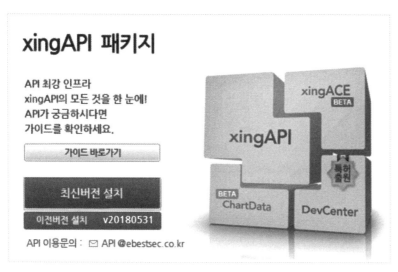

그림 2.5 xingAPI 설치 파일 내려받기

설치를 완료한 다음 DevCenter를 실행하면 그림 2.6과 같이 로그인 화면을 볼 수 있습니다.

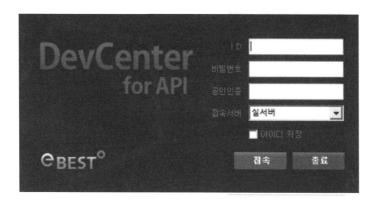

그림 2.6 xingAPI 테스트를 위한 DevCenter

접속 서버는 실서버와 모의투자 서버 중에서 선택할 수 있습니다. 실서버는 공인인증서가 필요하며, 공인인증서 비밀번호까지 모두 입력해야 합니다. 모의투자는 공인인증서 없이 ID와 비밀번호만으로 로그인할 수 있습니다. 이 프로젝트는 모의투자를 기준으로 진행합니다. 물론 모의투자를 기반으로 개발한 내용을 그대로 실서버에서 운영할 수도 있습니다. ID와 비밀번호는 모의투자 신청에서 작성한 내용을 입력하면 접속할 수 있습니다. 정상적으로 로그인했다면 다음 그림과 같이 DevCenter 메인 화면을 볼 수 있습니다.

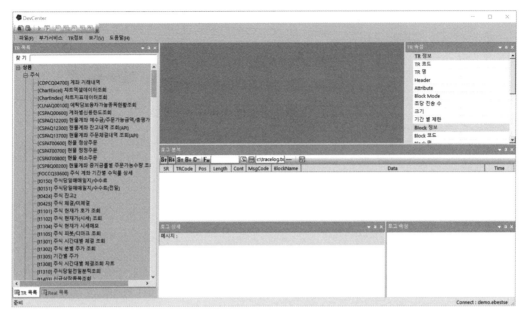

그림 2.7 DevCenter 메인 화면

가장 먼저 DevCenter의 툴바에 있는 Res 파일 내려받기 버튼(🖳)을 클릭해 Res 파일을 컴퓨터로 모두 내려받습니다. 내려받기가 완료되면 C:\WeBEST\xingAPI\Res 경로에 Res 파일이 저장됩니다. Res 파일은 TR[1]의 정보가 담겨있는 파일입니다. TR을 요청하려면 Res 파일이 반드시 필요하며, Res 파일을 내려받는 작업은 DevCenter를 설치하고 한 번만 실행하면 됩니다. 이제 API를 사용하기 위한 준비를 모두 마쳤습니다.

다음 절에서는 DevCenter의 사용법과 xingAPI의 구조를 알아보겠습니다.

xingAPI 사용법

이번 절에서는 DevCenter를 이용해 xingAPI의 기본적인 사용법을 알아보겠습니다. DevCenter는 xingAPI의 종류와 API의 파라미터에 대한 기본적인 정보를 쉽게 찾을 수 있도록 도와줍니다. 그럼 기본적인 DevCenter의 사용법을 알아보겠습니다.

DevCenter 메인 화면의 왼쪽 영역에서는 TR 목록을 확인할 수 있고, 검색 기능도 제공합니다. 이 영역을 TR 목록 창이라고 부릅니다. TR은 코드명으로 구분되며, 예를 들어 주식 종목조회의 TR 코드는

---

1   TR은 Transaction의 약자로 서버로부터 데이터를 주고받은 행위를 말합니다.

t8436입니다. TR 목록 창에서 t8436을 검색한 다음 클릭하면 오른쪽 영역에서 t8436에 대한 파라미터 정보를 확인할 수 있습니다.

TR은 크게 InBlock과 OutBlock으로 구분됩니다. InBlock은 TR을 실행하는 데 필요한 값을 의미하며 사용자가 입력해줘야 하는 부분입니다. t8436에서는 gubun이라는 이름의 파라미터가 필요하며 그 값은 0(전체), 1(코스피), 2(코스닥) 중에서 입력할 수 있습니다.

OutBlock은 TR을 실행한 다음 얻을 수 있는 필드에 대한 정보를 나타냅니다. OutBlock 뒤에 OCCURS가 붙어 있다면 데이터가 반복적으로 나오는 구조를 의미합니다. 프로그래밍에서는 배열을 의미합니다. 즉, 그림 2.8의 t8436OutBlock은 동일한 필드명으로 여러 개의 데이터가 반복되는 형태로 나옵니다.

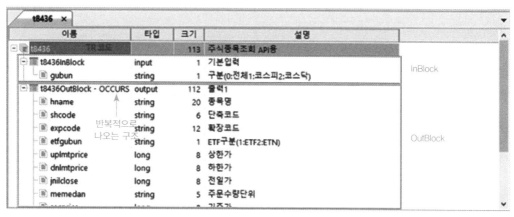

그림 2.8 t8436의 파라미터 정보

그럼 t8436을 실행해보겠습니다. TR 목록 창에서 t8436을 선택한 다음 상단에 있는 메뉴에서 [TR정보] → [TR모의 실행]을 실행합니다. TR모의 실행을 하면 TR 확인 창이 나오며, InBlock에서 필요한 gubun 값을 입력할 수 있습니다. gubun에 0을 입력한 다음 [조회] 버튼을 클릭해 실행해 보겠습니다.

그림 2.9 TR 확인 창

잠시 후 다음 그림과 같이 TR에 대한 결괏값을 확인할 수 있습니다. 그리고 결괏값 필드에는 OutBlock에 명시된 값들이 출력됩니다.

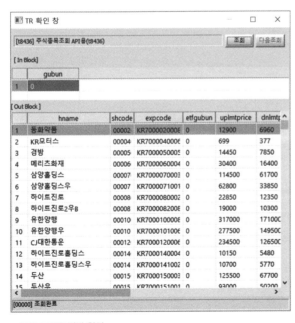

그림 2.10 TR 결과 확인

다른 TR을 실행할 때도 같은 방법으로 TR마다 필요한 InBlock의 값만 정해주면 TR을 실행해볼 수 있습니다. 이처럼 DevCenter를 이용하면 비교적 손쉽게 TR에 대한 정보 및 파라미터에 대한 정보를 확인하고 테스트해볼 수 있습니다.

xingAPI는 앞서 DevCenter에서 실행한 TR 목록을 DLL이나 COM 방식으로 제공해 프로그래밍 방식으로 TR을 호출할 수 있도록 지원하고 있습니다. 그중에서 xingAPI의 COM 방식에 대해 알아보겠습니다.

COM 방식은 컴포넌트 오브젝트 모델로 마이크로소프트사에서 제공하는 응용프로그램의 이진(binary) 인터페이스입니다. xingAPI가 COM 방식을 지원하므로 xingAPI를 손쉽게 호출할 수 있습니다.

xingAPI의 COM은 크게 3개의 객체로 구성돼 있습니다. 첫 번째는 서버 연결을 확인하고, 로그인에 사용하는 XASession 객체이고, 두 번째는 앞서 실행해본 TR 조회를 위한 XAQuery 객체이며, 마지막으로 실시간 정보를 확인하는 TR을 위한 XAReal 객체입니다. 특히 실시간 정보 확인을 위한 XAReal은 장 중에 특정 종목에 대한 거래 정보를 실시간으로 받아볼 수 있는 객체입니다. 다만 지정할 수 있는 종목 수는 제한이 있습니다.

xingAPI의 객체는 목적에 따라 메서드와 이벤트를 제공합니다. 이 프로젝트에서는 객체에서 제공하는 메서드와 이벤트를 사용해 증권사로부터 조회, 매매하는 모듈을 만들 것입니다. 그리고 이 프로젝트에서는 xingAPI의 객체가 제공하는 메서드들을 이용해서 증권사로부터 조회, 매매하는 모듈을 만들 것입니다.

표 2.1 xingAPI의 COM 객체

객체	용도
XASession	서버 연결, 로그인
XAQuery	조회 TR
XAReal	실시간 TR

이어서 각 객체의 메서드에 대해 알아보겠습니다. 각 메서드에 대한 레퍼런스는 xingAPI 가이드 문서(https://www.ebestsec.co.kr/apiguide/guide.jsp)로 이동한 다음 왼쪽에 있는 목록에서 [COM 객체 Reference]를 선택하면 확인할 수 있습니다. 메서드의 종류가 많은 관계로 설명이 필요하거나, 이 책에서 사용할 메서드에 대해서만 알아보겠습니다.

XASession 객체의 메서드

XASession 객체는 서버에 연결하고, 로그인과 관련된 메서드를 제공합니다. 서버에 연결하거나 연결을 종료하기 위한 메서드, 연결 상태를 확인하는 메서드 등이 있습니다. XASession 객체의 주요 메서드는 표 2.2와 같습니다. 메서드는 실제 파이썬에서는 구현하지는 않습니다. 메서드명 그대로 호출해서 사용하기만 하면 됩니다.

표 2.2 XASession 객체의 메서드

메서드명	설명
ConnectServer	서버에 연결합니다.
DisconnectServer	서버와의 연결을 종료합니다.
IsConnected	서버에 연결됐는지 확인합니다.
Login	서버에 로그인합니다.
Logout	로그인한 서버에서 로그아웃합니다.
GetLastError	마지막에 발생한 에러 코드 값을 구합니다.
GetErrorMessage	에러 코드 값에 대한 에러 메시지를 구합니다.

XASession 객체의 이벤트

XASession 객체의 이벤트는 다음 표와 같습니다. 이벤트는 메서드와 달리 파이썬에서 구현해야 하는 대상입니다. 이벤트는 직접 호출하는 것이 아니며 라이브러리에서 특정 이벤트가 발생하는 시점에 호출되는 콜백 메서드(callback-method)입니다. XASession 객체에는 다양한 이벤트가 있지만, 이 프로젝트에서는 사용하는 이벤트는 다음과 같습니다.

표 2.3 XASession 객체의 이벤트

이벤트명	설명
Login	서버에 로그인됐을 때 발생합니다.
Disconnect	서버와의 연결이 끊어졌을 때 발생합니다.

다음은 XAQuery 객체에 대해 알아보겠습니다. XAQuery 객체는 조회 TR을 처리하는 메서드와 이벤트를 제공합니다. 앞서 TR 모의 실행에서 OutBlock에 해당하는 정보는 XAQuery에서 제공하는 이벤트를 통해 받을 수 있습니다. XAQuery 객체는 이 프로젝트에서 가장 많이 사용하는 객체입니다.

XAQuery 객체의 메서드

XAQuery 객체에서 제공하는 메서드를 알아보겠습니다. 메서드는 TR별로 제공되는 방식이 아닌 TR 을 요청하는 메서드, 요청에 필요한 매개변수를 전달하는 메서드, 결과 데이터를 구하는 메서드가 제 공됩니다. 이 메서드에 TR 별로 다른 매개변수를 전달하고 결과 데이터를 선택적으로 받아올 수 있습 니다.

표 2.4 XAQuery 객체의 메서드

메서드명	설명
Request	조회 TR을 요청합니다.
GetFieldData	블록의 필드 데이터(값)를 구합니다.
SetFieldData	블록의 필드 데이터(값)를 설정합니다.
GetBlockCount	블록이 Occurs라면 Occurs의 개수를 구합니다.
LoadFromResFile	Res 파일을 지정합니다.
ClearBlockData	지정한 Block의 내용을 삭제합니다.
GetBlockData	블록 전체의 데이터를 구합니다.

XAQuery 객체의 이벤트

XAQuery 객체에서 구현해야 하는 이벤트는 데이터가 수신됐을 때 발생하는 이벤트입니다. 구현해야 하는 이벤트는 다음 표와 같습니다.

표 2.5 XAQuery 객체의 이벤트

이벤트명	설명
ReceiveData	서버로부터 데이터를 수신했을 때 발생합니다.
ReceiveMessage	서버로부터 메시지를 수신했을 때 발생합니다.

XAReal 객체의 메서드와 이벤트

마지막으로 XAReal 객체는 실시간 TR을 처리하는 객체입니다. 실시간 TR의 목록은 DevCenter의 왼 쪽 영역에서 아래쪽에 있는 Real 목록 탭을 클릭하면 확인할 수 있습니다. XAReal 객체의 메서드와 이 벤트는 다음 표와 같습니다.

표 2.6 XAReal 객체의 메서드

메서드명	설명
AdviseRealData	실시간TR을 등록합니다.
UnadviseRealData	실시간TR을 해제합니다.
GetFieldData	블록의 필드 정보를 구합니다
SetFieldData	블록의 필드 정보를 설정합니다.
LoadFromResFile	Res 파일을 지정합니다.
GetBlockData	블록 전체의 데이터를 구합니다.

표 2.7 XAReal 객체의 이벤트

이벤트명	설명
ReceiveRealData	서버로부터 데이터를 수신했을 때 발생합니다.

구체적으로 API를 호출하는 방법은 다음 장에서 살펴보겠습니다. API를 호출하고 이벤트를 구현하는 방법을 익히면 이 책에서 소개하지 않은 추가적인 메서드나 이벤트도 가이드 문서를 따라 사용할 수 있을 것입니다.

이번 절에서는 DevCenter와 xingAPI의 객체에 대해 알아봤습니다. DevCenter는 개발을 진행하면서 계속해서 참고하므로 사용법을 잘 알아두는 것이 좋습니다.

다음 장부터는 이번 장에서 살펴본 xingAPI 객체를 토대로 파이썬을 이용해 모듈을 개발해 보겠습니다.

03

데이터
수집

데이터 수집은 이 프로젝트에서 가장 중요한 요소 중 하나입니다. 데이터는 자동화 거래나 분석, 퀀트 투자뿐만 아니라 대부분의 시스템이 동작하는데 꼭 필요한 요소이며, 특히 머신러닝, 딥러닝에서 좋은 결과는 데이터를 수집하고 가공하는 과정에서 정해진다고 할 만큼 중요한 과정입니다. 하지만 데이터는 곧 비용으로 연결되기 때문에 실제 환경에서 사용자에게 유용하고, 잘 정리된 좋은 데이터를 구하기는 쉽지 않습니다. 그래서 이번 장에서는 다음과 같이 다양한 데이터 수집 방법을 소개하고 시스템의 모듈로 개발해 보겠습니다.

3.1 증권사 API를 이용한 주식 정보 수집

3.2 공공데이터 수집

3.3 웹 크롤링

3.4 데이터 마켓

3.1 증권사 API 이용한 주식 정보 수집

이번 절에서는 xingAPI를 파이썬 코드로 호출하기 위한 기본 코드를 작성하고, 기본 코드를 토대로 필요한 TR을 호출하는 방식으로 증권사 API를 쉽게 사용할 수 있게 만들어 보겠습니다. 지면 분량상 모든 TR을 다 구현할 수는 없기 때문에 종목 데이터의 코드 정보(t8436), 기간별 주가(t1305), 신용거래 동향(t1921), 공매도 일별 추이(t1927), 외인/기관별 종목별 동향(t1717)만 구현하겠습니다.

XASession 객체 구현

가장 먼저 구현할 객체는 XASession 객체입니다. XASession 객체에서는 증권사 서버에 접속하고, 접속 정보를 관리하기 위한 코드를 구현합니다. 먼저 표 2.2에서 소개한 XASession 객체의 메서드를 호출하는 방법을 알아보고, 표 2.3에서 소개한 XASession 객체의 이벤트를 구현하겠습니다. 이 프로젝트에서 사용할 메서드의 매개변수와 반환값은 다음 표와 같습니다. 자세한 내용은 xingAPI 도움말에 설명돼 있습니다.

표 3.1 XASession 객체의 메서드와 매개변수, 반환 값

메서드명	설명	매개변수	반환 값
ConnectServer	서버에 연결합니다.	szServerIP: 서버 주소 nServerPort: 포트	True: 연결 성공 False: 연결 실패
DisconnectServer	서버와의 연결을 종료합니다.		
IsConnected	서버에 연결됐는지 여부를 확인합니다.		True: 연결된 상태 False: 연결되지 않은 상태
Login	서버에 로그인합니다.	szID: 사용자 ID szPwd: 비밀번호 szcertPwd: 공인인증서 비밀번호 nServerType: 사용 안 함 bShowCertErrDlg: 인증 과정 중 에러 표시 여부	
GetLastError	마지막에 발생한 에러 코드 값을 구합니다.		ErrorCode

표 3.1의 메서드는 xingAPI의 COM에서 제공하는 메서드입니다. 파이썬에서 COM을 호출하려면 pywin32 라이브러리가 필요합니다. 1장에서 언급했듯이 파이썬은 32bit가 설치돼 있어야 하며, pywin32 라이브러리는 pip를 이용해 설치할 수 있습니다.

```
(stocklab) C:\stock-lab>pip install pywin32
```

파이썬을 실행하고, 다음과 같이 ConnectServer 메서드를 호출해 보겠습니다.

```
(stocklab) C:\Projects\stock-lab>python
Python 3.6.8 (tags/v3.6.8:3c6b436a57, Dec 23 2018, 23:31:17) [MSC v.1916 32 bit (Intel)] on win32
Type "help", "copyright", "credits" or "license" for more information.
>>> import win32com.client
>>> client = win32com.client.Dispatch("XA_Session.XASession")
>>> client.ConnectServer("demo.ebestsec.co.kr", 20001)
True
>>>
```

파이썬에서는 라이브러리를 불러오기 위해 import 명령어를 이용합니다. 먼저 import 명령어를 이용해 win32com.client를 불러옵니다. win32com.client.Dispatch는 COM 객체를 불러오는 메서드입니다. XASession 객체를 사용하려면 Dispatch 메서드의 인자로 "XA_Session.XASession"을 전달합니다.

```
>>> import win32com.client
>>> client = win32com.client.Dispatch("XA_Session.XASession")
```

불러온 XASession 객체는 client에 변수에 담고, client를 통해 ConnectServer 메서드를 호출합니다. 표 3.1에 나와 있듯이 ConnectServer 메서드를 호출할 때는 서버 주소와 포트를 매개변수로 전달합니다. 모의투자의 서버 주소는 'demo.ebestsec.co.kr'이며 포트 번호는 '20001'입니다. 이 정보를 ConnectServer 메서드로 전달하고, 서버에 정상적으로 접속되면 True가 반환되는 것을 확인할 수 있습니다.

```
>>> client = win32com.client.Dispatch("XA_Session.XASession")
>>> client.ConnectServer("demo.ebestsec.co.kr", 20001)
True
```

이처럼 xingAPI에서 제공하는 메서드는 코드 몇 줄이면 사용할 수 있습니다. COM을 지원하는 프로그램이나 API는 파이썬을 이용해 간단하게 호출할 수 있습니다. 그림 표 3.1에 나와 있는 다른 메서드도 테스트해보기 바랍니다.

다음으로 XASession 객체에서 구현해야 하는 이벤트에 관해 알아보겠습니다. XASession 객체에서 구현해야 하는 이벤트는 다음 두 가지입니다.

표 3.2 XASession 객체의 이벤트와 매개변수

이벤트명	매개변수	설명
OnLogin	code: 서버에서 받은 메시지 코드 msg: 서버에서 받은 메시지	로그인되면 발생하는 이벤트
OnDisconnect		서버에 접속이 끊기면 발생하는 이벤트

XASession 객체의 이벤트를 구현하겠습니다. stocklab 아래에 있는 agent 패키지에 ebest.py 파일을 생성합니다. ebest.py의 코드는 예제 3.1과 같습니다.

예제 3.1 XASession 객체의 이벤트 구현   (stock-lab/stocklab/agent/ebest.py)

```python
class XASession:
    #로그인 상태를 확인하기 위한 클래스 변수
    login_state = 0

    def OnLogin(self, code, msg):
        """
        로그인 시도 후 호출되는 이벤트.
        code가 0000이면 로그인 성공
        """
        if code == "0000":
            print(code, msg)
            XASession.login_state = 1
        else:
            print(code, msg)

    def OnDisconnect(self):
        """
        서버와 연결이 끊어지면 발생하는 이벤트.
        """
        print("Session disconntected")
        XASession.login_state = 0
```

먼저 표 3.2에서 살펴본 이벤트명과 같은 이름으로 클래스의 메서드를 생성합니다. 이렇게 하면 OnLogin 이벤트가 발생했을 때 OnLogin 메서드에 구현한 코드가 실행됩니다. 그리고 로그인 이벤트가 발생했을 때, 전달받은 code 값이 "0000"이라면 정상적으로 로그인된 상태입니다. 따라서 로그인 상태를 관리하기 위해 만든 login_state 변수의 값을 1로 설정합니다. 그 밖의 코드는 정상적으로 로그인되지 않은 것이므로 login_state 값을 변경하지 않고 code와 msg만 출력해 실패한 원인을 확인할 수 있게 합니다.

```python
def OnLogin(self, code, msg):
    if code == "0000":
        print(code, msg)
        XASession.login_state = 1
    else:
        print(code, msg)
```

OnDisconnect 이벤트는 매개변수가 없으므로 다음과 같이 구현합니다. 이 이벤트가 호출되면 서버와 연결이 해제된 것이므로 로그인 상태를 관리하기 위해 만든 login_state 변수의 값을 0으로 설정합니다.

```python
def OnDisconnect(self):
    print("Session disconntected")
    XASession.login_state = 0
```

XASession은 사용자의 연결 상태 정보를 관리하기 위한 객체로, 이번 절에서는 XASession의 두 가지 이벤트를 구현해 봤습니다. 이번 절에서 구현한 XASession 객체는 Ebest 클래스에서 로그인/로그아웃할 때 사용됩니다.

이어서 1장에서 만든 stock-lab/conf/config.ini 파일에 사용자 정보와 서버 정보를 입력하겠습니다. 그리고 코드에서는 config.ini 파일에 작성한 정보를 읽어와서 사용합니다. 이렇게 confing.ini 파일에 개인 정보를 따로 관리하는 이유는 코드에 서버 정보나 사용자의 아이디, 비밀번호가 노출되는 것을 막기 위함입니다. 1장에서 만든 config.ini 파일을 열고 다음과 같이 사용자 정보를 입력합니다.

예제 3.2 EBEST 모의 투자 정보   (stock-lab/conf/config.ini)

```ini
[EBEST_DEMO]
user=hyunny82
password=xxxxxxx
cert_passwd=
host=demo.ebestsec.co.kr
port=20001
account=555010xxxxx
```

[EBEST_DEMO]는 ini 파일의 섹션(section) 부분으로 하나의 카테고리를 의미합니다. 여기서는 모의투자 환경과 실서버 환경을 구분하기 위해 EBEST_DEMO로 이름을 정했습니다.

표 3.2 config.ini의 EBEST_DEMO에서 사용하는 옵션 값

	모의투자	실서버
user	홈페이지에서 설정한 ID	
password	홈페이지에서 설정한 비밀번호	홈페이지 로그인에 사용하는 비밀번호
cert_passwd	X(모의 투자에서는 사용하지 않음)	공인인증서 암호
host	demo.ebestsec.co.kr	hts.ebestsec.co.kr
account	발급받은 계좌번호	실제 소유하고 있는 계좌번호

user는 홈페이지의 ID로 설정하고, password는 모의투자를 신청할 때 설정한 비밀번호를 사용합니다. 공인인증서 암호(cert_passwd)는 모의투자에서는 사용하지 않고, 실서버에서는 입력해야 합니다. 모의투자의 host는 demo.ebestsec.co.kr이며, 실서버의 host는 hts.ebestsec.co.kr입니다. account는 모의투자를 신청할 때 발급받은 계좌번호를 입력합니다.

이어서 로그인과 로그아웃을 할 수 있는 EBest 모듈을 만들겠습니다.

예제 3.1에서 XASession을 구현했던 파일인 stock-lab/stocklab/agent/ebest.py에 추가로 코드를 작성합니다. 예제 3.3은 EBest 클래스에서 로그인/로그아웃과 관련된 코드입니다.

예제 3.3 로그인/로그아웃을 처리하는 EBest 모듈　　　　　　　　　　　(stock-lab/stocklab/agent/ebest.py)

```
import configparser
import win32com.client
import pythoncom


class XASession:
.... 생략 ....


class EBest:

    def __init__(self, mode=None):
        """
        config.ini 파일을 로드해 사용자, 서버 정보 저장
        query_cnt는 10분당 200개의 TR 수행을 관리하기 위한 리스트
```

```
    xa_session_client는 XASession 객체
    :param mode:str - 모의서버는 DEMO 실서버는 PROD로 구분
    """
    if mode not in ["PROD", "DEMO"]:
        raise Exception("Need to run_mode(PROD or DEMO)")

    run_mode = "EBEST_"+mode
    config = configparser.ConfigParser()
    config.read('conf/config.ini')
    self.user = config[run_mode]['user']
    self.passwd = config[run_mode]['password']
    self.cert_passwd = config[run_mode]['cert_passwd']
    self.host = config[run_mode]['host']
    self.port = config[run_mode]['port']
    self.account = config[run_mode]['account']

    self.xa_session_client = win32com.client.DispatchWithEvents("XA_Session.XASession",
XASession)

def login(self):
    self.xa_session_client.ConnectServer(self.host, self.port)
    self.xa_session_client.Login(self.user, self.passwd, self.cert_passwd, 0, 0)
    while XASession.login_state == 0:
        pythoncom.PumpWaitingMessages()

def logout(self):
    #result = self.xa_session_client.Logout()
    #if result:
    XASession.login_state = 0
    self.xa_session_client.DisconnectServer()
```

__init__ 함수부터 알아보겠습니다. __init__ 함수는 mode를 매개변수로 받습니다. mode는 PROD 나 DEMO 값만 취하며, 그 외 값은 예외를 발생시킵니다. mode 값에 따라 PROD는 실서버, DEMO는 모의서버로 접속합니다.

```
def __init__(self, mode=None):
    if mode not in ["PROD", "DEMO"]:
        raise Exception("Need to run_mode(PROD or DEMO)")
```

mode 값을 이용해 "EBEST_" 문자열과 결합해 config 파일에서 사용자 정보와 서버 정보를 읽어옵니다. mode 값으로 "DEMO"를 전달받았다면 config 파일에서 EBEST_DEMO 섹션에 있는 정보를 읽어옵니다.

configparser 라이브러리를 이용하면 conf/config.ini 파일에 있는 정보를 쉽게 불러올 수 있습니다.

```
run_mode = "EBEST_" + mode
config = configparser.ConfigParser()
```

먼저 config 인스턴스를 생성하고, read 메서드에 읽어올 파일의 경로를 전달합니다. 이번 프로젝트에서는 read로 파일을 읽은 다음 섹션의 옵션 값을 가져오는 정도만 알면 됩니다. configparser 라이브러리에는 파일을 읽어오는 기능뿐만 아니라 ini 파일을 생성할 수 있는 기능도 있으며 그밖에 몇 가지 유용한 기능을 제공하고 있습니다. 자세한 내용은 파이썬의 레퍼런스 문서[1]를 참조하기 바랍니다.

```
config.read('conf/config.ini')
```

config에서 섹션명과 옵션(user, password, cert_passwd, host, port)에 따라 값을 읽어들이려면 config['섹션명']['옵션명'] 형태로 지정합니다. 앞서 run_mode 변수에 섹션명(EBEST_DEMO)을 지정했으므로 config[run_mode][옵션명]을 지정하면 옵션명에 해당하는 값을 가져올 수 있습니다.

```
self.user = config[run_mode]['user']
self.passwd = config[run_mode]['password']
self.cert_passwd = config[run_mode]['cert_passwd']
self.host = config[run_mode]['host']
self.port = config[run_mode]['port']
self.account = config[run_mode]['account']
```

이어서 앞서 만든 XASession의 인스턴스를 생성합니다. XASession의 인스턴스는 이후 구현할 login 메서드와 logout 메서드에서 사용합니다.

```
self.xa_session_client = win32com.client.DispatchWithEvents("XA_Session.XASession",
XASession)
```

---

1   https://docs.python.org/3.6/library/configparser.html

login 메서드에서는 앞서 구현한 XASession 객체를 이용해 서버에 연결하고, 로그인을 시도합니다. while 문에서는 XASession의 login_state 변수가 0일 동안 윈도우에서 발생하는 메시지를 보여줍니다. login_state 변수의 값은 XASession에서 OnLogin 이벤트가 발생하면 1로 바뀝니다. 특별히 인터넷 연결 상태가 좋지 않거나 증권사 서버에 이상이 없다면 수 초 내에 OnLogin 이벤트가 발생하고, login_state 값이 1로 바뀝니다.

```
def login(self):
    self.xa_session_client.ConnectServer(self.host, 20001)
    self.xa_session_client.Login(self.user, self.passwd, self.cert_passwd, 0, 0)

    while XASession.login_state == 0:
        pythoncom.PumpWaitingMessages()
```

logout 메서드에서는 XASession의 login_state를 0으로 설정하고, DisconnectServer() 메서드를 호출해 서버와의 연결을 종료합니다.

```
def logout(self):
    XASession.login_state = 0
    self.xa_session_client.DisconnectServer()
```

여기까지 코드를 작성하면 서버에 접속 및 로그인하고 연결을 해제할 수 있습니다.

다음은 앞으로 구현하게 되는 기능을 테스트할 수 있는 테스트 케이스를 작성해 보겠습니다. 테스트 케이스는 구현하는 기능을 단위로 작성하는 것이 좋습니다. 구현하는 기능 단위로 테스트하는 방식을 단위 테스트라고 합니다. 단위 테스트는 개발에서 가장 기본이 되는 테스트 방법이며, 코드를 변경한 다음 기능이 정상적으로 동작하는지 테스트할 때는 작성한 테스트 케이스 파일을 실행해보는 것이 가장 확실한 방법입니다.

프로젝트 홈(stock-lab)의 하위 폴더로 tests 폴더를 생성하고, test 폴더에 test_agent_ebest.py 파일을 생성합니다. 테스트 코드는 예제 3.4와 같습니다.

예제 3.4 EBest 클래스의 login 테스트   (stock-lab/tests/test_agent_ebest.py)

```
import unittest
from stocklab.agent.ebest import EBest
import inspect
import time
```

```
class TestEBest(unittest.TestCase):
    def setUp(self):
        self.ebest = EBest("DEMO")
        self.ebest.login()

    def tearDown(self):
        self.ebest.logout()
```

파이썬은 내부 모듈로 단위 테스트(unittest)를 지원합니다. TestEBest 클래스를 생성하고, TestEBest 클래스는 unittest.TestCase를 상속받습니다. TestCase를 상속받는 클래스에서는 setUp() 메서드와 tearDown() 메서드를 구현해야 합니다. 하나의 테스트 케이스가 실행되기 전에는 setUp 메서드가 호출되고, 테스트 케이스가 수행된 이후에는 tearDown 메서드가 호출됩니다. 만약 테스트 케이스가 10개라면 setUp 메서드와 tearDown 메서드가 각각 10번씩 호출됩니다.

앞으로 추가하게 될 기능 테스트를 위해 TestEBest 클래스의 setUp 메서드에서는 EBest 클래스의 인스턴스(self.ebest)를 생성하고, login 메서드를 호출합니다. 그리고 tearDown 메서드에서는 logout 메서드를 호출합니다. 앞으로 각 기능 테스트는 TestEBest에 기능별로 추가해서 단위 테스트를 진행하게 됩니다.

```
class TestEBest(unittest.TestCase):
    def setUp(self):
        self.ebest = EBest("DEMO")
        self.ebest.login()

    def tearDown(self):
        self.ebest.logout()
```

이번 절에서는 XASession 객체를 구현하고, 이 객체를 이용해 EBest 클래스에서 로그인(login)하고, 로그아웃(logout)하는 과정까지 만들어 봤습니다. 이후로도 EBest 클래스에는 다른 기능들을 추가해 나갈 예정입니다.

다음 절에서는 TR을 호출하기 위한 XAQuery 객체를 구현하고, XAQuery 객체를 이용해 EBest 클래스에서 TR을 호출하는 기능을 구현해 보겠습니다.

XAQuery 객체 구현

이번 절에서는 앞서 DevCenter에서 살펴본 TR 호출 기능을 구현하겠습니다. TR 호출 기능만 구현하면 사실상 증권사 API의 기능은 모두 구현한 것과 다름없습니다. TR 호출 기능을 구현하기 위해 XAQuery 객체를 구현하겠습니다. XAQuery는 조회 TR을 처리하는 객체입니다. 한 개의 오브젝트(Object)는 지정된 하나의 TR만 처리할 수 있는 제약사항이 있으며, 하나의 조회가 완료된 이후에 다음 조회를 할 수 있습니다. 수신된 데이터는 다음번 조회를 할 때까지 데이터를 가지고 있습니다.

먼저 XAQuery에서 제공하는 메서드와 이벤트를 알아보겠습니다. XASession 객체처럼 이벤트는 구현해야 하는 대상이며, 메서드는 호출해서 사용하기만 하면 됩니다.

표 3.3 XAQuery 객체의 메서드와 매개변수, 반환 값

메서드명	설명	매개변수	반환값
Request	조회 TR을 요청합니다.	bNext: False면 조회, True면 다음 조회	0 이상 : 성공 0 미만 : 실패(에러 코드)
GetFieldData	블록의 필드 데이터(값)를 구합니다.	szBlockName: TR의 블록명 szFieldName: 블록의 필드명 nOccursIndex: 블록의 Occurs Index	블록의 필드 데이터(값)
SetFieldData	블록의 필드 데이터(값)를 설정합니다.	szBlockName:TR의 블록명 szFieldName: 블록의 필드명 nOccursIndex: 블록의 Occurs Index szData: 데이터(값)	없음
GetBlockCount	블록이 Occurs라면 Occurs의 개수를 구합니다.	szBlockName: TR의 블록명	Occurs의 개수
LoadFromResFile	Res 파일을 지정합니다.	szFileName: RES 파일의 경로	Res 파일 정보를 읽으면 True, 실패하면 False
ClearBlockData	지정한 Block의 내용을 삭제합니다.	szBlockName: TR의 블록명	없음
GetBlockData	블록 전체의 데이터를 구합니다.	szBlockName: TR의 블록명	블록의 전체 데이터(값)

다음 표는 2장의 표 2.5에서 설명한 XAQuery 객체의 이벤트와 매개변수입니다.

ReceivedData는 요청한 API에 대해 데이터를 수신했을 때 발생하는 이벤트이고, ReceiveMessage는 요청한 API에 대해 메시지(성공 또는 오류에 대한 정보)를 수신했을 때 발생하는 이벤트입니다.

표 3.4 XAQuery 객체의 이벤트와 매개변수

이벤트명	설명	매개변수
ReceiveData	서버로부터 데이터를 수신했을 때 발생합니다.	tr_code: TR명
ReceiveMessage	서버로부터 메시지를 수신했을 때 발생합니다.	is_system_error: 시스템 오류이면 True, 그 외 오류이면 False message_code: 메시지 코드 message: 메시지

XAQuery 클래스를 선언하고, 두 개의 이벤트를 구현해 보겠습니다.

먼저 RES_PATH는 xingAPI를 설치한 경로 아래에 있는 Res 폴더를 지정합니다. Res 파일은 2장에서 Res 파일 내려받기 버튼을 이용해 내려받은 폴더입니다. Res 폴더에는 TR별로 Res 파일이 있습니다. 그리고 XASession과 동일하게 XAQuery에서도 현재 TR이 실행 중인지를 tr_run_state 값을 이용해 표시합니다.

다음은 OnReceiveData 이벤트와 OnReceiveMessage 이벤트를 구현할 차례입니다. OnReceive Data 이벤트는 요청한 API에 대해 데이터를 수신했을 때 발생하는 이벤트입니다. OnReceiveData 이벤트에서는 데이터가 수신되면 tr_run_state를 1로 설정합니다. ReceiveMessage 이벤트는 요청한 API에 대해 메시지(성공 또는 오류에 대한 정보)를 수신했을 때 발생하는 이벤트입니다. 여기에서는 전달받은 에러 코드와 메시지를 출력합니다.

예제 3.5 XAQuery 객체의 이벤트 구현 (stock-lab/stocklab/agent/ebest.py)

```python
class XAQuery:
    RES_PATH ="C:\\eBEST\\xingAPI\\Res\\"
    tr_run_state = 0

    def OnReceiveData(self, code):
        print("OnReceiveData", code)
        XAQuery.tr_run_state = 1

    def OnReceiveMessage(self, error, code, message):
        print("OnreceiveMessage", error, code, message)
```

다음은 TR 호출에서 핵심이 되는 메서드를 구현해 보겠습니다. TR 호출에 사용할 메서드는 _execute_query 메서드입니다. _execute_query 메서드는 3장에서 가장 핵심이 되는 메서드이므로 반드시 이해하고 넘어가야 합니다. _execute_query에서 구현할 3가지 내용에 대해 먼저 살펴보겠습니다.

첫 번째로 xingAPI를 사용한 TR의 조회는 현재 10분(600초)에 200회로 제한이 있습니다. 이 제한을 위반하면 해당 프로그램은 블록 처리됩니다. 블록된 프로그램은 종료한 다음 다시 실행해야 TR을 실행할 수 있습니다. 프로그램이 블록되는 것을 방지하기 위해 10분에 200회를 넘지 않기 위한 방법을 _execute_query 메서드에 구현합니다. 그림 3.1과 같이 TR을 수행할 때마다 리스트에 TR 수행 시각을 저장하고, 저장된 수행 시각과 현재 시각을 비교해 10분이 넘은 값은 리스트에서 삭제합니다. 그리고 리스트의 길이는 총 200개를 넘지 않아야 합니다. 이렇게 리스트를 구현하면 제약사항을 지킬 수 있습니다.

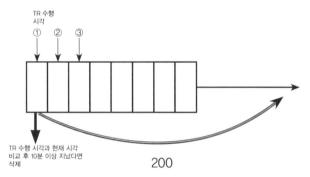

그림 3.1 10분에 200회 이상 호출할 수 없는 제약사항을 지키기 위한 리스트

두 번째로 TR은 대부분 호출하는 형식이 같습니다. TR에 필요한 인자를 전달하고, TR 호출 결과 중에서 출력할 결과 필드를 지정하면 됩니다. 따라서 공통적인 메서드 하나를 이용해 TR 호출에 필요한 값을 전달하는 방식으로 대부분의 TR을 구현할 수 있습니다.

세 번째로 영문으로 표시된 필드명을 한글 필드명으로 변환하는 기능을 수행합니다. DevCenter에서 TR의 OutBlock을 보면 이해하기 어려운 필드명이 많습니다. 예를 들면 fpvolume은 외인 순매수를 의미합니다. 이렇게 영문으로 반환되는 필드명을 한글로 변환하는 기능을 구현합니다.

앞서 구현한 EBest 클래스에 TR 호출을 위한 _execute_query 메서드를 추가로 구현합니다. 예제 3.6은 EBest 클래스에 추가한 클래스 변수와 _execute_query 메서드입니다.

```python
import configparser
import win32com.client
import pythoncom
from datetime import datetime
import time

class EBest:
    QUERY_LIMIT_10MIN = 200
    LIMIT_SECONDS = 600 #10min

    def __init__(self, mode=None):
        ... 생략 ...
        self.xa_session_client = win32com.client.DispatchWithEvents("XA_Session.XASession",
XASession)
        self.query_cnt = [ ]

    def _execute_query(self, res, in_block_name, out_block_name, *out_fields, **set_fields):
        """
        TR 코드를 실행하기 위한 메서드입니다.
        :param res:str 리소스 이름(TR)
        :param in_block_name:str 인 블록 이름
        :param out_blcok_name:str 아웃 블록 이름
        :param out_params:list 출력 필드 리스트
        :param in_params:dict 인 블록에 설정할 필드 딕셔너리
        :return result:list 결과를 list에 담아 반환
        """
        time.sleep(1)
        print("current query cnt:", len(self.query_cnt))
        print(res, in_block_name, out_block_name)
        while len(self.query_cnt) >= EBest.QUERY_LIMIT_10MIN:
            time.sleep(1)
            print("waiting for execute query... current query cnt:", len(self.query_cnt))
            self.query_cnt = list(filter(lambda x: (datetime.today() - x).total_seconds()
< EBest.LIMIT_SECONDS, self.query_cnt))

        xa_query = win32com.client.DispatchWithEvents("XA_DataSet.XAQuery", XAQuery)
        xa_query.LoadFromResFile(XAQuery.RES_PATH + res+".res")
        #in_block_name 셋팅
```

```python
for key, value in set_fields.items():
    xa_query.SetFieldData(in_block_name, key, 0, value)
errorCode = xa_query.Request(0)

#요청 후 대기
waiting_cnt = 0
while xa_query.tr_run_state == 0:
    waiting_cnt +=1
    if waiting_cnt % 100000 == 0 :
        print("Waiting....", self.xa_session_client.GetLastError())
    pythoncom.PumpWaitingMessages()

# 결과 블록
result = []
count = xa_query.GetBlockCount(out_block_name)

for i in range(count):
    item = {}
    for field in out_fields:
        value = xa_query.GetFieldData(out_block_name, field, i)
        item[field] = value
    result.append(item)

# 제약시간 체크
XAQuery.tr_run_state = 0
self.query_cnt.append(datetime.today())

# 영문 필드명을 한글 필드명으로 변환
for item in result:
    for field in list(item.keys()):
        if getattr(Field, res, None):
            res_field = getattr(Field, res, None)
            if out_block_name in res_field:
                field_hname = res_field[out_block_name]
                if field in field_hname:
                    item[field_hname[field]] = item[field]
                    item.pop(field)

return result
```

파이썬 내장함수 getattr과 setattr

알아보기

getattr은 오브젝트에서 속성의 값을 가져오는 역할을 하며 setattr은 오브젝트에 속성 값을 추가하는 역할을 합니다. 다음 예제를 보겠습니다.

example이라는 클래스를 생성했고, example 클래스는 속성으로 a와 b를 갖습니다.

```
>>> class example:
... def __init__(self):
...     self.a=1
...     self.b=2
...
```

x라는 오브젝트를 생성하겠습니다.

```
>>> x = example()
>>> x
<__main__.example object at 0x03C75EB0>
```

getattr 내장함수를 이용하면 오브젝트 x의 a와 b값을 다음과 같이 출력할 수 있습니다.

```
>>> x.a
1
>>> getattr(x, "a")
1
>>> getattr(x, "b")
2
```

하지만 c라는 속성은 없기 때문에 Error가 발생합니다.

```
>>> getattr(x, "c")
Traceback (most recent call last):
  File "<stdin>", line 1, in <module>
AttributeError: 'example' object has no attribute 'c'
```

getattr의 세 번째 인자는 속성이 없는 경우 기본값을 지정하는 역할을 합니다.

```
>>> getattr(x, "c", 10)
10
```

setattr을 이용해 오브젝트 x에 c 속성을 추가할 수 있습니다.

```
>>> setattr(x, "c", 3)
>>> x.c
3
```

_execute_query는 매개변수로 res(TR 코드명), in_block_name(인 블록 이름), out_block_ name(아웃 블록 이름), *out_fields(출력할 필드), **set_fields(TR 호출에 필요한 필드값)를 받습니다. 여기서 *와 **는 매개변수를 가변적으로 받을 때 사용하는 키워드입니다. *는 위치 인자(positional argument)를 의미하며 **는 키워드 인자(keyword argument)를 의미합니다. 예를 들면 위치 인자는 다음과 같이 사용할 수 있습니다.

알아보기

위치 인자(positional argument)

arg 리스트 값을 func의 인자 a, b, c에 전달하려면 func(arg[0], arg[1], arg[2])와 같이 전달해도 되지만, *arg로 전달할 수도 있습니다. 만약 arg[0], arg[1], arg[2]로 각각의 인자를 전달하면 arg[3]을 추가할 경우 함수 정의 부분은 def func(a, b, c, d)로 수정하고, 함수 호출 부분은 func(arg[0], arg[1], arg[2], arg[3])와 같이 모두 변경해야 하므로 번거로울 수 있습니다.

```
>>> def func(a, b, c):
...     return b, a, c
...
>>> arg = [1, 2, 3]
>>> func(*arg)
(2, 1, 3)
```

이런 불편한 점을 해결하기 위해 가변으로 인자를 전달할 때 다음과 같이 위치 인자인 *를 사용합니다.

```
>>> def func(*a):
...     return a[1], a[0], a[2]
...
>>> arg = [1, 2, 3]
>>> func(*arg)
(2, 1, 3)
```

키워드 인자(keyword argument)

키워드 인자는 위치 인자와 달리 딕셔너리 타입처럼 키-값 형태로 이뤄진 인자를 전달할 때 사용합니다. 예를 들어, a, b, c라는 값을 받아 b, c, a 순으로 출력한다고 해보겠습니다. arg 딕셔너리에 매개변수 이름과 동일한 키와 값을 순서에 상관없이 입력한 다음 **arg로 전달하면 딕셔너리의 키값과 동일한 인자 값이 매칭돼 전달됩니다. 물론 arg 딕셔너리의 키값인 a, b, c와 함수 정의 부분인 func의 a, b, c 이름이 다르면 에러가 발생합니다.

```
>>> def func(a, b, c):
...     print(b,c,a)
...
>>> arg = {"b": "is b", "c": "is c", "a": "is a"}
>>> func(**arg)
is b is c is a
```

키워드 인자 역시 다음과 같이 함수 정의 부분에서 **keyword와 같이 줄여서 사용할 수 있습니다.

```
>>> def func(**keyword):
...     print(keyword["b"], keyword["a"], keyword["c"])
...
>>> arg = {"b": "is b", "c": "is c", "a": "is a"}
>>> func(**arg)
is b is a is c
```

추가로 위치 인자와 키워드 인자를 동시에 사용할 때는 키워드 인자가 반드시 뒤에 나와야 합니다. 이런 특징을 이용해 _execute_query 메서드를 다음과 같이 구현할 수 있습니다. 출력할 필드명은 위치 인자인 out_fields로 받고, TR 호출에 전달할 값은 키워드 인자인 set_fields로 받습니다.

```
def _execute_query(self, res, in_block_name, out_block_name, *out_fields, **set_fields):
```

이렇게 _execute_query 메서드를 정의하면 in_params(TR 호출에 필요한 매개변수 값)와 out_params(TR 호출 결과에 출력할 필드)를 선언한 다음 _execute_query 메서드로 전달해 모든 TR을 실행할 수 있습니다. 대부분의 TR을 _execute_query 메서드를 이용해 손쉽게 구현할 수 있는 것입니다.

```
in_params = {"gubun":market_code[market]}
out_params =['hname', 'shcode', 'expcode', 'etfgubun', 'memedan', 'gubun', 'spac_gubun']
result = self._execute_query("t8436",
```

```
                                "t8436InBlock",
                                "t84360utBlock",
                                *out_params,
                                **in_params)
```

그럼 이어서 _execute_query 메서드를 구현해 보겠습니다. 첫 번째로 구현할 기능은 시간당 전송 횟수를 제한하는 기능입니다. 먼저 클래스 변수로 QUERY_LIMIT_10MIN과 LIMIT_SECONDS를 추가하고, __init__ 메서드에 self.query_cnt 변수를 추가합니다.

```
class EBest:
    QUERY_LIMIT_10MIN = 200
    LIMIT_SECONDS = 600 #10min

    def __init__(self, mode=None):
        self.query_cnt = [ ]
```

_execute_query 메서드의 시작 부분에서는 현재 리스트의 개수(query_cnt)가 QUERY_LIMIT_10MIN(200개)을 넘지 않는지 체크합니다. 만약 200개를 넘었다면 time.sleep으로 1초간 프로세스를 정지시킵니다.

```
        time.sleep(1)

        print("current query cnt:", len(self.query_cnt))

        print(res, in_block_name, out_block_name)


        while len(self.query_cnt) >= EBest.QUERY_LIMIT_10MIN:
            time.sleep(1)
            print("waiting for execute query... current query cnt:", len(self.query_cnt))
```

1초가 지나면 query_cnt 리스트의 각 값과 현재 시각의 차이를 계산한 다음 filter를 이용해 600초(LIMIT_SECONDS)가 넘지 않은 요소들만 리스트(query_cnt)에 담습니다.

```
        self.query_cnt = list(filter(lambda x: (datetime.today() - x).total_seconds()
 < EBest.LIMIT_SECONDS, self.query_cnt))
```

이렇게 리스트에는 TR을 호출한지 10분이 지나지 않은 시각 정보만 담기며, 리스트의 갯수가 200개를 넘지 않으면 while 문을 통과해 다음 TR을 수행할 수 있습니다. 만약 리스트의 개수가 200개를 넘으면 1초 기다렸다가, 호출된지 10분이 지난 시각 정보를 제거하는 과정을 반복 수행합니다.

이어서 앞서 구현한 XAQuery 객체를 생성한 다음 LoadFromResFile 메서드를 이용해 리소스 파일을 불러옵니다.

```
xa_query = win32com.client.DispatchWithEvents("XA_DataSet.XAQuery", XAQuery)
xa_query.LoadFromResFile(XAQuery.res_path + res+".res")
```

키워드 인자(kwargs)인 set_fields는 key, value로 구분한 다음 SetFieldData 메서드를 이용해 인 블록 이름으로 설정합니다. 이 부분은 DevCenter의 TR 모의 실행에서 TR을 실행하기 전에 필요한 값을 채우는 부분과 같은 역할을 합니다.

```
for key, value in set_fields.items():
    xa_query.SetFieldData(in_block_name, key, 0, value)
```

마지막으로 XAQuery 객체의 Request 메서드를 이용해 TR을 요청합니다.

```
errorCode = xa_query.Request(0)
```

여기까지 요청이 완료되고, TR 결과에 대한 메시지가 수신되면 XAQuery 객체의 OnReceiveData 이벤트를 통해 tr_run_state의 값이 1로 바뀝니다. 따라서 결과가 수신되지 않은 상태인 tr_run_state의 값이 0일 동안은 while 문을 반복하며 기다립니다. 이때 Waiting 메시지를 바로바로 출력하면 출력 창이 너무 길어지기 때문에 waiting_cnt를 정의한 다음 while 문을 수행하는 동안 100,000번에 한번 씩만 waiting 메시지를 출력합니다.

```
waiting_cnt = 0
while xa_query.tr_run_state == 0:
    waiting_cnt +=1
    if waiting_cnt % 100000 == 0 :
        print("Waiting....", self.xa_session_client.GetLastError())
    pythoncom.PumpWaitingMessages()
```

tr_run_state가 1로 변경되면 while 문을 빠져나온 다음 GetBlockCount 메서드를 이용해 결과가 몇 개인지 확인합니다.

```
result = []
count = xa_query.GetBlockCount(out_block_name)
```

그다음 결과의 수(count) 만큼 for 반복문을 반복합니다. 반복문에서는 _execute_query 메서드에서 위치 인자로 전달받은 out_fields에 정의한 필드의 값만 GetFieldData 메서드를 이용해 가져온 다음 result 변수에 담습니다.

```
for i in range(count):
    item = {}
    for field in out_fields:
        value = xa_query.GetFieldData(out_block_name, field, i)
        item[field] = value
    result.append(item)
```

결과를 저장한 다음에는 tr_run_state의 값을 0으로 변경하고, query_cnt에 현재 시각을 추가합니다.

```
#제약 시간 체크
XAQuery.tr_run_state = 0
self.query_cnt.append(datetime.today())
```

마지막으로 _execute_query에 구현해야 하는 부분은 영문 필드명을 한글 필드명으로 변환하는 기능입니다. 앞서 저장한 result 변수에서 keys() 메서드를 이용해 각 항목의 필드명을 리스트 형태로 가져옵니다. 그리고 getattr() 메서드로 수행하려는 res(예: t1305)가 Field 클래스의 속성(attribute)에 있는지 확인하고, 속성에 있다면 field_hname으로 저장합니다.

앞서 item의 각 영문 필드명인 field가 field_hname에 있는지 확인하고, 있으면 field_hname[field]으로 item에 한글 필드명을 저장합니다. 변환한 field는 item에서 pop을 이용해 삭제합니다. 만약 매칭되는 field가 없으면 변환하지 않고 그대로 사용합니다. 이 부분의 코드는 별도의 반복문을 사용하지 않기 위해서 result를 저장하는 단계에서 수행하는 게 더 효율적일 수도 있습니다. 하지만 실행 과정을 이해하기 쉽게 별도로 분리해서 구현했습니다.

```
#영문 필드를 한글 필드명으로 변환
for item in result:
    for field in list(item.keys()):
        if getattr(Field, res, None):
            res_field = getattr(Field, res, None)
```

```
                if out_block_name in res_field:
                    field_hname = res_field[out_block_name]
                    if field in field_hname:
                        item[field_hname[field]] = item[field]
                        item.pop(field)
        return result
```

앞서 사용한 Field 클래스는 TR별로 필드명을 저장한 클래스입니다. TR 코드를 클래스 변수로 가지고 있으며, OutBlock 명에 따라 영문 필드명의 키와 한글 필드명의 값으로 구성된 딕셔너리를 저장하고 있습니다. 다음과 같이 저장한 Field 클래스를 이용하면 예제 3.7의 코드를 이용해 영문 필드명을 한글 필드명으로 변환할 수 있습니다. 필드명과 관련된 정보는 DevCenter 또는 리소스 폴더에서 필요한 TR코드 파일(C:\eBEST\xingAPI\Res)을 열어보면 확인할 수 있습니다.

예제 3.7 영문 필드명을 한글 필드명 변환하기 위한 Field 클래스　　　　　　　(stock-lab/stocklab/agent/ebest.py)

```
class Field:
    t1101 = {
        "t1101OutBlock":{
            "hname":"한글명",
            "price":"현재가",
            "sign":"전일대비구분",
            … 생략 …
            "open":"시가",
            "high":"고가",
            "low":"저가"
        }
    }
    t1305 = {
        "t1305OutBlock1":{
            "date":"날짜",
            "open":"시가",
            "volume":"누적거래량",
            … 생략 …
            "marketcap":"시가총액"
        }
    }

    t1921 = {
        "t1921OutBlock1":{
```

```
        "mmdate":"날짜",
        "close":"종가",
        "sign":"전일대비구분",
        ⋯ 생략 ⋯
        "shcode":"종목코드"
    }
}

t8436 = {
    "t8436OutBlock":{
        "hname":"종목명",
        "shcode":"단축코드",
        "expcode":"확장코드",
        ⋯ 생략 ⋯
        "spac_gubun":"기업인수목적회사여부",
        "filler":"filler(미사용)"
    }
}

t1717 = {
    "t1717OutBlock":{
        "date":"일자",
        "close":"종가",
        ⋯ 생략 ⋯
        "tjj0017_dan":"기타계(단가)(기타+국가)"
    }
}

t1927 = {
    "t1927OutBlock1":{
        "date":"일자",
        "price":"현재가",
        ⋯ 생략 ⋯
        "gm_vo_sum":"누적공매도수량"
    }
}

t0425 ={
    "t0425OutBlock1":{
        "ordno":"주문번호",
```

```
            "expcode":"종목번호",
            "medosu":"구분",
            "qty":"주문수량",
            "price":"주문가격",
            ··· 생략 ···
            "loandt":"대출일자"
        }
    }
    t8412 = {
        "t8412OutBlock1":{
            "date":"날짜",
            "time":"시간",
            ··· 생략 ···
            "sign":"종가등락구분"
        }
    }
    CSPAQ12200 = {
        "CSPAQ12200OutBlock2":{
            "RecCnt":"레코드갯수",
            "BrnNm":"지점명",
            "MnyOrdAbleAmt":"현금주문가능금액",
            ··· 생략 ···
            "DpslRestrcAmt":"처분제한금액"
        }
    }

    CSPAQ12300 = {
        "CSPAQ12300OutBlock2" :{
            "RecCnt":"레코드갯수",
            "BrnNm":"지점명",
            "MnyOrdAbleAmt":"현금주문가능금액",
            ··· 생략 ···
            "LoanAmt":"대출금액"
        },
        "CSPAQ12300OutBlock3":{
            "IsuNo":"종목번호",
            "IsuNm":"종목명",
            "SecBalPtnCode":"유가증권잔고유형코드",
            "SecBalPtnNm":"유가증권잔고유형명",
            "BalQty":"잔고수량",
```

```
        … 생략 …
        "DpspdgLoanQty":"예탁담보대출수량"
    }
}

CSPAQ13700 = {
    "CSPAQ13700OutBlock3":{
        "OrdDt":"주문일",
        "MgmtBrnNo":"관리지점번호",
        … 생략 …
        "OdrrId":"주문자ID",
    }
}
CSPAT00600 = {
    "CSPAT00600OutBlock1":{
        "RecCnt":"레코드갯수",
        "AcntNo":"계좌번호",
        "InptPwd":"입력비밀번호",
        "IsuNo":"종목번호",
        … 생략 …
        "CvrgTpCode":"반대매매구분"
    },
    "CSPAT00600OutBlock2":{
        "RecCnt":"레코드갯수",
        "OrdNo":"주문번호",
        "OrdTime":"주문시각",
        … 생략 …
        "AcntNm":"계좌명",
        "IsuNm":"종목명"
    }
}
CSPAT00800 = {
    "CSPAT00800OutBlock2":{
        "RecCnt":"레코드갯수",
        "OrdNo":"주문번호",
        "PrntOrdNo":"모주문번호",
        … 생략 …
        "IsuNm":"종목명"
    }
}
```

지금까지 _execute_query 메서드와 Field 클래스를 구현했습니다. _execute_query 메서드는 주식 거래 자동화 시스템에서 가장 구현이 어려운 편에 속합니다. 하지만 핵심적인 역할을 하는 메서드이기 때문에 잘 이해하고 넘어가는 것이 좋습니다.

다음 절에서는 _execute_query 메서드를 이용해 주식 종목을 조회하는 TR을 구현해 보겠습니다.

TR 기능 개발

이번 절에서는 3.1절에서 구현한 _execute_query 메서드를 이용해 TR을 구현해 보겠습니다. 주식 종목 조회(t8436), 기간별 주가(t1305), 신용거래 동향(t1921), 외인 기관별 종목별 동향(t1717), 공매도 추이(t1927) 등 몇 가지 TR를 구현하겠습니다. TR 구현은 모두 같은 방식으로 진행됩니다. TR별로 필요한 매개변수를 확인한 다음, 매개변수를 _execute_query 메서드로 전달하고 결괏값을 받아오면 됩니다. 같은 패턴으로 진행되므로 이번 절에서 다루지 않은 TR은 필요에 따라 같은 방법으로 구현하면 됩니다.

주식 종목 조회 TR(t8436)

이번 절에서는 주식 종목을 조회하는 TR을 구현해 보겠습니다. 주식 종목 조회의 TR 코드명은 t8436 입니다. DevCenter에서 TR 정보를 확인해보겠습니다. 다음 그림은 DevCenter에서 확인한 t8436의 TR에 관한 정보입니다.

이름	타입	크기	설명
t8436		113	주식종목조회 API용
t8436InBlock	input	1	기본입력
gubun	string	1	구분(0:전체1:코스피2:코스닥)
t8436OutBlock - OCCURS	output	112	출력1
hname	string	20	종목명
shcode	string	6	단축코드
expcode	string	12	확장코드
etfgubun	string	1	ETF구분(1:ETF2:ETN)
uplmtprice	long	8	상한가
dnlmtprice	long	8	하한가
jnilclose	long	8	전일가
memedan	string	5	주문수량단위
recprice	long	8	기준가
gubun	string	1	구분(1:코스피2:코스닥)
bu12gubun	string	2	증권그룹
spac_gubun	string	1	기업인수목적회사여부(Y/N)
filler	string	32	filler(미사용)

그림 3.2 DevCenter에서 확인한 t8436 TR의 정보

따라서 _execute_query 메서드의 매개변수로 전달해야 하는 정보는 다음과 같습니다.

표 3.5 t8436 TR을 실행하기 위해 _execute_query 메서드로 전달할 매개변수

리소스 (res)	인 블록명 (in_block_name)	아웃 블록명 (out_block_name)	출력 필드 (out_fields)	인블록 필드 (set_fields)
t8436	t8436InBlock	t8436OutBlock	hname shcode expcode etfgubun memedan gubun spac_gubun	gubun

전체 코드는 예제 3.8과 같습니다. 표 3.5의 내용을 _execute_query 메서드에 전달해주면 쉽게 구현할 수 있습니다.

예제 3.8 t8436 주식종목조회 메서드 (stock-lab/stocklab/agent/ebest.py)

```python
def get_code_list(self, market=None):

    """
    TR: t8436 코스피, 코스닥의 종목 리스트를 가져온다
    :param market:str 전체(0), 코스피(1), 코스닥(2)
    :return result:list 시장별 종목 리스트
    """
    if market != "ALL" and market != "KOSPI" and market != "KOSDAQ":
        raise Exception("Need to market param(ALL, KOSPI, KOSDAQ)")

    market_code = {"ALL":"0", "KOSPI":"1", "KOSDAQ":"2"}
    in_params = {"gubun":market_code[market]}
    out_params =['hname', 'shcode', 'expcode', 'etfgubun', 'memedan', 'gubun', 'spac_gubun']
    result = self._execute_query("t8436",
                        "t8436InBlock",
                        "t8436OutBlock",
                        *out_params,
                        **in_params)
    return result
```

메서드명은 get_code_list이며, market을 매개변수로 받습니다. market은 ALL, KOSPI, KOSDAQ 중 하나를 받으며 market으로 전달된 값이 3개 중 하나가 아니면 예외(Exception)를 발생시킵니다. market_code는 인 블록 필드 gubun에 입력할 값으로 전체(0), 코스피(1), 코스닥(2) 값으로 변환해 줍니다.

```python
def get_code_list(self, market=None):
    if market not in ["ALL", "KOSPI", "KOSDAQ"]::
        raise Exception("Need to market param(ALL, KOSPI, KOSDAQ)")

    market_code = {"ALL":"0", "KOSPI":"1", "KOSDAQ":"1"}
    in_params = {"gubun":market_code[market]}
```

출력 필드는 사용할 필드 hname, shcode, expcode, etfgubun, gubun, spac_gubun만 가져오겠습니다. _execute_query 메서드에 매개변수로 전달합니다. out_params는 위치 인자이므로 *를 붙여 전달합니다. in_params는 키워드 인자이므로 **를 붙여 전달합니다. _execute_query 메서드가 반환한 결괏값은 result에 담습니다.

```python
out_params =['hname', 'shcode', 'expcode', 'etfgubun', 'gubun', 'spac_gubun']
result = self._execute_query("t8436",
                             "t8436InBlock",
                             "t8436OutBlock",
                             *out_params,
                             **in_params)

    return result
```

TR을 호출을 위한 매개변수만 전달하면 나머지는 _execute_query 메서드에서 처리하므로 의외로 쉽게 TR 구현이 완료됐습니다.

기능을 검증하기 위한 테스트 구현

이번에는 get_code_list 메서드의 단위 테스트를 구현해 보겠습니다. 앞서 작성한 stock-lab/tests/test_agent_ebest.py 파일에 추가로 작성합니다. 출력 결과로는 결괏값의 수를 출력합니다.

```python
def test_get_code_list(self):
    print(inspect.stack()[0][3])
    all_result = self.ebest.get_code_list("ALL")
    assert all_result is not None
    kosdaq_result = self.ebest.get_code_list("KOSDAQ")
    assert kosdaq_result is not None
    kospi_result = self.ebest.get_code_list("KOSPI")
    assert kospi_result is not None
    try:
        error_result = self.ebest.get_code_list("KOS")
    except:
        error_result = None
    assert error_result is None
    print("result:", len(all_result), len(kosdaq_result), len(kospi_result))
```

inspect.stack()[0][3]은 실행하는 메서드의 이름을 출력하기 위한 코드입니다. 이는 테스트 케이스가 많아지더라도 테스트 케이스 단위를 구분하기 쉽게 출력창에 메서드의 이름을 출력하도록 작성해 두었습니다. get_code_list는 ALL, KOSDAQ, KOSPI 세 개의 인자를 받을 수 있기 때문에 개별 인자를 다 수행하고 마지막에는 3개의 인자 외 다른 값인 KOS를 입력 후 예외가 발생하는 것을 확인하기 위해 try, except를 추가했습니다.

이어서 단위 테스트를 실행해 보겠습니다. 비주얼 스튜디오 코드에서 터미널(단축키 : Ctrl + Shift + `)을 열고, 다음 명령어로 가상 환경(workon stocklab) 내에서 단위 테스트를 실행합니다.

```
C:\stock-lab>workon stocklab
(stocklab) C:\stock-lab>python -m unittest tests.test_agent_ebest
```

다음과 같이 실행 결과가 정상적으로 출력되면 구현이 끝난 것입니다.

```
setUp
0000 로그인 성공
test_get_code_list
current query cnt: 0
t8436 t8436InBlock t8436OutBlock
OnReceiveMessage 0 00000 조회완료 0
OnReceiveData t8436
```

```
IsNext? False
current query cnt: 1
t8436 t8436InBlock t8436OutBlock
OnReceiveMessage 0 00000 조회완료 0
OnReceiveData t8436
IsNext? False
current query cnt: 2
t8436 t8436InBlock t8436OutBlock
OnReceiveMessage 0 00000 조회완료 0
OnReceiveData t8436
IsNext? False
result: 2928 1381 1547
tearDown
.
_____

Ran 1 test in 4.342s

OK
```

여기까지 종목 코드 리스트를 구하는 TR을 구현을 완료했습니다. 다음 절에서는 개별 종목에 대한 가격 정보를 구하는 TR을 구현해 보겠습니다.

기간별 주가 TR(t1305)

이번 절에서 구현할 TR은 기간별 주가이며, TR 코드명은 t1305입니다. 먼저 DevCenter에서 t1305의 TR 정보를 확인하겠습니다.

표 3.5 t1305의 TR을 실행하기 위해 _execute_query 메서드로 전달할 매개변수

리소스 (res)	인 블록명 (in_block_name)	아웃 블록명 (out_block_name)	인 블록 필드 (set_fields)	출력 필드 (out_fields)
t1305	t1305InBlock	t1305OutBlock1	shcode dwmcode date idx cnt	date,open,high,low, close,sign,change,diff,volume, diff_vol,chdegree,sojinrate, changerate,fpvolume,covolume, value,ppvolume,o_sign,o_change, o_diff',h_sign,h_change,h_diff,l_sign, l_change,l_diff,marketcap

기간별 주가를 조회하기 위한 전체 코드는 다음과 같습니다.

예제 3.10 t1305 기간별 주가 메서드   (stock-lab/stocklab/agent/ebest.py)

```
class EBest:
    … 생략 …
    def get_stock_price_by_code(self, code=None, cnt="1"):
        """
        TR: t1305 현재 날짜를 기준으로 cnt 만큼 전일의 데이터를 가져온다
        :param code:str 종목코드
        :param cnt:str 이전 데이터 조회 범위(일단위)
        :return result:list 종목의 최근 가격 정보
        """
        in_params = {"shcode":code, "dwmcode": "1", "date":"", "idx":"", "cnt":cnt}
        out_params =['date', 'open', 'high', 'low', 'close', 'sign',
                    'change', 'diff', 'volume', 'diff_vol', 'chdegree',
                    'sojinrate', 'changerate', 'fpvolume', 'covolume',
                    'value', 'ppvolume', 'o_sign', 'o_change', 'o_diff',
                    'h_sign', 'h_change', 'h_diff', 'l_sign', 'l_change',
                    'l_diff', 'marketcap']
        result = self._execute_query("t1305",
                                    "t1305InBlock",
                                    "t1305OutBlock1",
                                    *out_params,
                                    **in_params)
        for item in result:
            item["code"] = code
        return result
```

앞서 t8436에서 구현한 방법과 같으며, _execute_query로 전달하는 매개변수의 값만 다릅니다. 추가로 result에는 요청한 종목의 코드가 없는데, 나중에 데이터베이스에 저장하려면 코드가 필요합니다. 따라서 for 문을 이용해 result의 개별 딕셔너리에 code 값을 추가합니다.

알아보기

조금 더 파이썬스럽게 각 딕셔너리에 키 값을 추가하는 방법

파이썬에서는 딕셔너리에 새로운 킷값을 추가하는 몇 가지 방법이 있습니다.
item["code"] = code 대신 사용할 수 있는 코드 몇 가지를 소개합니다.

```
item.update({'code': code})

item.update(dict(code=code))

item.update(code=code)
```

파이썬3에서는 딕셔너리를 병합(Merge)하는 방법으로 dict(item, **{'code':code})와 같이 사용할 수 있습니다. result는 딕셔너리의 리스트이므로 리스트 컴프리헨션을 이용해 [dict(item, **{'code': code}) for item in result]와 같이 새로운 딕셔너리의 리스트를 만들어 반환할 수도 있습니다.

기능을 검증하기 위한 테스트 구현

이어서 테스트 케이스를 추가하겠습니다. 삼성전자(005930)의 최근 2일 치 데이터를 조회하는 테스트 케이스입니다. 매개변수에 "2"를 입력하지 않으면 최근 1일 치 데이터만 조회됩니다.

예제 3.11 get_stock_price_list_by_code 메서드의 단위 테스트   (stock-lab/stocklab/tests/test_agent_ebest.py)

```
def test_get_stock_price_list_by_code(self):
    print(inspect.stack()[0][3])
    result = self.ebest.get_stock_price_by_code("005930", "2")
    assert result is not None
    print(result)
```

추가한 단위 테스트를 실행해 보겠습니다. 터미널(단축키 : Ctrl + Shift + `)을 열고, 다음 명령어로 가상환경에서 단위 테스트를 실행합니다.

```
(stocklab) C:\stock-lab>python -m unittest tests.test_agent_ebest
```

결과는 다음과 같이 출력됩니다. 최종 결괏값이 리스트 타입으로 반환되는 것을 확인할 수 있습니다. 하루 치 데이터는 딕셔너리로 구성돼 있으며, 여러 날짜의 데이터가 반환될 수 있기 때문에 딕셔너리의 리스트 타입으로 반환되는 것을 확인할 수 있습니다.

```
.test_get_stock_price_by_code
0000 로그인 성공
current query cnt: 0
OnreceiveMessage 0 00000 조회완료
[{'date': '20190222', 'open': '46500', 'high': '47150', 'low': '46450', 'close': '47150', 'sign':
'2', 'change': '200', 'diff': '0.43', 'volume': '6895772', 'diff_vol': '-20.68', 'chdegree':
```

'106.48', 'sojinrate': '56.76', 'changerate': '0.12', 'fpvolume': '665693', 'covolume': '36298', 'value': '322775', 'ppvolume': '-801380', 'o_sign': '5', 'o_change': '-450', 'o_diff': '-0.96', 'h_sign': '2', 'h_change': '200', 'h_diff': '0.43', 'l_sign': '5', 'l_change': '-500', 'l_diff': '-1.06', 'marketcap': '281475247', 'code': '005930'}, {'date': 20190221, 'open': '46500', 'high': '47200', 'low': '46200', 'close': '46950', 'sign': '2', 'change': '50', 'diff': '0.11', 'volume': '8694009', 'diff_vol': '-24.44', 'chdegree': '95.96', 'sojinrate': '56.76', 'changerate': '0.15', 'fpvolume': '1758751', 'covolume': '-1524872', 'value': '406412', 'ppvolume': '-297398', 'o_sign': '5', 'o_change': '-400', 'o_diff': '-0.85', 'h_sign': '2', 'h_change': '300', 'h_diff': '0.64', 'l_sign': '5', 'l_change': '-700', 'l_diff': '-1.49', 'marketcap': '280281291', 'code': '005930'}]

이번 절에서는 종목의 기간별 주가를 확인할 수 있는 메서드를 알아봤습니다. 다음 절에서는 종목별 신용거래 동향, 외인 기관별 종목별 동향, 종목별 공매도 추이 데이터를 조회하는 TR을 구현해 보겠습니다.

신용거래 동향(t1921), 외인 기관별 종목별 동향(t1717), 공매도 추이(t1927) TR

다른 TR들 역시 앞서 구현한 t8436, t1305와 구조가 같습니다. DevCenter에서 해당 TR에 대한 인 블록, 아웃 블록을 확인하고, 이에 맞게 매개변수를 전달해 메서드를 구현하면 됩니다.

신용거래 동향(t1921), 외인 기관별 종목별 동향(t1717), 공매도 추이(t1927)를 조회하는 전체 코드를 살펴보겠습니다.

예제 3.12 신용거래 동향(t1921), 외인 기관별 종목별 동향(t1717), 공매도 추이(t1927) 메서드

(stock-lab/stocklab/agent/ebest.py)

```python
def get_credit_trend_by_code(self, code=None, date=None):
    """
    TR: t1921 신용거래 동향
    :param code:str 종목코드
    :param date:str 날짜 ex) 20190222
    """
    in_params = {"gubun":"0", "shcode":code, "date":date, "idx":"0"}
    out_params =["mmdate", "close", "sign", "jchange", "diff", "nvolume",
                "svolume", "jvolume", "price", "change", "gyrate", "jkrate"
                "shcode"]

    result = self._execute_query("t1921",
                                "t1921InBlock",
```

```
                                "t1921OutBlock1",
                                *out_params,
                                **in_params)

        for item in result:
            item["code"] = code


        return result


    def get_agent_trend_by_code(self, code=None ,fromdt=None, todt=None):
        """
        TR: t1717 외인 기관별 종목별 동향
        :param code:str 종목코드
        :param fromdt:str 조회 시작 날짜
        :param todt:str 조회 종료 날짜
        :return result:list 시장별 종목 리스트
        """
        in_params = {"gubun":"0", "fromdt":fromdt, "todt":todt, "shcode":code}
        out_params =["date", "close", "sign", "change", "diff", "volume",
                    "tjj0000_vol", "tjj0001_vol", "tjj0002_vol", "tjj0003_vol",
                    "tjj0004_vol", "tjj0005_vol","tjj0006_vol", "tjj0007_vol",
                    "tjj0008_vol", "tjj0009_vol", "tjj0010_vol", "tjj0011_vol",
                    "tjj0018_vol", "tjj0016_vol", "tjj0017_vol", "tjj0001_dan",
                    "tjj0002_dan", "tjj0003_dan", "tjj0004_dan", "tjj0005_dan",
                    "tjj0006_dan", "tjj0007_dan", "tjj0008_dan", "tjj0009_dan",
                    "tjj0010_dan", "tjj0011_dan", "tjj0018_dan", "tjj0016_dan",
                    "tjj0017_dan" ]
        result = self._execute_query("t1717",
                                "t1717InBlock",
                                "t1717OutBlock",
                                *out_params,
                                **in_params)

        for item in result:
            item["code"] = code


        return result


    def get_short_trend_by_code(self, code=None, sdate=None, edate=None):
        """
        TR: t1927 공매도일별추이
```

```
:param code:str 종목코드
:param sdate:str 시작일자
:param edate:str 종료일자
:return result:list 시장 별 종목 리스트
"""
in_params = {"date":sdate, "sdate":sdate, "edate":edate, "shcode":code}
out_params =["date", "price", "sign", "change", "diff", "volume", "value",
            "gm_vo", "gm_va", "gm_per", "gm_avg", "gm_vo_sum"]

result = self._execute_query("t1927",
                            "t1927InBlock",
                            "t1927OutBlock1",
                            *out_params,
                            **in_params)

for item in result:
    item["code"] = code

return result
```

앞서 살펴본 다른 TR과 특별히 다른 부분이 없기 때문에 설명은 생략하겠습니다.

기능을 검증하기 위한 테스트 구현

예제 3.12에서 구현한 get_credit_trend_by_code, get_agent_trend_by_code, get_short_trend_by_code 메서드의 단위 테스트를 작성해 보겠습니다.

예제 3.13 신용거래 동향(t1921), 외인 기관별 종목별 동향(t1717), 공매도 추이(t1927) 메서드의 단위 테스트

(stock-lab/stocklab/tests/test_agent_ebest.py)

```python
def test_get_credit_trend_by_code(self):
    print(inspect.stack()[0][3])
    result = self.ebest.get_credit_trend_by_code("005930", "20190222")
    assert result is not None
    print(result)

def test_get_short_trend_by_code(self):
    print(inspect.stack()[0][3])
```

```
            result = self.ebest.get_short_trend_by_code("005930", sdate="20181201", edate="20181231")
            assert result is not None
            print(result)

    def test_get_agent_trend_by_code(self):
        print(inspect.stack()[0][3])
        result = self.ebest.get_agent_trend_by_code("005930", fromdt="20181201", todt="20181231")
        assert result is not None
        print(result)
```

추가한 단위 테스트를 실행해 보겠습니다. 비주얼 스튜디오 코드에서 터미널(단축키 : Ctrl + Shift + ˋ)을 열고, 다음 명령어로 가상 환경에서 단위 테스트를 실행합니다.

(stocklab) C:\stock-lab>*python -m unittest tests.test_agent_ebest*

다음과 같이 결과가 출력되면 정상적으로 완료된 것입니다.

```
...
test_get_credit_trend_by_code
current query cnt: 0
OnreceiveMessage 0 00000 조회완료
OnReceiveData t1921
[{'jkrateshcode': '', '날짜': '20190228', '종가': '45100', '전일대비구분': '5', '전일대비': '1650', '
등락율': '-3.53', '신규': '1314', '상환': '2399', '잔고': '40123', '금액': '1732', '대비': '-1085', '
공여율': '0.02', 'code': '005930'}, {'jkrateshcode': '', '날짜': '20190227', '종가': '46750', '전일대
비구분': '3', '전일대비': '0', '등락율': '-3.41', '신규': '1974', '상환': '1402', '잔고':
...
test_get_agent_trend_by_code
current query cnt: 0
OnreceiveMessage 0 00000 조회완료
OnReceiveData t1717
[{'일자': '20181228', '종가': '38700', '전일대비구분': '2', '전일대비': '450', '등락율': '1.18', '누
적거래량': '9900267', '사모펀드(순매수량)': '-84723', '증권(순매수량)': '-850674', '보험(순매수량)':
'55083', '투신(순매수량)': '-58521', '은행(순매수량)': '-9517', '종금(순매수량)': '7812', '기금(순매수
량)': '-710272', '기타법인(순매수량)': '-68981',
...
test_get_short_trend_by_code
```

```
current query cnt: 0
OnreceiveMessage 0 00000 조회완료
OnReceiveData t1927
[{'일자': '20181228', '현재가': '38700', '전일대비구분': '2', '전일대비': '450', '등락율': '1.18', '거
래량': '9900267', '거래대금': '382576', '공매도수량': '372700', '공매도대금': '14415', '공매도거래비
중': '3.76', '평균공매도단가': '38676', '누적공매도수량': '10709533'}, {'일자': '20181227', '현재가':
'38250', '전일대비구분': '5', '전일대비': '100', '등락율': '-0.26', '거래량': '10510643', '거래대금':
'403521', '
공매도수량': '159237', '공매도대금': '6104', '공매도거래비중': '1.52', '평균공매도단가': '38333', '누
적공매도수량': '10336833'},
...
```

나머지 처리 과정은 _execute_query 메서드에서 수행합니다. 따라서 개별 TR을 구현하는 코드는 단순해지고 공통으로 처리되는 구현 부분은 한 번만 작성해도 되기 때문에 코드가 간결하고, 유지보수를 효율적으로 할 수 있습니다.

지금까지 xingAPI를 이용해 증권사에서 정보를 가져오는 방법을 알아봤습니다. 지면상 모든 TR을 구현할 수는 없지만, TR을 구현하는 방법은 앞서 살펴본 방법과 대부분 같습니다.

다만 TR을 구현하다 보면 TR의 인 블록에 입력해야 하는 필드의 값이 DevCenter에 명확하게 나와 있지 않은 경우가 많습니다. 이런 경우에는 이베스트 투자증권 홈페이지의 [고객센터] → [매매시스템] → [API] → [고객문의]에서 정확한 의미를 물어보는 것도 한 가지 방법입니다.

책에서 다른 TR은 구현 방법이 동일하기 때문에 설명하지 않았지만, 소스 코드에는 추가적인 TR(t8425, t8424, t1516, t1537, t3202, t8412)에 대해 구현돼 있습니다. 필요하다면 참고하기 바랍니다.

3.2 공공데이터 수집

주가의 흐름을 결정하는 요소는 종목별로 아주 다양합니다. 예를 들어 어떤 종목은 환율에 민감하고, 어떤 종목은 환율보다는 유가에 민감합니다. 물론 두 가지 정보에 모두 영향을 받을 수도 있습니다. 그 밖에도 부동산 정보, 업종별 수출입 정보 등 수많은 데이터가 있지만, 이러한 데이터는 증권사 API를 통해 얻을 수 없습니다. 이렇게 추가로 필요한 데이터를 얻으려면 큰 노력이 필요합니다. 최근 정부에서는 여러 가지 데이터를 비교적 쉽게 구할 수 있게 공공기관의 데이터를 한곳으로 모아 제공하고 있으

며, 이런 데이터를 공공데이터라고 합니다. 이번 절에서는 이러한 공공데이터를 얻는 방법을 알아보겠습니다.

공공데이터 사용 신청

공공데이터를 제공하는 대표적인 사이트는 공공데이터 포털[2]입니다. 공공데이터 포털에서는 건축, 교통, 국민 건강, 상권, 수산, 수도, 농수 축산, 등산로, 부동산, 통합 재정, 지방 행정, 부동산 거래, 식의약품, 지방 재정, 법령 정보 등 국가의 각 공공기관에서 관리하는 데이터에 비교적 쉽게 접근할 수 있습니다. 다음 그림과 같이 공공데이터 포털 사이트에 접속합니다.

그림 3.3 공공데이터 포털(https://www.data.go.kr)

공공데이터 포털을 이용하기 위해 먼저 회원가입을 하고 로그인합니다. 공공데이터를 제공하는 방식에는 파일 데이터 방식과 오픈 API 방식이 있습니다. 파일 데이터는 내려받은 다음 사용할 수 있지만, 최근 데이터가 아닌 경우가 많습니다. 이 프로젝트에서는 오픈 API를 이용해 보겠습니다. 먼저 검색창에 '한국예탁결제원_기업정보서비스'라고 입력한 다음 검색합니다. 오픈API에 '한국예탁결제원_기업정보서비스' 항목이 검색됐습니다. 링크를 클릭하면 제공하는 정보에 대한 자세한 내용을 확인할 수 있습니다.

---

2   https://www.data.go.kr/

"한국예탁원_기업정보서비스"에 대해 총 20,047건이 검색되었습니다.

조건검색   초기화 ↻

| 분류체계 | 서비스유형 | 제공기관유형 | 태그 | 확장자 |

국가중점데이터 분류 조건 추가하기 +   조건열기 ∨

전체(20,047)   파일데이터(16,061)   오픈 API(3,866)   표준데이터(120)

정확도순   10개씩 ∨

오픈 API (3,866건)

재정금융 공공기관   미리보기

XML 한국**예탁결제원**_기업정보서비스
기업, 회사, 증권정보
수정일 2019-06-03   조회수 1310   활용신청 906

의견수렴 게시판

그림 3.4 한국예탁원_기업정보서비스

다음 그림과 같이 아래쪽에 있는 상세기능을 보면 기업정보서비스에서 제공하는 자세한 정보를 확인할 수 있습니다.

상세 기능 중에서 파란색으로 표시한 [기업기본정보 기업개요 조회]와 [주식분포내역 주주별현황 조회]를 공공데이터 포털에서 제공하는 API를 이용해 가져오도록 구현해 보겠습니다. 먼저 API를 사용하려면 사용 신청을 해야 합니다. 그림 3.5의 오른쪽 위에 있는 [활용신청] 버튼을 클릭합니다. 참고로 [활용신청]은 인터넷 익스플로러에서만 할 수 있습니다.

오픈API 상세

URL 복사

XML 한국**예탁결제원**_기업정보서비스   활용신청
기업, 회사, 증권정보
👍 0   🔖 관심

OpenAPI 정보

분류체계	일반공공행정 - 재정·금융	제공기관	한국예탁결제원
관리부서명	증권정보부	관리부서 전화번호	051-519-1809
보유근거		수집방법	
API 유형	REST	데이터포맷	XML
활용신청	906	데이터한계	
키워드	기업, 회사, 증권정보		

그림 3.5 기업정보서비스 활용신청

시스템 유형은 아직 서버를 만들지 않았기 때문에 '일반'을 선택합니다. 활용 목적은 '웹 사이트 개발'을 선택합니다. 마지막으로 상세기능정보에서 '기업기본정보 기업개요 조회'와 '주식분포내역 주주별현황 조회'를 선택합니다. 마지막으로 라이센스표시는 '동의합니다'를 선택합니다.

활용목적 선택

*표시는 필수 입력항목입니다.

*활용목적	◉ 웹 사이트 개발 ○ 앱개발 (모바일,솔루션등) ○ 기타 ○ 참고자료 ○ 연구(논문 등)
	0/250
첨부파일	파일 선택
	Drag & Drop으로 파일을 선택 가능합니다.

시스템유형 선택

시스템 유형	◉ 일반 ○ 서버구축
	[안내] 서버 구축 여부에 따라 시스템 유형을 입력하실 수 있습니다.
	- 일반 : OPEN API 서비스를 호출하여 응답 받은 결과값을 서버에 저장하지 않고 사용할 겨우 (서버 미구축)
	- 서버구축 : OPEN API 서비스를 호출하여 응답 받은 결과값을 서버에 저장하거나 DB화하여 사용할 경우

그림 3.6 기업정보서비스 API의 활용신청

여기까지 활용신청을 마쳤습니다.

API 인증키 발급

이어서 API를 사용하기 위한 인증키를 발급받겠습니다. 오른쪽 위에 있는 [마이페이지]를 클릭합니다. 그다음 [일반 인증키 발급](이미 발급받은 경우에는 일반 인증키 재발급) 버튼을 클릭합니다.

그림 3.7 일반 인증키 발급

일반 인증키 발급 화면에서는 발급된 키를 확인할 수 있으며, 이 키는 예제 3.14와 같이 conf/config. ini 파일에 저장합니다.

예제 3.14 공공데이터 포털 인증키 저장 (stock-lab/conf/config.ini)

```
[DATA]
api_key=kp5Q%2FTfZw8hYAv3j4hSN%2Bn0Cs35...
```

아래에 있는 상세기능 정보에서는 신청한 기능의 목록을 볼 수 있으며, 키를 발급받으면 상세기능을 실행해 볼 수 있습니다. 주식분포내역 주주별현황 조회의 오른쪽에 있는 [실행] 버튼을 클릭합니다. 매개변수 IssucoCustno 항목명에는 '593'을 입력하고, rgtStdDt 항목명에는 '20181231'을 입력한 다음 [미리보기] 버튼을 클릭합니다.

활용신청 상세기능정보

NO	상세기능	설명	일일 트래픽	미리보기
1	주식권리일정 조회	주식권리일정 조회한다.	100	확인
2	기업기본정보 기업개요 조회	기업기본정보 기업개요 조회한다.	100	확인
3	주식분포현황 연령별소유 현황	주식분포현황 연령별소유 현황 조회한다.	100	확인
4	주식분포내역 소유주식수별 현황	주식분포내역 소유주식수별 현황 조회한다.	100	확인
5	주식분포내역 주주별현황 조회	주식분포내역 주주별현황 조회한다.	100	확인

요청변수(Request Parameter)   닫기

항목명	샘플데이터	설명
issucoCustno	593	기업정보서비스 참조
rgtStdDt	20161231	기준일

미리보기

NO	상세기능	설명	일일 트래픽	미리보기
6	주식분포내역 주식분포현황 조회	주식분포내역 주식분포현황 조회한다.	100	확인
7	회사명칭으로 발행회사번호 등 조회	회사명칭으로 발행회사번호 등 조회한다.	100	확인

그림 3.8 주식분포내역 주주별현황 조회 미리보기

또는 그림 3.8에서 [미리보기] 버튼 대신 [JSON], [CSV] 버튼을 클릭하면 JSON이나 CSV 형태로도 조회할 수 있습니다.

This XML file does not appear to have any style information associated with it. The document tree is shown below.

```
▼<response>
  ▼<header>
      <resultCode>00</resultCode>
      <resultMsg>NORMAL SERVICE.</resultMsg>
    </header>
  ▼<body>
    ▼<items>
      ▼<item>
          <shrs>1</shrs>
          <shrsRatio>0</shrsRatio>
          <stkDistbutTpnm>정부</stkDistbutTpnm>
          <stkqty>8757</stkqty>
          <stkqtyRatio>0</stkqtyRatio>
        </item>
      ▼<item>
          <shrs>24</shrs>
          <shrsRatio>0.03</shrsRatio>
          <stkDistbutTpnm>정부관리회사</stkDistbutTpnm>
          <stkqty>24358</stkqty>
          <stkqtyRatio>0.01</stkqtyRatio>
        </item>
      ▼<item>
          <shrs>56</shrs>
          <shrsRatio>0.08</shrsRatio>
          <stkDistbutTpnm>증권회사</stkDistbutTpnm>
          <stkqty>524405</stkqty>
          <stkqtyRatio>0.37</stkqtyRatio>
        </item>
      ▼<item>
          <shrs>155</shrs>
          <shrsRatio>0.23</shrsRatio>
          <stkDistbutTpnm>보험회사</stkDistbutTpnm>
          <stkqty>12908750</stkqty>
          <stkqtyRatio>9.17</stkqtyRatio>
        </item>
      ▼<item>
          <shrs>1361</shrs>
          <shrsRatio>2.03</shrsRatio>
          <stkDistbutTpnm>투자신탁</stkDistbutTpnm>
          <stkqty>12812808</stkqty>
          <stkqtyRatio>9.1</stkqtyRatio>
        </item>
```

그림 3.9 주식분포내역 주주별현황 조회 미리 보기

가져오는 모듈(Data 모듈)을 구현하기 전에 필요한 메서드에 대한 정보를 다시 한번 요약하겠습니다.

표 3.7 기업정보 서비스 중 상세 기능 정보

상세 기능	URL	매개변수	반환 값
회사명으로 기업 코드 조회	http://api.seibro.or.kr/openapi/ service/CorpSvc?_wadl&type=xml	serviceKey issucoNm: 회사 명칭 numOfRows: 반환할 수	issucoNm issucoCustno
기업기본정보 기업개요 조회	http://api.seibro.or.kr/openapi/ service/CorpSvc/getIssucoBasicInfo	serviceKey issucoCustno: 회사 코드	apliDt: 상장일 bizno: 사업자 번호 ceoNm: CEO명 engCustNm: 영문 회사명 foundDt: 설립일 homepAddr: 홈페이지 주소 pval: 액면가 totalStkcnt: 총발행 주식 수

상세 기능	URL	매개변수	반환 값
주식분포내역 주주별현황 조회	http://api.seibro.or.kr/ openapi/service/CorpSvc/ getStkDistributionStatus	serviceKey issucoCustno: 회사 코드 rgtStdDt: 기준일	shrs: 주주 수 shrsRatio: 주주 비율 stkDistbutTpnm: 구분명 stkqty: 주식 수 stkqtyRatio: 주식 비율

표 3.7의 내용은 기업정보서비스 화면에서 각 상세 기능을 클릭하면 개별 API에 대한 참고 문서를 확인할 수 있습니다.

이번 절에서는 공공데이터 포털에서 API를 사용하는 데 필요한 항목에 대해 알아봤습니다. 다음 절에서는 표 3.7의 상세 기능 정보를 구현하겠습니다.

공공데이터 수집 개발

이제 공공데이터 포털(DATA)에서 데이터를 가져오는 모듈을 파이썬으로 구현해 보겠습니다. 먼저 pip를 이용해 모듈을 구현하는 데 필요한 requests 라이브러리를 설치합니다.

```
(stocklab) C:\stock-lab>pip install requests
```

requests는 http를 손쉽게 호출할 수 있게 도와주는 라이브러리입니다. requests 외에도 http 호출을 도와주는 라이브러리로는 pycurl, BeautifulSoup 등 다양한 라이브러리가 있습니다. Data 모듈에서는 비교적 사용 방법이 쉽고, 직관적인 requests 라이브러리를 사용하겠습니다. Data 모듈의 전체 코드는 예제 3.15와 같습니다.

예제 3.15 공공데이터 포털에서 데이터를 가져오는 Data 모듈   (stock-lab/stocklab/agent/data.py)

```
import requests
import configparser
import xml.etree.ElementTree as ET

class Data():
    CORP_CODE_URL = "http://api.seibro.or.kr/openapi/service/CorpSvc/getIssucoCustnoByNm"
    CORP_INFO_URL = "http://api.seibro.or.kr/openapi/service/CorpSvc/getIssucoBasicInfo"
    STOCK_DISTRIBUTION_URL = "http://api.seibro.or.kr/openapi/service/CorpSvc/
getStkDistributionStatus"
```

```python
def __init__(self):
    config = configparser.RawConfigParser()
    config.read('conf/config.ini')
    self.api_key = config["DATA"]["api_key"]
    if self.api_key is None:
        raise Exception("Need to api key")

def get_corp_code(self, name=None):
    """
    한국예탁결제원에서 제공하는 기업 코드를 회사명으로 검색합니다.
    :param name:str 회사명 ex) 삼성전자, 삼성 등
    :return result:dict 회사 코드와 회사명을 반환합니다.
    """
    query_params = {"ServiceKey":self.api_key,
                    "issucoNm": name,
                    "numOfRows": str(5000)}
    request_url =self.CORP_CODE_URL+"?"
    for k, v in query_params.items():
        request_url = request_url + k + "=" + v +"&"

    res = requests.get(request_url[:-1])
    root = ET.fromstring(res.text)
    from_tags = root.iter("items")
    result = {}
    for items in from_tags:
        for item in items.iter('item'):
            if name in item.find('issucoNm').text.split():
                result["issucoCustno"] = item.find('issucoCustno').text
                result["issucoNm"] = item.find('issucoNm').text
    return result

def get_corp_info(self, code=None):
    """
    기업기본정보 기업개요 조회 API입니다.
    :param code:str 숫자로 관리되며 발행회사번호 조회에서 확인
    :return result:dict 기업개요 정보를 반환합니다.
    """
    query_params = {"ServiceKey":self.api_key,
                    "issucoCustno": code.replace("0","")}
```

```python
        request_url =self.CORP_INFO_URL+"?"
        for k, v in query_params.items():
            request_url = request_url + k + "=" + v +"&"

        res = requests.get(request_url[:-1])
        root = ET.fromstring(res.text)
        from_tags = root.iter("item")
        result = {}
        for item in from_tags:
            result["apliDt"] = item.find('apliDt').text
            result["bizno"] = item.find('bizno').text
            result["ceoNm"] = item.find('ceoNm').text
            result["engCustNm"] = item.find('engCustNm').text
            result["foundDt"] = item.find('founDt').text
            result["homepAddr"] = item.find('homepAddr').text
            result["pval"] = item.find('pval').text
            result["totalStkcnt"] = item.find('totalStkCnt').text
        return result

    def get_stk_distribution_info(self, code=None, date=None):
        """
        주식분포내역 주주별현황 조회 API입니다.
        :param code:str 숫자로 관리되며 발행회사번호 조회에서 확인
        :param data:str 기준일 8자리로 YYYYMMDD 형식으로 입력합니다. ex) 20181231
        :return result_list:list 주주별 주식보유 현황 정보를 반환합니다.
        """
        query_params = {"ServiceKey": self.api_key,
                        "issucoCustno": code.replace("0",""),
                        "rgtStdDt": date}

        request_url =self.STOCK_DISTRIBUTION_URL+"?"
        for k, v in query_params.items():
            request_url = request_url + k + "=" + v +"&"
        res = requests.get(request_url[:-1])
        print(res.text)
        root = ET.fromstring(res.text)
        from_tags = root.iter("items")
        result_list = []
        for items in from_tags:
```

```
        for item in items.iter('item'):
            result = {}
            result["shrs"] = item.find('shrs').text
            result["shrs_ratio"] = item.find('shrsRatio').text
            result["stk_dist_name"] = item.find('stkDistbutTpnm').text
            result["stk_qty"] = item.find('stkqty').text
            result["stk_qty_ratio"] = item.find('stkqtyRatio').text
            result_list.append(result)
    return result_list
```

코드를 설명하기 전에 기업 코드에 관해 자세히 알아보겠습니다. 한국예탁결제원에서 제공하는 API는 매개변수로 기업 코드를 받습니다. 여기서 사용하는 기업 코드는 한국예탁결제원에서 관리하는 기업 코드로, 주식의 종목 코드와는 다릅니다. 예를 들어, 삼성전자의 주식 코드는 005930이지만, 한국예탁결제원에서의 기업 코드는 593이고, 하나은행의 주식 코드는 086790이지만, 한국예탁결제원에서의 기업 코드는 286이나 494가 사용됩니다(기업 코드가 2개일 수도 있습니다). 이 기업 코드를 구하려면 기업정보서비스의 상세기능 중에서 회사 명칭으로 발행회사번호를 조회하는 API를 이용해야 합니다. 기업 코드를 구하는 코드는 get_corp_code 메서드에서 구현하겠습니다.

먼저 각 메서드를 구현하기 전에 기업 코드 및 기업개요와 주식분포 주주별현황을 구하기 위한 URL 정보를 클래스 변수로 정의합니다. 각 클래스 변수명은 CORP_CODE_INFO(기업 코드), CORP_INFO_URL(기업 개요), STOCK_DISTRIBUTION_URL(주식분포 주주별현황)이고, URL은 공공데이터 포털의 상세기능에서 확인할 수 있습니다.

```
CORP_CODE_URL = "http://api.seibro.or.kr/openapi/service/CorpSvc/getIssucoCustnoByNm"
CORP_INFO_URL = "http://api.seibro.or.kr/openapi/service/CorpSvc/getIssucoBasicInfo"
STOCK_DISTRIBUTION_URL = "http://api.seibro.or.kr/openapi/service/CorpSvc/getStkDistributionStatus"
```

__init__ 함수에서는 config 파일에 저장한 api_key를 읽어옵니다. 하지만 api_key에 포함된 특수문자 때문에 ConfigParser가 정상적으로 처리되지 않습니다. 따라서 여기서는 기존에 사용하던 ConfigParser가 아닌 RawConfigParser를 사용하겠습니다. 사용법은 ConfigParser와 같습니다.

```
def __init__(self):
    config = configparser.RawConfigParser()
    config.read('conf/config.ini')
    self.api_key = config["DATA"]["api_key"]
    if self.api_key is None:
        raise Exception("Need to api key")
```

다음은 기업 코드를 구하는 get_corp_code 메서드를 정의합니다. get_corp_code 메서드는 매개변수로 기업명을 받습니다. query_params에는 상세기능을 호출할 때 전달할 매개변수를 정의합니다. 기업 코드를 구하는 API를 호출할 때는 회사명(issucoNm)과 돌려받을 결괏값이 여러 개일 때 몇 개까지 받을지(numOfRows)를 전달합니다.

```python
def get_corp_code(self, name=None):
    query_params = {"serviceKey":self.api_key,
                    "issucoNm": name,
                    "numOfRows": str(5000)}
```

일반적으로 requests는 다음과 같이 get 메서드로 호출할 때 다음과 같이 params에 매개변수 값 (payload)을 함께 전달하면 됩니다.

```python
payload = {'key1': 'value1', 'key2': 'value2'}
```

```python
r = requests.get('https://httpbin.org/get', params=payload)
```

하지만 우리가 사용해야 하는 serviceKey 값에 인코딩된 값이 있어서 위 방식대로 호출하면 정상적으로 값을 얻을 수 없습니다. 그러므로 get 메서드를 호출할 때 params를 전달하는 방식이 아닌, 앞서 정의한 URL과 query_params를 이용해 실제 요청할 request_url을 직접 만들어 전달합니다.

```python
request_url =self.CORP_CODE_URL+"?"
for k, v in query_params.items():
    request_url = request_url + k + "=" + v +"&"
```

URL 호출은 GET 방식으로 호출하므로 =과 &로 매개변수를 구분합니다. 여기서 만들어야 하는 최종 request_url은 다음과 같습니다. 매개변수 사이는 &로 구분하며, 매개변수명과 값은 =으로 구분합니다. 마지막에 있는 &는 생략할 수 있습니다.

```
http://api.seibro.or.kr/openapi/service/CorpSvc/getIssucoCustnoByNm?serviceKey=
wwsrkp5Q%2FTfZw8hYAv3j4hSN%2Bn0Cs35%2B6ZeuKGGGb07pX%2BqCg%3D%3D&issucoNm=
삼성전자&numOfRows=5000&
```

다음은 requests.get 메서드를 이용해 request_url을 호출합니다. 마지막 있는 &가 있어도 호출하는 데에는 상관없지만, 의미가 없기 때문에 빼고 전송하겠습니다. 마지막 문자인 &를 빼고 전송하기 위해 [:-1]을 붙여줍니다. 그리고 반환값은 res에 저장합니다.

```
res = requests.get(request_url[:-1])
```

URL 호출 결과가 정상적으로 반환돼 res에 저장되면 res.text에는 반환된 값의 본문이 들어갑니다. 다만 반환된 값은 앞서 미리 보기에서 확인한 것처럼 xml 형식으로 반환되므로 XML을 파싱해야 원하는 값을 얻을 수 있습니다. 다시 한번 반환되는 값의 형식을 확인해 보겠습니다.

〈header〉 노드에는 서비스 요청 결과에 대한 정보가 나오며, 〈body〉 노드에는 상세 기능의 결괏값이 담깁니다. 이때 상세 기능의 결괏값이 여러 행이라면 〈items〉의 자식 노드인 〈item〉에 결괏값이 포함됩니다. 따라서 최종적으로는 〈item〉을 구해야 합니다.

```xml
<response>
    <header>
        <resultCode>00</resultCode>
        <resultMsg>NORMAL SERVICE.</resultMsg>
    </header>
    <body>
        <items>
            <item>
                <issucoCustno>209591</issucoCustno>
                <issucoNm>BNK삼성전자연계사모증권투자신탁제1호[채권]</issucoNm>
            </item>

            . . .
        </items>
        <items>
            <item>
                <issucoCustno>594</issucoCustno>
                <issucoNm>삼성전자</issucoNm>
                <listNm>유가증권</listNm>
            </item>
        </items>
        <numOfRows>100</numOfRows>
        <pageNo>1</pageNo>
        <totalCount>76</totalCount>
    </body>
</response>
```

XML 파싱

XML을 파싱해 보겠습니다. XML 파싱은 파이썬에서 기본으로 제공하는 ElementTree(ET) 모듈을 이용합니다. 그리고 우리가 파싱해야 하는 XML은 res.text에 들어있습니다. 먼저 ET의 fromstring 메서드를 이용해 본문을 로딩한 후 root에 저장합니다. 다음은 root에서 iter를 이용해 items 노드를 찾습니다. items 노드를 찾으면 from_tags에 값을 저장합니다. items는 노드가 여러 개일 수 있기 때문에 from_tags는 여러 개의 items 노드를 순회할 수 있는 iterator가 저장됩니다.

```
root = ET.fromstring(res.text)
from_tags = root.iter("items")
```

개별 items의 하위에 item이 있으므로 from_tags에서 items 하위의 item을 찾기 위해 for 문을 반복합니다(#1). 그다음 items 개별 항목에서 item 노드 값을 찾기 위해 iter('item')를 다시 for문으로 반복(#2)하면 수행되는 개별 항목이 item 변수에서 저장되어 해당 노드에 접근할 수 있습니다. item에서 상세 속성은 find 메서드를 이용해 찾을 수 있으며, 속성의 값은 text를 이용해 가져올 수 있습니다. 이때 issucoNm 속성의 값이 API를 호출할 때 매개변수로 넘겨준 이름(name)을 포함하고 있을 때만 result에 기업코드(issucoCustno)와 기업명(issucoNm)을 저장합니다.

```
result = {}
for items in from_tags: #1
    for item in items.iter('item'): #2
        if name in item.find('issucoNm').text.split():
            result["issucoCustno"] = item.find('issucoCustno').text
            result["issucoNm"] = item.find('issucoNm').text
return result
```

여기까지 완료했으면 다른 상세기능은 이와 유사한 패턴으로 진행합니다. 이어서 기업개요 데이터를 가져오는 메서드를 구현해 보겠습니다.

기업개요 데이터를 가져오는 메서드의 이름은 get_corp_info로 정의하며 code를 매개변수로 받습니다. 이 code는 앞서 구현한 한국예탁결제원에서 관리하는 기업코드입니다. 앞서 기업코드를 구할 때처럼 query_params에 필요한 매개변수를 정의하고, request_url을 만듭니다. request_url은 request.get을 이용해 호출하고, res에 결과를 저장합니다.

```
def get_corp_info(self, code=None):
    query_params = {"serviceKey":self.api_key,
                    "issucoCustno": code}
    request_url =self.CORP_INFO_URL+"?"
    for k, v in query_params.items():
        request_url = request_url + k + "=" + v +"&"
    res = requests.get(request_url[:-1])
```

앞서 기업코드를 구한 후 res를 파싱하는 방법은 비슷하지만, 결과가 항상 1개이므로 items 요소가 없고 item 요소만 파싱하면 됩니다. item을 찾은 다음 필요한 필드를 찾아 text 값만 저장합니다.

```
root = ET.fromstring(res.text)
from_tags = root.iter("item")
result = {}
for item in from_tags:
    result["apliDt"] = item.find('apliDt').text
    result["bizno"] = item.find('bizno').text
    result["ceoNm"] = item.find('ceoNm').text
    result["engCustNm"] = item.find('engCustNm').text
    result["foundDt"] = item.find('founDt').text
    result["homepAddr"] = item.find('homepAddr').text
    result["pval"] = item.find('pval').text
    result["totalStkcnt"] = item.find('totalStkCnt').text
return result
```

주식분포내역 주주별 현황 조회 API도 같은 방법으로 구현합니다. 패턴은 완전히 같습니다.

다만 주식분포내역 주주별 현황은 앞서 구한 발행회사번호와 기준일(rgStdDt)을 함께 URL에 전달해야 합니다. 기준일은 보통 분기의 마지막 날이나 현재 날짜를 입력해 결괏값을 얻을 수 있습니다.

그림 3.10 주식분포내역 주주별현황 상세 기능

기능을 검증하기 위한 테스트 구현

앞서 만든 기능에 대해 테스트 케이스를 구현하겠습니다. 먼저 stock-lab/tests/test_agent_data.py 파일을 생성합니다. 테스트 케이스의 전체 코드는 예제 3.16과 같습니다.

예제 3.16 Data 모듈의 단위 테스트 (stock-lab/tests/test_agent_data.py)

```python
import unittest
from stocklab.agent.data import Data
import inspect

class TestData(unittest.TestCase):

    def setUp(self):
        self.data = Data()

    def test_get_corp_code(self):
        print(inspect.stack()[0][3])
        result = self.data.get_corp_code(name="삼성전자")
        assert result is not None
        print(result)

    def test_get_corp_info_by_code(self):
```

```
        print(inspect.stack()[0][3])
        result = self.data.get_corp_info(code="593")
        assert result is not None
        print(result)

    def test_get_stk_distribution_info(self):
        print(inspect.stack()[0][3])
        result = self.data.get_stk_distribution_info(code="593", date="20181231")
        assert result is not None
        print(result)

    def tearDown(self):
        pass
```

지금까지 만든 기능들을 호출하고 assert로 확인하는 방식으로 단위 테스트를 구현했습니다. 이는 앞서 구현했던 테스트 모듈과 같은 방식입니다. 이어서 단위 테스트를 실행해 보겠습니다. 비주얼 스튜디오 코드에서 터미널(단축키: Ctrl + Shift + `)을 열고, 다음 명령어로 가상 환경(workon stocklab) 내에서 단위 테스트를 실행합니다.

```
(stocklab37) C:\stock-lab>python -m unittest tests.test_agent_data
```

다음과 같이 에러 없이 테스트 결과가 수행되면 정상적으로 구현이 끝난 것입니다.

```
test_get_corp_code
{'issucoCustno': '593', 'issucoNm': '삼성전자'}
.test_get_corp_info_by_code
{'apliDt': '19750611', 'bizno': '124-81-00998', 'ceoNm': '김기남,김현석,고동진', 'engCustNm':
'SAMSUNG ELECTRONICS CO., LTD', 'foundDt': '19690113', 'homepAddr': 'http://www.sec.co.kr', 'pval':
'100', 'totalStkcnt': '    6,792,669,250 주'}
.test_get_stk_distribution_info
[{'shrs': '761374', 'shrs_ratio': '99.98', 'stk_dist_name': '소액주주합계', 'stk_qty': '3731165361',
'stk_qty_ratio': '62.49'}, {'shrs': '6669', 'shrs_ratio': '0.87', 'stk_dist_name': '소액주주(법인)',
'stk_qty': '3386893576', 'stk_qty_ratio': '56.73'}, {'shrs': '754705', 'shrs_ratio': '99.11', 'stk_
dist_name': '소액주주(개인)',
...
'stk_qty_ratio': '0'}, {'shrs': '761468', 'shrs_ratio': '100', 'stk_dist_name': '합계', 'stk_qty':
'5969782550', 'stk_qty_ratio': '100'}]
```

```
.
────────────────────────────────────────────
Ran 3 tests in 8.417s
```

지금까지 requests와 XML을 파싱하는 모듈을 이용해 공공데이터 포털에서 데이터를 가져오는 모듈을 구현했습니다. 공공데이터 포털은 여러 공공기관의 데이터를 한곳에 모아둔 사이트로, 데이터를 제공하는 기관에 따라 상세한 구현 방법이 조금씩 다를 수 있습니다. 그리고 API에 대한 최신 정보가 없는 경우도 있으며 이 경우 개별 기관에 요청해야 할 수도 있습니다.

또한 XML 파싱과 관련된 내용도 살펴봤습니다. XML은 기본적인 파이썬 내장 모듈로 파싱할 수 있지만, XML 파싱을 편리하게 도와주는 외부 라이브러리 또한 많습니다. 모듈이나 라이브러리는 취향과 상황에 따라 선택해서 사용하면 됩니다.

이번 절에서는 공공데이터 포털을 이용해 데이터를 수집하는 방법을 알아봤는데, 우리에게 필요한 데이터가 공공데이터 포털에 전부 있을 수는 없습니다. 공공기관에서 제공하는 정보를 모두 통합해 하나의 포털에서 제공하고자 하는 시도는 좋았지만, 실제로 사용하다 보면 아쉬운 부분이 있습니다. 얻고자 하는 정보의 API 사용 방법이 기관이나 종류에 따라 다르기도 하며, API 방식으로 제공되지 않고 파일로만 제공되는 정보도 있습니다. 때로는 필요한 정보가 지자체에서 운영하는 곳에 별도로 있기도 합니다.

다음 절에서는 원하는 데이터를 얻기 위한 또다른 방법으로 웹 크롤링에 대해 알아보겠습니다.

3.3 웹 크롤링

웹 크롤링은 웹 페이지에서 필요한 정보를 가져오는 방법입니다. 하지만 웹에는 저작권이 있는 콘텐츠가 많기 때문에 데이터를 가져오기 전에 반드시 확인해야 합니다. 특히 데이터를 배포하거나 상용으로 사용하면 문제가 되는 경우가 대부분입니다. 필요한 데이터의 저작권과 관련된 내용은 반드시 확인하기 바랍니다.

이번 절에서는 웹 페이지에서 데이터를 가져오는 기본적인 방법을 소개하겠습니다.

크롤링의 이해

크롤링을 하려면 HTML의 기본적인 구조를 이해해야 합니다. 웹 페이지는 기본적으로 HTML로 이뤄져 있습니다. 규약에 따라 HTML 코드를 작성하면 우리가 보는 브라우저에 화면이 출력됩니다.

HTML 예제로 네이버 금융의 금융 홈[3]을 살펴보겠습니다. 왼쪽에는 주요뉴스, 투자전략, 추천종목, 수익률 상위펀드가, 중앙에는 오늘의 증시, 업종상위, 테마상위, 오른쪽에는 해외 증시, 인기 검색 종목 등이 나열돼 있습니다.

그림 3.10 네이버 금융 홈

이 페이지의 HTML 소스를 확인해 보겠습니다. 크롬 브라우저를 기준으로 마우스 오른쪽 버튼을 클릭한 다음 팝업 메뉴에서 [페이지 소스 보기]를 클릭하거나 단축키 Ctrl + U를 누르면 HTML 소스 코드를 볼 수 있습니다. HTML 소스 코드가 보이는 상태에서 단축키 Ctrl + F를 누른 다음 주요뉴스, 해외 증시, 인기 검색 종목 등 단어를 찾아보면 다음과 같이 HTML 소스를 찾아볼 수 있습니다.

주요뉴스 부분의 HTML 소스를 살펴보겠습니다.

3   https://finance.naver.com/

```
<div class="section_strategy">
    <h2 class="h_strategy"><span>주요뉴스</span></h2>
    <ul>
        <li> <span><a href="/news/news_read.nhn?mode=mainnews&amp;office_id=008&amp;article_
id=0004182072" onclick="clickcr(this, 'tdn.list', '008_0004182072', '0', event);">[Asia마감]중국 경
기 호조 신호에 상승세</a></span> </li>
        <li> <span><a href="/news/news_read.nhn?mode=mainnews&amp;office_id=018&amp;article_
id=0004321257" onclick="clickcr(this, 'tdn.list', '018_0004321257', '1', event);">[펀드와치]  증시
훈풍 지속… 신흥국 펀드 한주간 3% 수익률</a></span> </li>
        <li> <span><a href="/news/news_read.nhn?mode=mainnews&amp;office_id=008&amp;article_
id=0004181924" onclick="clickcr(this, 'tdn.list', '008_0004181924', '2', event);">[뉴욕마감] '노딜
하노이'에 일제 하락…&quot;혹시      협상도?&quot;</a></span> </li>
        <li> <span><a href="/news/news_read.nhn?mode=mainnews&amp;office_id=018&amp;article_
id=0004321157" onclick="clickcr(this, 'tdn.list', '018_0004321157', '3', event);">[유럽증시]      '핵
담판' 결렬 여파…영국 0.46%↓</a></span> </li>
            …
    </ul>
    <a href="/news/mainnews.nhn" class="btn_more" onclick="clickcr(this, 'tdn.more', '', '',
event);"><em class="btn_more4"><span class="blind">주요뉴스 더보기</span></em></a>
</div>
```

웹페이지는 실행하는 시점에 따라 내용이 바뀔 수 있습니다. 그렇기 때문에 상세한 구현으로 실제 값을
추출하기 보다는 웹 페이지 구조를 단순화해 예제 형식으로 웹 크롤링을 진행하겠습니다.

다음과 같이 간략하게 표시해보면 전체적인 구조는 div 〉 ul 〉 li 순으로 기사의 제목이 몇 개의 태그로
감싸져 있습니다. div 태그는 표현하고자 하는 영역을 구분하고, div 태그 안에서 ul과 li 태그를 이용
해 기사의 항목을 표현하고 있습니다.

```
<div>
    <h2>영역 제목 </h2>
    <ul>
        <li>기사 제목1 </li>
        <li>기사 제목2 </li>
        <li>기사 제목3 </li>
            …
    </ul>
</div>
```

다음은 해외 증시 부분의 HTML 소스를 살펴보겠습니다.

```html
<div class="aside_area aside_stock">
    <h3 class="h_stock"><span>해외 증시</span></h3>
    <table class="tbl_home">
        <caption> 해외 증시
            <span>종류에 대한 현재가,전일대비로 구분되어 있습니다.</span>
        </caption>
        <colgroup>
            <col />
            <col width="60" />
            <col width="59" />
        </colgroup>
        <thead>
            <tr>
                <th scope="col">구분</th>
                <th scope="col">현재가</th>
                <th scope="col">전일대비</th>
            </tr>
        </thead>
        <tbody>
            <tr class="down">
                <th scope="row"><a href="/world/sise.nhn?symbol=DJI@DJI&amp;fdtc=0" onclick="click-
cr(this, 'wst.dow', '', '', event);">다우산업(02.28)</a></th>
                <td>25,916.00</td>
                <td><em class="bu_p bu_pdn"><span class="blind">하락</span></em> 69.16</td>
            </tr>
            <tr class="down">
                <th scope="row"><a href="/world/sise.nhn?symbol=NAS@IXIC&amp; fdtc=0" onclick="-
clickcr(this, 'wst.nasdaq', '', '', event);"> 나스닥(02.28)</a></th>
                <td>7,532.53</td>
                <td><em class="bu_p bu_pdn"><span class="blind">하락</span></em> 21.98</td>
            </tr>
            …
        </tbody>
    </table>
    <a href="/world/" class="btn_more" onclick="clickcr(this, 'wst.more', '', '', event); "><em
class="btn_more4"><span class="blind">해외 증시 더보기</span></em></a>
</div>
```

주요뉴스와는 조금 다르게 div 〉 table 〉 tbody 〉 tr에 항목과 값이 나열돼 있습니다. 다음과 같이 단순화해서 살펴보겠습니다. 기본적으로 div 태그로 콘텐츠가 싸여 있으며, div 태그 내부에는 table이 있습니다. 그리고 table에 있는 thead에는 테이블의 각 컬럼명이 명시돼 있고, 실제 내용은 tbody의 tr에 하나씩 나열돼 있습니다.

```
<div>
    <table>
        <thead>
            <tr>
                <th scope="col">컬럼1</th>
                <th scope="col">컬럼2</th>
            </tr>
        </thead>
        <tbody>
            <tr>
                <th><a href="..." >항목</a></th>
                <td>값1</td>
                <td>값2</td>
            </tr>
            <tr>
                ….
            </tr>
        </tbody>
    </table>
</div>
```

마지막으로 인기 검색 종목 부분의 HTML 소스를 살펴보겠습니다.

```
<div class="aside_area aside_popular">
    <h3 class="h_popular"><span>인기 검색 종목</span></h3>
    <table class="tbl_home">
        <caption>인기 검색 종목표
            <span>종목명에 대한 현재가,전일대비로 구분되어 있습니다.</span>
        </caption>
        <colgroup>
            <col />
            <col width="60" />
            <col width="65" />
```

```
        </colgroup>
        <thead>
            <tr>
                <th scope="col">구분</th>
                <th scope="col">현재가</th>
                <th scope="col">전일대비</th>
            </tr>
        </thead>
        <tbody>
            <tr class="down">
                <th scope="row"><em>1.</em><a href="/item/main.nhn?code=025980" onclick="click-
cr(this, 'boa.list', '025980', '1', event);">아난티</a></th>
                <td>21,100</td>
                <td> <img src="https://ssl.pstatic.net/imgstock/images/images4/ico_down.gif"
width="7" height="6" style="margin-right:4px;" alt="하락" /><span class="tah p11 nv01"> 7,350 </
span> </td>
            </tr>
            <tr class="down">
                <th scope="row"><em>2.</em><a href="/item/main.nhn?code=017800" onclick="click-
cr(this, 'boa.list', '017800', '2', event);">현대엘리베이</a></th>
                <td>95,300</td>
                <td> <img src="https://ssl.pstatic.net/imgstock/images/images4/ico_down.gif"
width="7" height="6" style="margin-right:4px;" alt="하락" /><span class="tah p11 nv01"> 21,700 </
span> </td>
            </tr>
            ...
        </tbody>
    </table>
    <a href="/sise/lastsearch2.nhn" class="btn_more" onclick="clickcr(this, 'boa.more', '', '',
event);"><em class="btn_more4"><span class="blind">인기 검색 종목 더보기</span></em></a>
</div>
```

인기 검색 종목의 구조는 앞서 살펴본 해외 증시의 구조와 비슷합니다. 이처럼 웹 페이지는 div 〉 ul 〉
li나 div 〉 table 〉 tbody 〉 tr로 항목을 나열해서 보여주는 형태에서 크게 벗어나지 않습니다. 다음 절
에서는 이와 같은 구조의 HTML에서 필요한 값을 어떻게 가져올 수 있는지 알아보겠습니다.

웹 크롤러 개발

웹 크롤링 모듈은 별도로 개발하지는 않고, 샘플로 예제를 만들어 실습만 해보겠습니다. 대부분 포털 사이트의 이용약관에는 자동화 도구로 반복적인 자료의 취득 및 배포를 금지하고 있습니다. 이 프로젝트에서도 앞서 분석한 HTML의 구조를 예를 들어 연습만 해보겠습니다.

크롤링을 하기 위한 대표적인 파이썬 라이브러리는 Beautiful Soup[4]입니다. 다음과 같이 pip를 이용해 Beautiful Soup을 설치합니다.

```
(stocklab) C:\stock-lab>pip install beautifulsoup4
```

Beautiful Soup을 사용하기 위해 간단한 예제[5]를 확인한 후 다음 내용을 진행해 보기 바랍니다. 먼저 크롤링을 연습해보기 위한 stock-lab/stocklab/agent/crawler.py 파일을 생성합니다. 전체 코드는 예제 3.17과 같습니다.

예제 3.17 웹 크롤러 연습 모듈   (stock-lab/stocklab/agent/crawler.py)

```python
from bs4 import BeautifulSoup
import re


class Crawler:
    def __init__(self):
        self.html_doc = """
        <html>
            <head>
                <title>Home</title>
            </head>
            <body>
                <div class="section">
                    <h2>영역 제목</h2>
                    <ul>
                        <li><a href="/news/news1">기사 제목1</a></li>
                        <li><a href="/news/news2">기사 제목2</a></li>
                        <li><a href="/news/news3">기사 제목3</a></li>
                    </ul>
                </div>
```

---

4   https://www.crummy.com/software/BeautifulSoup/bs4/doc/

5   https://www.crummy.com/software/BeautifulSoup/bs4/doc/#quick-start

```
            </body>
        </html>
        """
        self.html_table = """
        <html>
            <div class="aside_section">
                <table class="tbl">
                    <thead>
                        <tr>
                            <th scope="col">컬럼1</th>
                            <th scope="col">컬럼2</th>
                        </tr>
                    </thead>
                    <tbody>
                        <tr>
                            <th><a href="/aside1">항목1</a></th>
                            <td>항목1값1</td>
                            <td>항목1값2</td>
                        </tr>
                        <tr>
                            <th><a href="/aside2">항목2</a></th>
                            <td>항목2값1</td>
                            <td>항목2값2</td>
                        </tr>
                    </tbody>
                </table>
            </div>
        </html>
        """
    def get_news_section(self):
        soup = BeautifulSoup(self.html_doc, 'html.parser')
        print(soup.prettify())
        print("title", soup.title)
        #<title>Home</title>
        print("title stinrg", soup.title.string)
        #Home
        print("title parent name", soup.title.parent.name)
        #head
        print("div", soup.div)
```

```
"""
<div class="section">
<h2>영역 제목</h2>
<ul>
<li><a href="/news/news1">기사 제목1</a></li>
<li><a href="/news/news2">기사 제목2</a></li>
<li><a href="/news/news3">기사 제목3</a></li>
</ul>
</div>
"""
print("div class", soup.div['class'])
#['section']
print("li", soup.li)
#<li><a href="/news/news1">기사 제목1</a></li>
print("find li", soup.find_all('li'))
#[<li><a href="/news/news1">기사 제목1</a></li>, <li><a href="/news/news2">기사 제목2</a></
li>, <li><a href="/news/news3">기사 제목3</a></li>]
print("find class section", soup.find_all(class_="section"))
"""
[<div class="section">
<h2>영역 제목</h2>
<ul>
<li><a href="/news/news1">기사 제목1</a></li>
<li><a href="/news/news2">기사 제목2</a></li>
<li><a href="/news/news3">기사 제목3</a></li>
</ul>
</div>]
"""
print("find href", soup.find_all(href=re.compile("/news")))
#[<a href="/news/news1">기사 제목1</a>, <a href="/news/news2">기사 제목2</a>, <a href="/news/
news3">기사 제목3</a>]
news_list = soup.find_all(href=re.compile("/news"))
for news in news_list:
    print(news["href"])
    print(news.string)
"""
/news/news1
기사 제목1
/news/news2
기사 제목2
```

```python
        /news/news3
        기사 제목3
        """

    def get_side(self):
        soup = BeautifulSoup(self.html_table, 'html.parser')
        print("table", soup.table)
        print("thead th", soup.thead.find_all(scope=re.compile("col")))
        #thead th [<th scope="col">컬럼1</th>, <th scope="col">컬럼2</th>]
        col_list = [ col.string for col in soup.thead.find_all(scope=re.compile("col"))]
        print(col_list)
        #['컬럼1', '컬럼2']
        tr_list = soup.tbody.find_all("tr")
        print("tr list", tr_list)
        """
        [<tr>
        <th><a href="/aside1">항목1</a></th>
        <td>항목1값1</td>
        <td>항목1값2</td>
        </tr>, <tr>
        <th><a href="/aside2">항목2</a></th>
        <td>항목2값1</td>
        <td>항목2값2</td>
        </tr>]
        """
        for tr in tr_list:
            for td in tr.find_all("td"):
                print("tr td", td.string)
        """
        tr td 항목1값1
        tr td 항목1값2
        tr td 항목2값1
        tr td 항목2값2
        """


if __name__ == "__main__":
    crawler = Crawler()
    crawler.get_news_section()
    crawler.get_side()
```

__init__ 함수에서는 self.html_doc와 self.html_table에 크롤링하려는 HTML의 소스를 샘플로 작성했습니다. self.html_doc는 div > ul > li 구조로 된 HTML을 크롤링하기 위한 샘플 소스이고, self.html_table은 테이블 구조로 된 HTML을 크롤링하기 위한 샘플 소스입니다.

```
self.html_doc = """<html>
    ...
</html>
"""
self.html_table = """<html>
    ...
</html>
"""
```

get_news_section 메서드에서 앞서 __init__에서 생성한 self.html_doc을 BeautifulSoup에 전달해 soup 객체를 생성합니다. 두 번째 인자로 전달한 'html.parser'는 self.html_doc을 파싱할 때 HTML 파서를 이용하겠다고 알려주는 역할을 합니다.

soup 객체가 정상적으로 생성됐는지 확인하기 위해 prettify 메서드를 호출해서 전체 소스를 출력해봅니다(prettify 메서드는 HTML 코드를 콘솔에 보기 좋게 출력하는 역할을 합니다). self.html_doc과 동일한 내용이 출력되면 정상입니다.

```
def get_news_section(self):
    soup = BeautifulSoup(self.html_doc, 'html.parser')
    print(soup.prettify())
```

soup 객체가 정상적으로 생성되면 이후의 사용법은 직관적입니다. soup 객체에는 self.html_doc의 HTML 코드가 파이썬의 객체 형태로 저장돼 있으며, soup 객체에서는 dot(.)이나 [ ]을 이용해 HTML의 요소(element)에 접근할 수 있습니다.[6]

.과 함께 요소명을 지정하면 해당하는 요소의 전체 태그(tag) 내용이 출력됩니다. 다음 예제에서 soup.title을 출력해보면 <title>Home</title>과 같이 <title> 요소의 전체 태그 내용이 출력되는 모습을 볼 수 있습니다.

---

6   파이썬에서는 기본적으로 dot(.)을 이용한 객체의 속성으로 접근은 지원하지 않습니다. dot(.)을 지원하기 위해 __getattr__, __setattr__ 등 파이썬 내장함수를 이용해 별도로 구현 가능합니다.

만약 요소 안에 있는 문자열만 가져오고 싶다면 string을 이용합니다. 다음 예제에서 soup.title.string을 출력해보면 title 요소에 포함된 문자열인 Home만 출력되는 모습을 볼 수 있습니다.

그밖에 요소의 부모에 접근할 때는 parent를 이용해 접근합니다.

```
print(soup.prettify())
print("title", soup.title) #<title>Home</title>
print("title string", soup.title.string) #Home
print("title parent name", soup.title.parent.name) #head
print("div", soup.div)
"""
<div class="section">
<h2>영역 제목</h2>
<ul>
<li><a href="/news/news1">기사 제목1</a></li>
<li><a href="/news/news2">기사 제목2</a></li>
<li><a href="/news/news3">기사 제목3</a></li>
</ul>
</div>
"""
print("div class", soup.div['class']) #['section']
print("li", soup.li) #<li><a href="/news/news1">기사 제목1</a></li>
```

다음은 find_all 메서드를 알아보겠습니다. find_all 메서드는 원하는 태그(tag)를 찾기 위한 메서드입니다. 가장 많이 쓰이는 메서드이며, 여러 방식을 제공합니다. 다음과 같이 li 태그를 지정하면 모든 li 태그가 리스트에 담겨 반환됩니다.

```
print("find li", soup.find_all('li'))
#[<li><a href="/news/news1">기사 제목1</a></li>, <li><a href="/news/news2">기사 제목2</a></li>, <li><a href="/news/news3">기사 제목3</a></li>]
"""
```

class 속성 값이 일치하는 태그를 찾고 싶다면 find_all 메서드에서 class_="클래스명"과 같은 형태로 명시합니다. 다음 예제에서는 클래스명이 section인 요소를 가져오기 위해 soup.find_all(class_="section")과 같이 지정했습니다. class가 아닌 class_로 지정하는 이유는 class가 파이썬에서 클래스를 정의하는 데 사용되는 예약어이기 때문입니다.

```
print("find class section", soup.find_all(class_="section"))
"""
[<div class="section">
<h2>영역 제목</h2>
<ul>
<li><a href="/news/news1">기사 제목1</a></li>
<li><a href="/news/news2">기사 제목2</a></li>
<li><a href="/news/news3">기사 제목3</a></li>
</ul>
</div>]
"""
```

이번에는 href 속성의 값이 /news를 포함하는 모든 태그를 찾는 방법입니다. 파이썬의 정규표현식 모듈인 re 모듈[7]을 이용합니다. find_all 메서드는 리스트 형태로 반환되므로 for 문을 이용해 반복하면서 태그의 href 속성 값과 string 값을 취하면 우리가 원하는 링크와 기사 제목을 찾을 수 있습니다.

```
import re
print("find href", soup.find_all(href=re.compile("/news")))
#[<a href="/news/news1">기사 제목1</a>, <a href="/news/news2">기사 제목2</a>, <a href="/news/news3">기사 제목3</a>]
news_list = soup.find_all(href=re.compile("/news"))
for news in news_list:
    print(news.href)
    print(news.string)
"""
/news/news1
기사 제목1
/news/news2
기사 제목2
/news/news3
기사 제목3
"""
```

이어서 테이블 구조의 HTML도 연습해 보겠습니다. 먼저 self.html_table에 있는 HTML을 이용해 soup 객체를 생성합니다.

---

7   https://docs.python.org/3/library/re.html

```
def getSide(self):
    soup = BeautifulSoup(self.html_table, 'html.parser')
    print("table", soup.table)
```

먼저 thead 〉 th에 명시돼 있는 칼럼 이름을 가져오겠습니다. soup.thead로 〈thead〉의 전체 코드를
가져온 다음 find_all 메서드를 이용해 scope 속성에 col이 포함된 모든 태그를 찾습니다. 그다음 컴프
리헨션으로 리스트를 반복하면서 태그의 string만 취하면 원하는 칼럼의 이름을 얻을 수 있습니다.

```
print("thead th", soup.thead.find_all(scope=re.compile("col")))
#thead th [<th scope="col">컬럼1</th>, <th scope="col">컬럼2</th>]
col_list = [ col.string for col in soup.thead.find_all(scope=re.compile("col"))]
print(col_list)
#['컬럼1', '컬럼2']
```

이번에는 tbody 〉 tr에 담긴 항목 값을 가져오겠습니다. soup.tbody에서 find_all 메서드로 tr 태그를
찾아 tr_list에 담습니다.

```
tr_list = soup.tbody.find_all("tr")
print("tr list", tr_list)
"""
[<tr>
<th><a href="/aside1">항목1</a></th>
<td>항목1값1</td>
<td>항목1값2</td>
</tr>, <tr>
<th><a href="/aside2">항목2</a></th>
<td>항목2값1</td>
<td>항목2값2</td>
</tr>]
"""
```

tr_list에 담긴 tr에서 다시 tr 〉 td 태그를 얻기 위해 다시 한번 find_all 메서드를 이용해 td 태그를 찾
습니다. 여기서 찾은 td에서 string 값만 출력하면 필요한 항목 값을 모두 얻을 수 있습니다.

```
for tr in tr_list:
    for td in tr.find_all("td"):
```

```
        print("tr td", td.string)
    """
    tr td 항목1값1
    tr td 항목1값2
    tr td 항목2값1
    tr td 항목2값2
    """
```

지금까지 살펴본 코드는 다음 명령어로 실행할 수 있습니다.

```
(stocklab) C:\stock-lab>python stocklab/agent/crawler.py
```

이번 절에서는 크롤링에 대한 기본적인 방법을 알아봤습니다. 크롤링한 후에 데이터를 파싱하는 방법은 다양합니다. 앞서 소개한 방식 외에도 다양한 방법을 이용해 여러 상황에서 손쉽게 데이터를 수집할 수도 있습니다.

앞서 예제는 샘플 소스를 만들어 사용했지만, HTML 소스를 얻는 방법은 BeautifulSoup과 request의 get을 이용하면 손쉽게 얻어올 수 있습니다. HTML 소스를 얻은 후 원하는 데이터를 구하는 과정은 예제에서 수행한 방식과 같습니다.

웹 크롤링은 법적인 문제도 있지만, 웹 페이지가 바뀌면 다시 HTML 소스를 분석해서 다시 개발해야 하는 문제가 있습니다. 실제로 웹 크롤링으로 얻은 데이터를 꾸준히 안정적으로 사용하기는 어렵습니다. 이런 부분을 참고해 사용하기 바랍니다.

다음 절에서는 데이터 마켓을 이용하는 방법을 알아보겠습니다.

3.4 데이터 마켓

데이터가 중심이 되고, 중요한 시대가 됐습니다. 데이터는 필요에 따라 사람, 사물, 어떤 것이든 센서를 달면 만들어낼 수 있습니다. 예를 들어 사람의 몸에 심박 측정을 위한 센서, 위치 정보를 수집하기 위한 GPS 센서를 달면 심박 정보 데이터, 위치 정보 데이터를 실시간으로 얻을 수 있습니다. 실제로 스마트 시계를 이용해 이런 데이터를 수집하기도 합니다.

하지만 데이터가 많아도 오히려 잘 가공된 데이터나 꼭 필요한 데이터를 찾기 힘든 경우가 많습니다. 예를 들어 인공지능 스피커가 사람의 대화를 수집했다면 이 데이터는 가공되지 않은 아날로그 형태로 바로 사용하기는 어려울 수 있습니다.

이렇다 보니 이제는 잘 가공된 데이터를 사고파는 환경도 생겨났습니다. 데이터 마켓은 용어 그대로 데이터를 사고파는 곳입니다. 실제로 자신이 가지고 있는 데이터를 올려서 팔 수도 있고, 필요한 데이터를 살 수도 있습니다. 이번 절에서는 이러한 데이터 마켓에 대해 알아보고, 데이터를 얻는 방법을 살펴보겠습니다.

Quandl

Quandl은 전 세계 금융 시장 데이터를 사고팔 수 있는 데이터 마켓입니다. 회원 가입한 다음 제공하는 항목을 보면 파리, 암스테르담 등 해외 주식 시장의 주식 가격 정보를 얻을 수 있습니다.

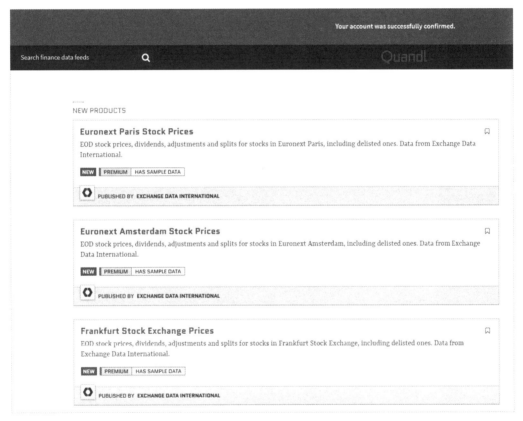

그림 3.11 Quandl 금융 데이터 마켓

사이트 아래에서는 데이터의 종류에 따라 데이터가 나뉘어 있는데, Alternative Data는 유료 데이터입니다. 연습을 위해 Core Financial Data를 선택해보겠습니다.

그림 3.12 Quandl에서 제공하는 데이터

Core Financial Data를 선택하면 왼쪽에 있는 필터에서 유료, 무료, 화폐 관련, 이자율, 지역 등 다양한 조건으로 필터링 할 수 있습니다. 이중 Free에 체크하면 무료로 제공되는 데이터만 확인할 수 있습니다.

그림 3.13 데이터 필터링

무료 데이터 중 하나를 선택해 보겠습니다. 이 책에서는 'Bitcoin Charts Exchange Rate Data'를 선택했습니다. 이 데이터에서는 다양한 암호화폐 사이트의 가격 정보를 확인할 수 있습니다. 오른쪽에 있는 EXPAND 링크를 클릭하면 데이터를 자세히 볼 수 있습니다.

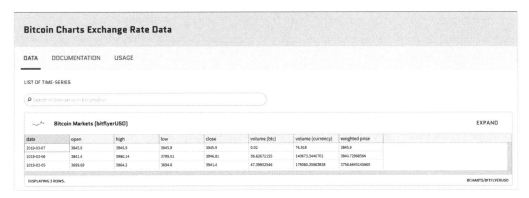

그림 3.14 암호화폐 마켓별 비트코인 가격 정보

[USAGE] 탭을 클릭한 다음 [PYTHON]을 선택하면 파이썬으로 데이터를 얻을 수 있는 방법을 알려줍니다.

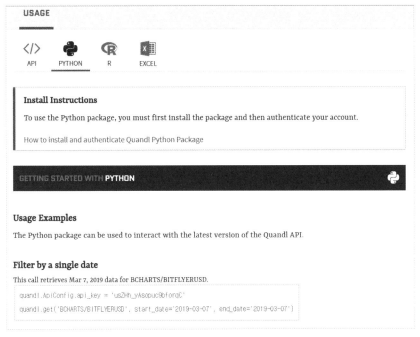

그림 3.15 파이썬 사용 가이드

quandl은 pip를 이용해 설치할 수 있습니다.

```
(stocklab) C:\stock-lab>pip install quandl
```

사이트에서 알려주는 방법대로 quandl를 이용하는 방법은 2줄이면 가능합니다.

예제 3.18 quandl 사용 예제 (stock-lab/sotcklab/agent/quandl.py)

```python
import quandl

quandl.ApiConfig.api_key = 'usZHh_yAsopuc9bforqC'
data = quandl.get('BCHARTS/BITFLYERUSD', start_date='2019-03-07', end_date='2019-03-07')


print(data)
```

다음과 같이 결과가 출력되는 모습을 확인할 수 있습니다.

```
(stocklab) C:\stock-lab>python -m stocklab.agent.quandl
Date        Open    High    Low     Close   Volume (BTC)   Volume (Currency)   Weighted Price Date
2019-03-07  3845.9  3845.9  3845.9  3845.9  0.02           76.918              3845.9
```

quandl은 대표적인 데이터 마켓으로 유료 서비스를 이용하면 많은 정보를 손쉽게 얻을 수 있습니다. API도 굉장히 단순하고 사용하기 쉽기 때문에 필요한 데이터를 찾아 구현하는 것은 독자에게 맡기겠습니다.

이번 절에서는 데이터 마켓인 quandl에 대해 알아봤습니다. 데이터 마켓은 quandl뿐만 아니라 quantopia, money.net 등 다양한 마켓이 있습니다. 모든 마켓에서 무료, 유료 데이터를 제공하니 필요한 정보가 있다면 데이터 마켓을 이용하는 것도 손쉽게 데이터를 얻는 방법입니다.

이번 장에서는 증권사 API, 공공데이터 포털, 웹 크롤링, 데이터 마켓 등 다양한 경로로부터 데이터를 구하는 방법을 알아봤습니다. 데이터의 종류도 주식부터 기업 정보, 글로벌 금융, 뉴스 등 다양한 종류의 데이터를 수집하는 방법을 알아봤습니다. 구현하려는 시스템의 목적과 용도에 따라 필요한 데이터가 다를 수도 있고 제공하는 방법이 다를 수도 있습니다. 데이터를 수집하는 여러 방법을 알고 있다면 필요에 따라 적절한 방법으로 데이터를 수집할 수 있습니다. 비록 프로젝트에서 모든 방법을 다 사용하지는 않지만 다양한 데이터 수집 방법을 소개했습니다.

다음 장에서는 데이터베이스를 이용해 수집한 데이터를 저장하고 가공하는 방법을 살펴보겠습니다.

04

데이터베이스를 이용한
데이터의 저장, 삭제,
업데이트, 가공

앞서 3장에서는 데이터를 얻을 수 있는 여러 가지 방법을 알아봤습니다. 수집한 데이터는 저장하고, 필요에 따라 쉽게 가공할 방법이 필요합니다. 데이터를 저장하는 방법에는 기본적으로 메모리나 파일에 저장하는 방법도 있고, 이보다 효율적으로 데이터를 보관하고 가공하는 방법으로 데이터베이스가 있습니다. 또한 데이터베이스에는 관계형 데이터베이스, 문서 기반 데이터베이스, 그래프 기반 데이터베이스 등 다양한 종류가 있습니다. 이 프로젝트에서는 문서 기반 데이터베이스인 MongoDB를 사용합니다. MongoDB는 JSON[1] 포맷을 손쉽게 저장하고 가공할 수 있으며 프로그래밍 언어와 잘 어우러져 사용하기 편한 장점이 있습니다. 이번 장에서는 MongoDB를 이용해 데이터를 가공하는 방법과 파이썬으로 MongoDB를 사용하는 방법을 알아보겠습니다. 다만 MongoDB의 전반적인 내용을 모두 언급하기에는 이 책의 범위를 벗어나기 때문에 기본적인 사용법만 소개하도록 하겠습니다.

먼저 4.1절에서는 MongoDB를 설치하고 개발 환경을 구성하겠습니다. 4.2절에서는 MongoDB의 기본적인 명령어를 알아보겠습니다. 4.3절에서는 MongoDB에서 제공하는 몇 가지 특별한 명령어를 알아보겠습니다. 마지막으로 4.4절에서는 파이썬으로 MongoDB를 사용할 수 있게 도와주는 PyMongo에 대해 알아보고, 이 프로젝트에서 사용할 모듈을 구현해 보겠습니다.

---

1 https://ko.wikipedia.org/wiki/JSON

이번 절에서는 PC에 MongoDB를 설치한 다음 서버를 실행하고 간단한 명령어를 알아보겠습니다.

먼저 이번 프로젝트에서 사용할 MongoDB에 대해서 알아보겠습니다. 공식 홈페이지[2]에서 소개하는 제품을 보면 단순히 데이터베이스뿐만 아니라 저장된 데이터로 차트를 그리거나 빅데이터 프레임워크 (Spark)와 연동해 확장할 수 있는 기능 등 다양한 기능을 제공하고 있는 것을 알 수 있습니다.

CLOUD	SOFTWARE	ANALYTICS	SERVICES
MongoDB Atlas Fully managed cloud database	**MongoDB Server** Database software	**MongoDB Charts** Native visualization for MongoDB data	**Consulting** Help from the experts
MongoDB Stitch Serverless platform	**MongoDB Mobile** Mobile embedded version of MongoDB	**MongoDB Connector for BI** View MongoDB data in SQL-based BI tools	**Training** Knowledge for your team
MongoDB Charts Native visualization for MongoDB data	**MongoDB Compass** GUI for MongoDB	**MongoDB Connector for Spark** Spark processing on MongoDB data	**Customer Success** Guidance for our customers
Cloud Migration Move to the cloud with minimal downtime	**Ops Manager** Management platform for MongoDB		

그림 4.1 MongoDB 제품군

2019년 11월 현재 MongoDB의 최신 버전은 4.0.6 버전입니다. 이 프로젝트에서도 최신 버전인 4.0.6 버전을 이용하겠습니다.

MongoDB 설치 및 서버 실행

MongoDB는 공식 홈페이지의 [Software] → [Community Server] → [Download MongoDB]에서 내려받을 수 있습니다. Windows 64bit[3] 용으로 파일을 내려받은 후 실행합니다. 파일을 실행하면 다음과 같은 인스톨러가 나옵니다. Service Configuration의 설정은 따로 변경하지 않고 기본 옵션 으로 진행합니다.

---

2 https://www.mongodb.com/
3 32bit 사용자는 https://www.mongodb.org/dl/win32/에서 i386 버전을 받아야합니다. 다만 3.4버전 부터는 32bit를 지원하지 않습니다.

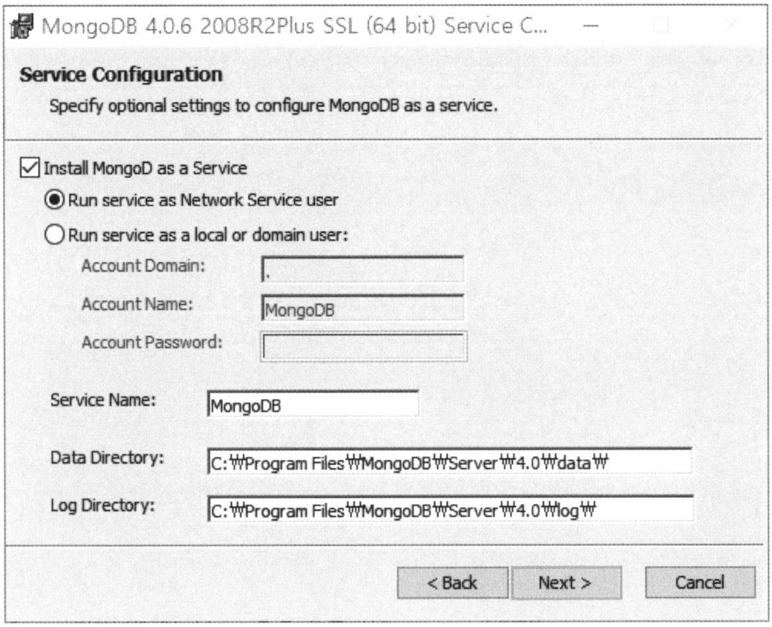

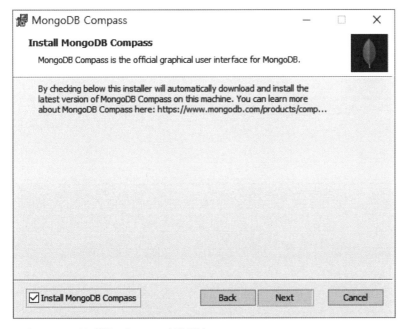

그림 4.2 MongoDB 설치 – Service Configuration

[Next] 버튼을 클릭하면 Compass 설치 여부를 물어봅니다. Compass는 MongoDB의 그래픽 사용자 도구로, 데이터를 편리하게 확인할 수 있으므로 함께 설치하겠습니다.

그림 4.3 MongoDB 설치 – Compass 설치 여부

[Next] 버튼을 클릭한 다음 설치가 완료되면 Compass가 실행됩니다. 사용 동의 후에 Connect to Host 화면을 볼 수 있습니다. 여기서는 별다른 설정 없이 [CONNECT] 버튼을 누릅니다.

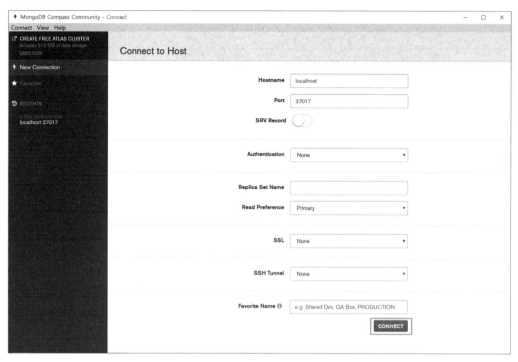

그림 4.4 Compass 실행 화면

MongoDB에 접속되면 다음과 같이 현재 생성된 데이터베이스 이름을 볼 수 있습니다. [CREATE DATABASE] 버튼을 눌러 이번 프로젝트에서 사용할 데이터베이스를 생성하겠습니다.

그림 4.5 MongoDB 접속 화면

이 프로젝트에서 사용할 데이터베이스 이름(Database Name)은 'stocklab'으로 하겠습니다. 컬렉션 이름(Collection Name)에는 'stock'을 입력하고 [CREATE DATABASE] 버튼을 클릭합니다. 컬렉션과 관련된 내용은 뒤에서 알아보겠습니다.

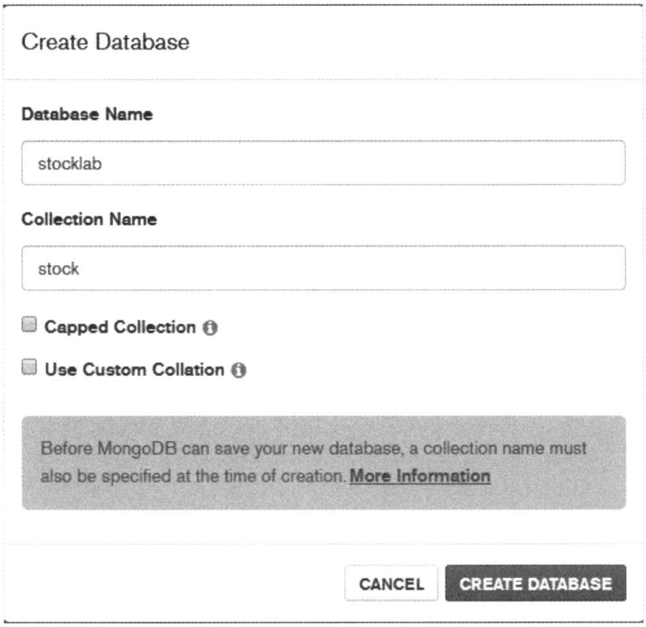

그림 4.6 새로운 데이터베이스 생성

Compass를 종료하고 명령 프롬프트(cmd)를 실행합니다. 명령 프롬프트에서 MongoDB가 설치된 폴더의 bin 경로(기본 경로는 C:₩Program Files₩MongoDB₩Server₩4.0₩bin)로 이동합니다.

mongo 커맨드를 실행하면 MongoDB 셸(Shell)이 실행됩니다. MongoDB 셸은 MongoDB 명령어를 실행해 MongoDB를 조작할 수 있는 환경입니다.

```
C:\Program Files\MongoDB\Server\4.0\bin>mongo
MongoDB shell version v4.0.6
connecting to: mongodb://127.0.0.1:27017/?gssapiServiceName=mongodb
Implicit session: session { "id" : UUID("bf42a443-65ee-48c0-9202-36ff5698d872") }
MongoDB server version: 4.0.6
>
```

다음은 MongoDB 서버를 중지(Stop), 시작(Start)해 보겠습니다.

MongoDB 셸에서 아래와 같이 use admin 명령어와 db.shutdownServer() 명령어를 입력하면 데이터베이스가 중지(Stop)됩니다. use admin은 admin용 데이터베이스를 선택하겠다는 의미입니다. admin 데이터베이스는 주로 사용자 권한, 역할, MongoDB 서버 제어 등 MongoDB의 전체 시스템을 제어하는 역할을 합니다.

```
> use admin
switched to db admin
> db.shutdownServer()
server should be down...
```

다음은 MongoDB 서버를 시작해 보겠습니다. MongoDB 서버를 시작하기 전에 필요한 폴더를 생성합니다. db 폴더에는 데이터베이스의 중요 파일이 저장됩니다. log 폴더에는 데이터베이스가 동작하면서 생기는 로그가 저장됩니다.

```
mkdir C:\data\db
mkdir C:\data\log
```

서버를 시작해 보겠습니다. MongoDB 서버를 시작하려면 설치 경로의 bin 폴더로 이동한 다음 아래와 같이 명령어를 입력합니다. --dbpath는 데이터베이스 파일이 저장되는 곳이며 미리 생성해 둔 C:\data\db를 지정합니다. --logpath는 미리 생성해 둔 log 폴더에 mongod.log 파일을 생성하도록 파일 이름까지 지정합니다.

```
C:\>cd C:\Program Files\MongoDB\Server\4.0\bin
C:\Program Files\MongoDB\Server\4.0\bin>mongod.exe --dbpath C:\data\db --logpath C:\data\log\
mongod.log
```

특별한 메시지가 보이지는 않습니다. 데이터베이스가 시작되면서 생성되는 여러 가지 로그는 C:\data\log\mongod.log를 열어보면 확인할 수 있습니다.

하지만 데이터베이스를 매번 명령 프롬프트에서 실행하고 켜둘 수는 없습니다. 이런 문제를 해결하기 위해 윈도우에서 서비스로 실행하는 방법이 있습니다. 윈도우에서 제공하는 서비스는 프로그램을 백그라운드에서 수행하는 방법입니다. 서비스를 실행하기 위해서는 명령 프롬프트를 관리자 권한으로 실행해야 합니다. Ctrl + Esc 키를 누른 다음 cmd(명령 프롬프트)를 검색합니다. 검색된 명령 프롬프트를 마우스 오른쪽 버튼으로 클릭하면 [관리자 권한으로 실행]이 있습니다. 이를 클릭하면 명령 프롬프트를 관리자 권한으로 실행할 수 있습니다.

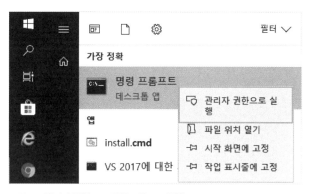

그림 4.7 관리자 권한으로 명령 프롬프트 실행

명령 프롬프트가 실행되면 net 명령어를 이용해 서비스로 실행합니다.

```
C:\>net start MongoDB
MongoDB Server 서비스를 시작합니다..
MongoDB Server 서비스가 잘 시작되었습니다.
```

서버를 중지시키는 방법은 다음과 같습니다.

```
C:\>net stop MongoDB
MongoDB Server 서비스를 멈춥니다..
```

지금까지 MongoDB 서버를 시작하고, 중지하는 방법을 알아봤습니다. MongoDB의 설정은 보안, 네트워크, 저장소, 복제, 클러스터 등 다양한 설정이 있지만 이번 절에서 진행한 내용만으로도 충분히 MongoDB를 실행할 수 있습니다. 다만 외부에 MongoDB를 공개하거나 서버에 중요한 데이터를 보관해야 하거나 복제본, 고가용성(High Availability) 등의 서비스가 필요하다면 추가로 MongoDB를 설정해야 합니다. MongoDB는 비교적 문서화가 잘 돼 있기 때문에 공식 문서[4]에서 필요한 정보를 확인하기 바랍니다.

다음 절에서는 MongoDB를 구성하는 기본 단위인 문서, 컬렉션, 데이터베이스에 관해 알아보겠습니다.

---

4   https://docs.mongodb.com/manual/

문서(Document), 컬렉션(Collection), 데이터베이스(Database)

MongoDB를 시작하기 전에 문서, 컬렉션, 데이터베이스에 대한 개념을 알아보겠습니다.

먼저 문서[5]에 대해 알아보겠습니다. 문서는 BSON 타입이라는 JSON의 확장 형태로 정의하고 있습니다. 일반적인 관계형 데이터베이스의 데이터 레코드에 해당합니다. 문서의 기본적인 구조는 다음과 같이 키(Key), 값(Value) 형태로 구성됩니다. 여기서 _id와 field1, field2, ⋯ , fieldN은 키(Key)에 해당하며 콜론(:)을 기준으로 오른쪽은 값(Value)에 해당합니다.

```
{
    _id: ObjectId("5cdd01b66c9add51440e924f"),
    field1: value1,
    field2: [value1, value2, value3],
    ...
    fieldN: {
        field1: value1,
        field2: value2,
    }
}
```

값은 또 다른 문서 형태를 포함할 수 있으며, 배열(Array) 타입도 지원합니다. MongoDB에서 지원하는 데이터 타입은 레퍼런스 문서[6]를 참고하기 바랍니다.

MongoDB 문서의 필드 중에서 _id 필드는 기본적으로 해당 문서의 고유한 키(Unique Key) 값으로 생성되는 필드입니다. 아무것도 지정하지 않고 문서를 생성하면 특정 규칙으로 ObjectId가 생성되지만 필요에 따라 사용자가 값을 지정해 사용할 수도 있습니다.

다음은 컬렉션에 관해 알아보겠습니다. 컬렉션은 여러 문서를 보관하기 위한 저장소입니다. 여러 개의 문서를 용도별로 컬렉션에 저장할 수 있습니다. 일반적인 관계형 데이터베이스의 테이블에 해당하는 개념입니다. 하지만 기존의 관계형 데이터베이스에서 정의하는 테이블은 모든 레코드가 동일한 필드를 가져야 하지만 MongoDB는 컬렉션 내의 문서가 모두 다른 필드를 가져도 무방합니다.

마지막으로 데이터베이스는 여러 개의 컬렉션를 보관하는 저장소입니다. 저장소에서 가장 상위 개념에 속하게 됩니다.

---

5 https://docs.mongodb.com/manual/core/document/
6 https://docs.mongodb.com/manual/reference/bson-types/

문서, 컬렉션, 데이터베이스의 개념은 어렵지 않지만 MongoDB는 컬렉션, 데이터베이스별로 설정할 수 있는 옵션이 많습니다. 예를 들어 컬렉션에서는 인덱스를 생성할 수 있으며 데이터베이스별로 권한 관리를 할 수 있습니다. 보통 이런 설정은 운영 단계에서 성능이나 관리 이슈가 있을 때 설정합니다.

이번 절에서는 MongoDB의 설치부터 MongoDB의 구성 단위에 대해 알아봤습니다. 다음 절에서는 이번 절에서 알아본 문서, 컬렉션, 데이터베이스를 생성해 보겠습니다.

MongoDB의 저장 공간 생성

이번 절에서는 프로젝트에 필요한 저장 공간을 MongoDB에 생성해 보겠습니다. 앞서 소개한 데이터 베이스를 생성하고 데이터베이스 내에 컬렉션을 생성하겠습니다.

이번 프로젝트에서 생성할 저장 공간의 구조는 표 4.1과 같습니다.

표 4.1 Stocklab 프로젝트의 저장 공간 구성

데이터베이스	컬렉션	용도
	code_info	종목 코드 데이터를 저장합니다.
	price_info	종목별 주식 가격 일별 데이터를 저장합니다.
	corp_info	기업 관련 데이터를 저장합니다.
stocklab	credit_info	종목별 신용거래 일별 현황을 저장합니다.
	short_info	종목별 공매도 일별 데이터를 저장합니다.
	agent_info	종목별 기관외인별 데이터를 저장합니다.
	order	매매 주문 이력을 저장합니다.

다음은 컬렉션을 생성해 보겠습니다. 이를 위해 다음과 같이 MongoDB에 접속합니다.

```
C:\Program Files\MongoDB\Server\4.0\bin>mongo

Welcome to the MongoDB shell.
For interactive help, type "help".
>
```

show databases(혹은 show dbs) 명령어를 이용해 현재 MongoDB에 생성된 데이터베이스를 확인 합니다. 앞서 Compass에서 생성한 stocklab 데이터베이스를 확인할 수 있습니다. 만약 stocklab 데이터베이스가 보이지 않아도 상관없습니다. use를 사용해 데이터가 저장된 이후에 데이터베이스가 보이게 됩니다.

```
> show databases
admin     0.000GB
config    0.000GB
local     0.000GB
stocklab  0.000GB
```

다음은 컬렉션을 생성해보겠습니다. use 명령어를 이용해 사용하려는 데이터베이스를 선택합니다.

use 명령어는 데이터베이스 목록에 보이지 않는 데이터베이스도 선택할 수 있습니다.

 데이터베이스를 선택하게 되면 db를 이용해 선택한 데이터베이스에서 명령어를 실행할 수 있습니다 (사용할 수 있는 명령어는 db.까지 입력한 다음 [Tab] 키를 누르면 항목을 조회할 수 있습니다).

다음은 db.createCollection 명령어를 이용해 stocklab 데이터베이스에 code_info 컬렉션을 생성합니다. { "ok" : 1} 메시지가 출력되면 컬렉션이 정상적으로 생성된 것입니다.

```
> use stocklab
switched to db stocklab
> db.createCollection("code_info")
{ "ok" : 1 }
```

같은 방식으로 price_info, corp_info, order 컬렉션을 생성합니다.

```
> db.createCollection("price_info")
{ "ok" : 1 }
> db.createCollection("corp_info")
{ "ok" : 1 }
> db.createCollection("credit_info")
{ "ok" : 1 }
> db.createCollection("short_info")
{ "ok" : 1 }
> db.createCollection("agent_info")
{ "ok" : 1 }
> db.createCollection("order")
{ "ok" : 1 }
```

정상적으로 컬렉션이 생성됐는지 확인하려면 show collections 명령어를 이용합니다.

```
> show collections
agent_info
code_info
corp_info
credit_info
price_info
short_info
order
```

이렇게 해서 프로젝트에 필요한 모든 저장 공간을 생성했습니다. 데이터베이스는 별도로 생성하지 않아도 use 명령어로 사용할 데이터베이스를 선택한 다음 컬렉션만 생성하면 자동으로 생성됩니다.

이번 절에서는 MongoDB에 데이터를 저장하기 위한 컬렉션과 데이터베이스를 생성하는 방법을 알아봤습니다. 다음 절에서는 본격적으로 MongoDB의 사용법을 알아보겠습니다.

4.2 MongoDB의 기본적인 명령어

MongoDB는 기본적으로 데이터를 저장하는 보관소 역할을 하지만 데이터를 조회, 가공, 변경 또한 손쉽게 할 수 있도록 지원합니다. 일반적으로 데이터베이스에서 할 수 있는 작업을 크게 4가지로 분류하면 생성(Create), 조회(Read), 변경(Update), 삭제(Delete)가 있습니다. 이러한 작업의 앞 글자만 모아서 CRUD라고도 부릅니다. MongoDB의 CRUD 작업을 위한 명령어 중에서 프로젝트에서 사용할 몇 가지 명령어에 대해서 알아보겠습니다. 기본적인 명령어는 자주 사용되는 명령어이므로 반드시 숙지하고 있어야 합니다. 그밖의 명령어는 MongoDB 레퍼런스[7]를 참고하기 바랍니다.

데이터 생성(Create)

첫 번째로 MongoDB에 문서를 생성하는 명령어를 알아보겠습니다. 문서를 생성(입력)하는 명령어는 일반적으로 다음과 같이 2가지 명령어가 있습니다.

- db.collection.insertOne(): 하나의 문서를 입력합니다.

- db.collection.insertMany(): 여러 문서를 입력합니다.

---

7 https://docs.mongodb.com/manual/

()에 들어가는 문서 정보는 JSON 형식입니다. 이 두 가지 명령어를 이용해 3개의 문서를 입력해 보겠습니다. 참고로 insertMany()를 이용할 때는 [ ] 안에 각 항목을 { }로 구분해서 지정합니다. 다음과 같이 insertOne과 insertMany 명령어를 이용해 price_info 컬렉션에 데이터를 생성해 보겠습니다.

```
> use stocklab
> db.price_info.insertOne({"code":"1","name":"SAMSUNG","price":123,"time":new Timestamp()})
{
    "acknowledged" : true,
    "insertedId" : ObjectId("5c7536040dd1a94e273dfed3")
}
> db.price_info.insertMany([{ "code": "2", "name": "LG", "price": 234, "time": new Timestamp() }, {
"code": "3", "name": "SK", "price": 345, "time": new Timestamp() }])
{
    "acknowledged" : true,
    "insertedIds" : [
        ObjectId("5c7536110dd1a94e273dfed4"),
        ObjectId("5c7536110dd1a94e273dfed5")
    ]
}
```

각 명령어를 이용해 데이터를 입력하면 ObjectId를 출력합니다. ObjectId는 앞서 소개했듯이 문서의 고유한 키입니다. 이어서 다음 절에서는 입력한 데이터를 조회하는 방법을 알아보겠습니다.

데이터 조회(Read)

이어서 데이터를 조회하는 명령어를 알아보겠습니다.

- db.collection.find(query, projection)

  find에 조건식을 넣어 원하는 문서를 찾을 수 있습니다. 조건식에 내용을 넣지 않으면 모든 문서를 조회합니다. 다음은 query를 이용해 조건에 해당하는 문서를 찾는 예입니다.

- price_info에서 모든 문서를 찾는 경우

  ```
  > db.price_info.find()
  { "_id" : ObjectId("5d0f6b494633a7c17ab4e816"), "code" : "1", "name" : "SAMSUNG", "price" :
  123, "time" : Timestamp(1561291593, 1) }
  { "_id" : ObjectId("5d0f6b6a4633a7c17ab4e817"), "code" : "2", "name" : "LG", "price" : 234,
  "time" : Timestamp(1561291626, 1) }
  ```

```
{ "_id" : ObjectId("5d0f6b6a4633a7c17ab4e818"), "code" : "3", "name" : "SK", "price" : 345,
"time" : Timestamp(1561291626, 2) }
```

▪ price_info에서 code의 값이 "1"인 문서를 찾는 경우

```
> db.price_info.find({code:"1"})
{ "_id" : ObjectId("5d0f6b494633a7c17ab4e816"), "code" : "1", "name" : "SAMSUNG", "price" :
123, "time" : Timestamp(1561291593, 1) }
```

▪ price_info에서 price의 값이 300보다 큰 문서를 찾는 경우 : 찾고자 하는 필드명(price)을 지정하고 $gt 연산자를 이용해
문서를 찾습니다.

```
> db.price_info.find( { price: { $gt: 300 } } )
{ "_id" : ObjectId("5d0f6b6a4633a7c17ab4e818"), "code" : "3", "name" : "SK", "price" : 345,
"time" : Timestamp(1561291626, 2) }
```

▪ price_info에서 price의 값이 123이나 345인 문서를 찾고, _id 필드는 출력하지 않는 경우 : 필드명을 지정한 다음 $in 연
산자를 이용해 문서를 찾습니다. 그다음 projection에 { _id: 0 }을 이용해 _id 필드는 제외합니다. 만약 _id 필드만 보고 싶
을 때는 { _id: 1 }을 입력합니다.

```
> db.price_info.find({ price: { $in: [ 123, 345 ] } }, {_id:0})
{ "code" : "1", "name" : "SAMSUNG", "price" : 123, "time" : Timestamp(1561291593, 1) }
{ "code" : "3", "name" : "SK", "price" : 345, "time" : Timestamp(1561291626, 2) }
```

여기까지 find의 간단한 사용법을 알아봤습니다. find는 앞서 소개한 $gt, $in 연산자 외에도 다양한
연산자를 사용할 수 있습니다. 일반적인 논리 연산자, 비교 연산자, 배열 관련 연산자 등 다양한 연산자
가 있습니다. 추가로 필요한 연산자는 공식 홈페이지[8]를 참고하기 바랍니다.

---

8   https://docs.mongodb.com/manual/reference/operator/query/

데이터 변경(Update)

다음은 입력된 문서를 변경하는 명령어입니다. Update 또한 Insert와 같이 One과 Many 명령어를 제공합니다.

- db.collection.updateOne(⟨filter⟩, ⟨update⟩, ⟨options⟩)

- db.collection.updateMany(⟨filter⟩, ⟨update⟩, ⟨options⟩)

명령어에 전달하는 ⟨filter⟩는 업데이트할 문서에 해당하는 조건입니다. ⟨update⟩는 filter에 매칭되는 문서에 대해서 변경할 명령어입니다. ⟨options⟩는 update 동작에 방식을 지정할 수 있습니다. 예를 들면 filter에 매칭되는 문서가 없으면 문서를 생성하는 옵션으로 upsert가 있습니다.

두 명령어를 모두 사용해 보겠습니다.

- price_info에서 code가 "2"인 문서의 price 필드의 값을 456으로 업데이트

  기본적으로 필드 값을 변경하거나 필드를 생성할 때는 $set 연산자를 이용하며 반대로 필드를 삭제할 때는 $unset을 이용합니다.

```
> db.price_info.updateOne( {code:"2"}, { $set : { price : 456 } } )
{ "acknowledged" : true, "matchedCount" : 1, "modifiedCount" : 1 }
```

  명령어를 수행하면 일치하는 항목의 개수(matchedCount)와 업데이트된 문서의 개수(modifiedCount)가 출력됩니다. 일치하는 모든 문서의 업데이트에는 updateMany 명령어를 이용합니다.

- price_info에서 code가 "2"나 "3"인 모든 문서의 price 필드 값을 111로 업데이트

```
> db.price_info.updateMany( {$or: [ {code:"2"}, {code:"3"}]}, { $set : { price : 111 } } )
{ "acknowledged" : true, "matchedCount" : 2, "modifiedCount" : 2 }
```

  updateOne과 같이 일치하는 항목의 개수와 업데이트된 문서의 개수가 출력됩니다.

이번 절에서는 데이터를 변경할 수 있는 update에 대해 알아봤습니다. update에서 filter에 해당하는 부분은 find에서 사용하는 filter를 그대로 사용할 수 있습니다. update는 find보다 동작할 수 있는 옵션이나 연산자가 다양합니다. update 동작에 사용할 수 있는 연산자는 앞서 사용한 $set 이외에도

$unset(필드 삭제), $min, $max, $mul, 배열 관련 연산자 등 다양한 연산자가 있습니다. 추가적인 내용은 공식 레퍼런스 문서[9]를 참고하기 바랍니다.

다음은 데이터 삭제에 관해 알아보겠습니다.

데이터 삭제(Delete)

이번에는 문서를 삭제하는 명령어를 알아보겠습니다. 다른 명령어처럼 deleteOne과 deleteMany를 제공합니다. 그리고 filter의 조건에 매칭되는 문서는 삭제합니다.

- db.collection.deleteOne(⟨filter⟩)

- db.collection.deleteMany(⟨filter⟩)

filter에 조건을 {}로 주게 되면 deleteOne은 한 개의 문서를, deleteMany는 모든 문서를 삭제합니다. 다음은 두 명령어를 사용하는 예입니다.

- price_info에서 code가 3인 문서 1개를 삭제

```
> db.price_info.deleteOne( { code: "3" } )
{ "acknowledged" : true, "deletedCount" : 1 }
```

- price_info에서 price가 123인 문서 여러 개를 삭제

```
> db.price_info.deleteMany({"price":111})
{ "acknowledged" : true, "deletedCount" : 2 }
```

Update 명령어와 유사하게 삭제된 문서의 개수를 알려주는 deletedCount가 출력됩니다.

이번 절에서는 데이터를 삭제하는 방법을 알아봤습니다. 여기까지 기본적인 MongoDB의 CRUD 명령어를 알아봤습니다. CRUD는 데이터베이스의 기본적인 기능을 사용하기 위한 명령어입니다. 데이터베이스에서 고급 분석이나 다양한 기능을 활용하기 위해 조금 더 다양한 명령어를 알아 두면 도움이 됩니다. 다음 절에서는 MongoDB에서 사용할 수 있는 다양한 명령어를 알아보겠습니다.

---

9   https://docs.mongodb.com/manual/reference/operator/update/

이번 절에서는 MongoDB의 다양한 기능을 이용해 보겠습니다. MongoDB는 문서에 배열(Array) 타입을 지원합니다. 이와 관련된 명령어를 알아보겠습니다. 그리고 데이터 집계(Aggregation)와 관련된 명령어와 문서 내에서 텍스트를 검색(Text Search)하는 명령어에 대해 알아보겠습니다.

배열(Array) 관련 명령어

MongoDB는 문서에 값으로 배열 타입을 사용할 수 있습니다. 배열과 관련된 명령어를 알아보기 위해 샘플 데이터를 입력해 보겠습니다. 각 문서에서 tags와 account의 값은 배열 타입입니다.

```
db.corp_info.insertMany([
    { item: "SamSung SDS", related:"SamSung", qty: 25, tags: ["blank", "red"], account: [ 14, 21 ] },
    { item: "LG CNS", related:"LG", qty: 50, tags: ["red", "blank"], account: [ 14, 21 ] },
    { item: "SK Telecom", related: "SK", qty: 100, tags: ["red", "blank", "plain"], account: [ 14, 21 ] },
    { item: "HYUNDAI MOBIS", related: "HYUNDAI", qty: 75, tags: ["blank", "red"], account: [ 22.85, 30 ] },
    { item: "SamSung SDI", related:"SamSung", qty: 25, tags: ["blank", "red"], account: [ 14, 21 ] },
    { item: "LG Telecom", related:"LG", qty: 50, tags: ["red", "blank"], account: [ 14, 21 ] },
    { item: "SK Innovation", related:"SK", qty: 50, tags: ["red", "blank"], account: [ 14, 21 ] },
]);
```

먼저 배열의 값이 일치하는 문서를 찾아보겠습니다.

tags의 값이 red와 blank인 문서를 찾습니다. 배열은 정확하게 요소(element)가 다 맞는 문서만 출력합니다.

```
> db.corp_info.find( { tags: ["red", "blank"] } )
{ "_id" : ObjectId("5c77c2ac4b96f610b9ec6c2f"), "item" : "LG CNS", "related" : "LG", "qty" : 50, "tags" : [ "red", "blank" ], "account" : [ 14, 21 ] }
{ "_id" : ObjectId("5c77c2ac4b96f610b9ec6c33"), "item" : "LG Telecom", "related" : "LG", "qty" : 50, "tags" : [ "red", "blank" ], "account" : [ 14, 21 ] }
{ "_id" : ObjectId("5c77c2ac4b96f610b9ec6c34"), "item" : "SK Innovation", "related" : "SK", "qty" : 50, "tags" : [ "red", "blank" ], "account" : [ 14, 21 ] }
```

하지만 배열이 아닌 다음과 같이 red 문자열로 찾게 되면 red가 포함된 모든 문서가 출력됩니다.

```
> db.corp_info.find( { tags: "red" } )
{ "_id" : ObjectId("5c77c2ac4b96f610b9ec6c2e"), "item" : "SamSung SDS", "related" : "SamSung", "qty"
: 25, "tags" : [ "blank", "red" ], "account" : [ 14, 21 ] }
{ "_id" : ObjectId("5c77c2ac4b96f610b9ec6c2f"), "item" : "LG CNS", "related" : "LG", "qty" : 50,
"tags" : [ "red", "blank" ], "account" : [ 14, 21 ] }
{ "_id" : ObjectId("5c77c2ac4b96f610b9ec6c30"), "item" : "SK Telecom", "related" : "SK", "qty" :
100, "tags" : [ "red", "blank", "plain" ], "account" : [ 14, 21 ] }
{ "_id" : ObjectId("5c77c2ac4b96f610b9ec6c31"), "item" : "HYUNDAI MOBIS", "related" : "HYUNDAI",
"qty" : 75, "tags" : [ "blank", "red" ], "account" : [ 22.85, 30 ] }
{ "_id" : ObjectId("5c77c2ac4b96f610b9ec6c32"), "item" : "SamSung SDI", "related" : "SamSung", "qty"
: 25, "tags" : [ "blank", "red" ], "account" : [ 14, 21 ] }
{ "_id" : ObjectId("5c77c2ac4b96f610b9ec6c33"), "item" : "LG Telecom", "related" : "LG", "qty" : 50,
"tags" : [ "red", "blank" ], "account" : [ 14, 21 ] }
{ "_id" : ObjectId("5c77c2ac4b96f610b9ec6c34"), "item" : "SK Innovation", "related" : "SK", "qty" :
50, "tags" : [ "red", "blank" ], "account" : [ 14, 21 ] }
```

account의 요소 중에서 하나라도 15보다 크고, 하나라도 20보다 작은 값이 있는 모든 문서를 출력합니다. 하나의 요소가 두 개의 조건(15보다 크고, 20보다 작다)을 모두 만족한다면 해당 문서도 출력합니다.

```
> db.corp_info.find( { account: { $gt: 15, $lt: 20 } } )
{ "_id" : ObjectId("5c77c2ac4b96f610b9ec6c2e"), "item" : "SamSung SDS", "related" : "SamSung", "qty"
: 25, "tags" : [ "blank", "red" ], "account" : [ 14, 21 ] }
{ "_id" : ObjectId("5c77c2ac4b96f610b9ec6c2f"), "item" : "LG CNS", "related" : "LG", "qty" : 50,
"tags" : [ "red", "blank" ], "account" : [ 14, 21 ] }
{ "_id" : ObjectId("5c77c2ac4b96f610b9ec6c30"), "item" : "SK Telecom", "related" : "SK", "qty" :
100, "tags" : [ "red", "blank", "plain" ], "account" : [ 14, 21 ] }
{ "_id" : ObjectId("5c77c2ac4b96f610b9ec6c32"), "item" : "SamSung SDI", "related" : "SamSung", "qty"
: 25, "tags" : [ "blank", "red" ], "account" : [ 14, 21 ] }
{ "_id" : ObjectId("5c77c2ac4b96f610b9ec6c33"), "item" : "LG Telecom", "related" : "LG", "qty" : 50,
"tags" : [ "red", "blank" ], "account" : [ 14, 21 ] }
{ "_id" : ObjectId("5c77c2ac4b96f610b9ec6c34"), "item" : "SK Innovation", "related" : "SK", "qty" :
50, "tags" : [ "red", "blank" ], "account" : [ 14, 21 ] }
```

만약 하나의 요소가 22보다 크고 30보다 작은 문서를 찾고 싶다면 $elemMatch를 사용합니다.

```
> db.corp_info.find( { account: { $elemMatch: { $gt: 22, $lt: 30 } } } )
{ "_id" : ObjectId("5c77c2ac4b96f610b9ec6c31"), "item" : "HYUNDAI MOBIS", "related" : "HYUNDAI",
"qty" : 75, "tags" : [ "blank", "red" ], "account" : [ 22.85, 30 ] }
```

배열의 두 번째 요소가 25보다 큰 문서를 찾습니다. 여기서 필드명 .1은 두 번째 요소를 의미합니다. 그리고 이런 경우에는 큰따옴표(" ")로 필드와 요소명을 감싸줘야 합니다.

```
> db.corp_info.find( { "account.1": { $gt : 25 } } )
{ "_id" : ObjectId("5c77c2ac4b96f610b9ec6c31"), "item" : "HYUNDAI MOBIS", "related" : "HYUNDAI",
"qty" : 75, "tags" : [ "blank", "red" ], "account" : [ 22.85, 30 ] }
```

이번에는 tags 배열의 사이즈가 2인 문서를 찾습니다.

```
> db.corp_info.find( { "tags": { $size :2 } } )
{ "_id" : ObjectId("5c77c2ac4b96f610b9ec6c2e"), "item" : "SamSung SDS", "related" : "SamSung", "qty"
: 25, "tags" : [ "blank", "red" ], "account" : [ 14, 21 ] }
{ "_id" : ObjectId("5c77c2ac4b96f610b9ec6c2f"), "item" : "LG CNS", "related" : "LG", "qty" : 50,
"tags" : [ "red", "blank" ], "account" : [ 14, 21 ] }
{ "_id" : ObjectId("5c77c2ac4b96f610b9ec6c31"), "item" : "HYUNDAI MOBIS", "related" : "HYUNDAI",
"qty" : 75, "tags" : [ "blank", "red" ], "account" : [ 22.85, 30 ] }
{ "_id" : ObjectId("5c77c2ac4b96f610b9ec6c32"), "item" : "SamSung SDI", "related" : "SamSung", "qty"
: 25, "tags" : [ "blank", "red" ], "account" : [ 14, 21 ] }
{ "_id" : ObjectId("5c77c2ac4b96f610b9ec6c33"), "item" : "LG Telecom", "related" : "LG", "qty" : 50,
"tags" : [ "red", "blank" ], "account" : [ 14, 21 ] }
{ "_id" : ObjectId("5c77c2ac4b96f610b9ec6c34"), "item" : "SK Innovation", "related" : "SK", "qty" :
50, "tags" : [ "red", "blank" ], "account" : [ 14, 21 ] }
```

마지막으로 문서의 배열에 항목을 추가하는 방법을 알아보겠습니다. 문서의 배열에 항목을 추가할 때는 updateOne 메서드나 updateMany 메서드를 이용합니다. $push 연산자를 이용해 업데이트할 필드명을 명시하고 값을 입력하면 됩니다.

```
> db.corp_info.updateOne({related: "HYUNDAI"}, {$push: {tags:"white"}})
{ "acknowledged" : true, "matchedCount" : 1, "modifiedCount" : 1 }
```

```
> db.corp_info.find({related:"HYUNDAI"})
{ "_id" : ObjectId("5c7852fe6c9add2b4cdc6712"), "item" : "HYUNDAI MOBIS", "related" : "HYUNDAI",
"qty" : 75, "tags" : [ "blank", "red", "white" ], "account" : [ 22.85, 30 ] }
```

이번 절에서는 MongoDB의 배열 타입과 관련된 명령어를 알아봤습니다. 이외에도 배열에서 요소를 삭제하는 $pull 연산자와 중복 요소를 입력하더라도 하나만 보관하는 $addToSet 연산자 등 다양한 연산자가 있습니다. 사용 방법은 기존 연산자와 크게 다르지 않으며 필요에 따라 공식 레퍼런스[10]를 참고하면서 사용하기 바랍니다.

배열 타입은 개발을 진행하면서 사용해야 하는 경우가 종종 발생합니다. 코드로 구현하지 않고 데이터베이스에서 배열 타입을 지원하므로 코드를 단순하게 구현할 수 있는 장점이 있습니다. 하지만 MongoDB의 쿼리의 의미를 정확히 이해하고 있어야 합니다. 요소가 정확하게 맞는지, 하나라도 조건이 맞으면 결과가 맞는지 등 괄호나 연산자에 따라 쿼리의 의미가 완전히 달라지기 때문에 정확히 이해해야 합니다.

이어서 다음 절에서는 데이터 집계(Aggregation)에 관한 명령어를 알아보겠습니다.

데이터 집계(Aggregation) 관련 명령어

데이터의 집계(Aggregation) 연산은 여러 가지 조건을 이용해 집합을 생성하고 그 집합 중에서 필요한 값을 구하는 데 사용합니다. 기존 관계형 데이터베이스의 Group By와 유사합니다. 다소 어려울 수 있지만, 데이터 분석을 위해서는 기본적인 내용을 알고 있어야 합니다. 이번 절에서는 집계(aggregate)와 관련된 명령어의 사용 방법과 몇 가지 연산자에 대해 알아보겠습니다.

집계 연산을 위한 명령어는 다음과 같습니다.

- db.collection.aggregate([{ 〈stage1〉 }, {〈stage2〉}, …])

그림 4.8은 집계(aggregate) 명령어가 어떻게 동작하는지 설명하는 그림입니다. 파이프라인의 개념이 도입되어 우선 $match stage를 통과한 데이터에 대해 $group stage에서 cust_id가 같은 문서끼리 amount 필드를 합하는 예제입니다. 여기서 $match는 조건에 맞는 데이터를 필터링하는 연산자이며 $group 연산자는 _id가 가리키는 킷값이 같은 문서에 대해 aggregate 연산자를 적용합니다.

---

10 https://docs.mongodb.com/manual/reference/operator/

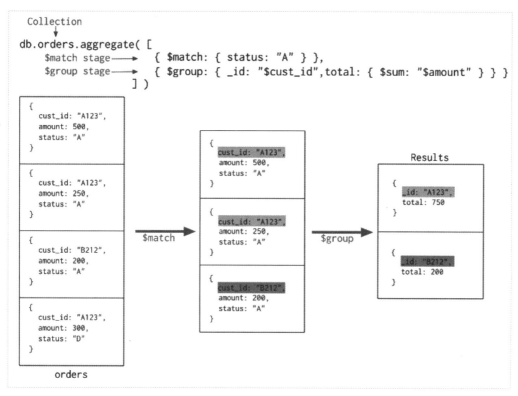

그림 4.8 MongoDB의 집계 연산의 동작 원리[11]

앞서 입력한 데이터로 쿼리를 작성해보겠습니다. $match stage에서는 account의 두 번째 요소가 20 보다 큰 문서만 찾습니다. 두 번째 $group 스테이지에서는 related의 값이 같은 항목끼리 qty 컬럼의 값을 합해줍니다.

```
> db.corp_info.aggregate( [ {$match: {"account.1":{$gt:20}}}, {$group: {_id:"$related", total:
{$sum:"$qty"}} }])
{ "_id" : "HYUNDAI", "total" : 75 }
{ "_id" : "SK", "total" : 150 }
{ "_id" : "LG", "total" : 100 }
{ "_id" : "SamSung", "total" : 50 }
```

이번엔 $unwind 연산자에 대해 알아보겠습니다. $unwind는 지정한 필드가 배열이면 배열을 풀어 개별 문서로 만들어주는 역할을 합니다.

---

11   출처: https://docs.mongodb.com/manual/core/aggregation-pipeline/

다음은 item 항목이 Samsung SDS인 문서에 대해서 tags 배열을 unwind하는 예제입니다. tags의 개수만큼 문서가 출력됩니다.

```
> db.corp_info.aggregate( [ {$match:{item:"SamSung SDS"} }, { $unwind : "$tags" } ] )
{ "_id" : ObjectId("5c77c2ac4b96f610b9ec6c2e"), "item" : "SamSung SDS", "related" : "SamSung", "qty"
: 25, "tags" : "blank", "account" : [ 14, 21 ] }
{ "_id" : ObjectId("5c77c2ac4b96f610b9ec6c2e"), "item" : "SamSung SDS", "related" : "SamSung", "qty"
: 25, "tags" : "red", "account" : [ 14, 21 ] }
```

집계(aggregate)는 파이프라인에 사용하는 스테이지(Stage) 명령어와 연산자의 역할을 이해하면 어렵지 않게 사용할 수 있습니다.

이번 절에서는 문서의 집계에 사용하는 aggregate 명령어에 대해 알아봤습니다. 다음은 MongoDB에서 제공하는 문서의 텍스트 검색과 관련된 명령어를 알아보겠습니다.

텍스트 탐색(Text Search)

MongoDB는 문서 내에 있는 문자열 콘텐츠를 탐색하는 기능을 제공합니다. 이번 절에서는 문자열 탐색에 필요한 몇 가지 사항과 사용 방법을 알아보겠습니다.

MongoDB에서 문자열 탐색을 하려면 먼저 텍스트 인덱스(Text index)를 생성해야 합니다. 텍스트 인덱스는 문자열 필드나 문자열로 이뤄진 배열도 포함할 수 있습니다. 먼저 텍스트 인덱스를 생성해 보겠습니다.

인덱스 생성에는 createIndex 명령어를 사용합니다. 다음과 같이 검색하고자 하는 필드를 지정합니다.

```
> db.corp_info.createIndex( {item: "text", related: "text", "tags": "text"} )
{
    "createdCollectionAutomatically" : true,
    "numIndexesBefore" : 1,
    "numIndexesAfter" : 2,
    "ok" : 1
}
```

만약 모든 필드에 대해서 텍스트 인덱스를 생성하고 싶다면 $**를 이용합니다.

```
db.corp_info.createIndex( { "$**": "text" } )
```

단 텍스트 인덱스는 하나의 컬렉션에 하나만 생성할 수 있습니다.

이제 텍스트 검색을 이용해 CNS라는 문자열이 포함된 문서를 찾아보겠습니다. find 명령어를 이용하고 연산자로 $text와 $search를 사용합니다. 결과는 item에 CNS가 포함된 문서를 찾았습니다.

```
> db.corp_info.find( { $text: { $search: "CNS" } } )
{ "_id" : ObjectId("5c77c2ac4b96f610b9ec6c2f"), "item" : "LG CNS", "related" : "LG", "qty" : 50,
"tags" : [ "red", "blank" ], "account" : [ 14, 21 ] }
```

다음은 red가 포함된 문서를 찾아보겠습니다. 특별히 필드를 지정하지 않아도 문서 내에서 필드 값에 red가 포함된 모든 문서를 찾을 수 있습니다.

```
> db.corp_info.find( { $text: { $search: "red" } } )
{ "_id" : ObjectId("5c77c2ac4b96f610b9ec6c34"), "item" : "SK Innovation", "related" : "SK", "qty" :
50, "tags" : [ "red", "blank" ], "account" : [ 14, 21 ] }
{ "_id" : ObjectId("5c77c2ac4b96f610b9ec6c33"), "item" : "LG Telecom", "related" : "LG", "qty" : 50,
"tags" : [ "red", "blank" ], "account" : [ 14, 21 ] }
{ "_id" : ObjectId("5c77c2ac4b96f610b9ec6c32"), "item" : "SamSung SDI", "related" : "SamSung", "qty"
: 25, "tags" : [ "blank", "red" ], "account" : [ 14, 21 ] }
{ "_id" : ObjectId("5c77c2ac4b96f610b9ec6c31"), "item" : "HYUNDAI MOBIS", "related" : "HYUNDAI",
"qty" : 75, "tags" : [ "blank", "red" ], "account" : [ 22.85, 30 ] }
{ "_id" : ObjectId("5c77c2ac4b96f610b9ec6c30"), "item" : "SK Telecom", "related" : "SK", "qty" :
100, "tags" : [ "red", "blank", "plain" ], "account" : [ 14, 21 ] }
{ "_id" : ObjectId("5c77c2ac4b96f610b9ec6c2f"), "item" : "LG CNS", "related" : "LG", "qty" : 50,
"tags" : [ "red", "blank" ], "account" : [ 14, 21 ] }
{ "_id" : ObjectId("5c77c2ac4b96f610b9ec6c2e"), "item" : "SamSung SDS", "related" : "SamSung", "qty"
: 25, "tags" : [ "blank", "red" ], "account" : [ 14, 21 ] }
```

다음은 Samsung과 LG 키워드가 하나라도 포함된 문서를 찾습니다. 큰따옴표(" ")로 감싸진 키워드는 띄어쓰기로 구분되어 각자의 텍스트로 검색됩니다.

```
> db.corp_info.find( { $text: { $search: "SamSung LG" } } )
{ "_id" : ObjectId("5c79a6bc6c9add3e1451c3ab"), "item" : "LG Telecom", "related" : "LG", "qty" :
300, "tags" : [ "red", "blank" ], "account" : [ 14, 21 ] }
{ "_id" : ObjectId("5c79a6bc6c9add3e1451c3a7"), "item" : "LG CNS", "related" : "LG", "qty" : 50,
"tags" : [ "red", "blank" ], "account" : [ 14, 21 ] }
```

```
{ "_id" : ObjectId("5c79a6bc6c9add3e1451c3aa"), "item" : "SamSung SDI", "related" : "SamSung", "qty"
: 25, "tags" : [ "blank", "red" ], "account" : [ 14, 21 ] }
{ "_id" : ObjectId("5c79a6bc6c9add3e1451c3a6"), "item" : "SamSung SDS", "related" : "SamSung", "qty"
: 25, "tags" : [ "blank", "red" ], "account" : [ 14, 21 ] }
```

LG CNS처럼 띄어쓰기가 포함된 텍스트는 큰따옴표(" ")내에 문자열을 \"로 한 번 더 감싸줍니다.

```
> db.corp_info.find( { $text: { $search: "\"LG CNS\"" } } )
{ "_id" : ObjectId("5c79a6bc6c9add3e1451c3a7"), "item" : "LG CNS", "related" : "LG", "qty" : 50,
"tags" : [ "red", "blank" ], "account" : [ 14, 21 ] }
```

마지막으로 Samsung 키워드를 포함하는 모든 문서 중에 SDS 키워드가 포함된 문서는 제외하는 방법입니다. 제외하고자 하는 키워드는 −를 붙여줍니다.

```
> db.corp_info.find({$text:{$search: "SamSung -SDS"}})
{ "_id" : ObjectId("5c79a6bc6c9add3e1451c3aa"), "item" : "SamSung SDI", "related" : "SamSung", "qty"
: 25, "tags" : [ "blank", "red" ], "account" : [ 14, 21 ] }
```

find에서 $text를 이용하면 텍스트 인덱스를 사용하기 때문에 실제 모든 문서의 key를 for 문이나 정규표현식으로 검색하는 것보다 성능상 이점이 많습니다. 다만 텍스트 검색을 하려면 인덱스에 검색하고자 하는 필드가 포함돼야 합니다.

앞서 소개한 배열, 집계, 텍스트 검색 외에도 MongoDB는 좌표계 검색, 샤딩, 제한적인 맵리듀스 연산 등 다양한 기능을 제공하고 있습니다. 다양한 기능에 대해서는 필요에 따라 레퍼런스 문서를 이용하면 좋습니다. MongoDB는 문서화가 잘 돼있어서 기능을 사용하는데 무리 없이 사용할 수 있습니다.

여기까지 MongoDB의 기본적인 연산자와 MongoDB의 특징적인 기능을 알아봤습니다. 다음 절에서는 이런 기능을 파이썬으로 사용할 수 있게 모듈을 만들어 보겠습니다.

4.4 데이터의 가공을 지원하는 모듈

이번 절에서는 앞서 4.3절에서 실행해 본 MondoDB 명령어를 파이썬으로 개발해 보겠습니다. 개발한 모듈은 3장에서 수집한 데이터를 MongoDB에 저장하는데 사용하게 됩니다. 파이썬으로 MongoDB의 명령어를 사용하려면 PyMongo 라이브러리를 이용합니다. PyMongo는 앞서 연습한 명령어를 대부분 명령어 그대로 지원합니다. 하지만 몇몇 이름이 다른 명령어도 있으며, 함수나 변수 표기 방법이 다른 부분도 있습니다.

이번 절에서는 접속 정보를 설정하고 PyMongo를 설치한 다음 실제 시스템에서 사용하게 될 MongoDBHandler 클래스를 구현하겠습니다.

접속 정보 설정 및 PyMongo 설치

파이썬에서 MongoDB와 연동할 때 많이 사용되는 라이브러리로 PyMongo[12]가 있습니다. PyMongo 를 이용하면 앞서 연습한 명령어를 파이썬으로 실행할 수 있습니다. 먼저 환경 설정 및 PyMongo 설치 를 진행하겠습니다. 다음과 같이 MongoDB의 접속 정보를 config.ini에 저장합니다. 특별한 설정 없 이 MongoDB를 실행했다면 접속 가능한 IP주소는 127.0.0.1이고, 포트는 27017입니다.

예제 4.1 MongoDB 환경설정   (stock-lab/stocklab/conf/config.ini)

```
[MONGODB]
host = 127.0.0.1
port = 27017
```

이어서 pip를 이용해 PyMongo를 설치해 보겠습니다.

```
(stocklab) $ pip install pymongo
```

구현을 위한 기본적인 준비가 끝났습니다. 다음 절에서는 프로젝트에서 사용할 클래스를 구현하겠습 니다.

MongoDBHandler 클래스 구현

이번 절에서는 MongoDB에 데이터를 입력, 삭제, 조회, 집계하는 데 사용할 MongoDBHandler 클 래스를 구현합니다. 이 클래스는 특별히 하는 기능은 없습니다. PyMongo가 제공하는 기능을 한번 래 핑(wrapping)하는 역할만 합니다. 래핑 클래스를 이용하는 이유는 코드를 단순하게 관리하기 위한 목 적과 로깅의 편리성 등 다양한 목적이 있습니다.

---

12   https://api.mongodb.com/python/current/

먼저 stocklab\db_handler\mongodb_handler.py 파일을 생성합니다. 생성한 파일(mongodb_handler.py)의 전체 코드는 다음과 같습니다.

예제 4.2 MongoDBHandler 전체 코드　　　　　　　　(stock-lab/stocklab/db_handler/mongodb_handler.py)

```python
from pymongo import MongoClient
from pymongo.cursor import CursorType
import configparser


class MongoDBHandler:

    def __init__(self):
        ...


    def insert_item(self, data, db_name=None, collection_name=None):
        ...


    def insert_items(self, datas, db_name=None, collection_name=None):
        ...


    def find_items(self, condition=None, db_name=None, collection_name=None):
        ...


    def find_item(self, condition=None, db_name=None, collection_name=None):
        ...


    def delete_items(self, condition=None, db_name=None, collection_name=None):
        ...


    def update_items(self, condition=None, update_value=None, db_name=None, collection_name=None):
        ...


    def update_item(self, condition=None, update_value=None, db_name=None, collection_name=None):
        ...


    def aggregate(self, pipeline=None, db_name=None, collection_name=None):
        ...


    def text_search(self, text=None, db_name=None, collection_name=None):
```

전체 코드에서 개별 메서드를 채워가겠습니다. 첫 번째는 MongoDBHandler의 __init__ 메서드입니다. 앞서 config.ini에 저장한 MongoDB 접속 정보를 읽어옵니다. 그다음 읽어온 정보를 이용해 self._client에 MongoClient 객체를 저장합니다. MongoDB의 모든 명령어는 self._client를 이용해 수행합니다.

```python
from pymongo import MongoClient
from pymongo.cursor import CursorType
import configparser

class MongoDBHandler:
    """
    PyMongo를 래핑(Wrapping)해서 사용하는 클래스입니다.
    """
    def __init__(self):
        """
        MongoDBHandler __init__
        config.ini 파일에서 MongoDB 접속 정보를 로딩한다.
        접속 정보를 이용해 MongoDB 접속에 사용할 _clinet를 생성.
        """
        config = configparser.ConfigParser()
        config.read('conf/config.ini')
        host = config['MONGODB']['host']
        port = config['MONGODB']['port']

        self._client = MongoClient(host, int(port))
```

다음은 문서 하나를 입력하기 위한 insert_item 메서드입니다. 이 메서드는 문서 하나를 입력하므로 딕셔너리 타입의 매개변수 data를 받습니다. 전달받은 data 타입이 딕셔너리가 아니면 예외(Exception)를 발생시킵니다. 저장하려는 데이터베이스 이름과 컬렉션 이름은 각각 db_name과 collection_name 매개변수로 전달받습니다. MongoDB의 insertOne 명령어는 PyMongo에서 insert_one으로 사용할 수 있습니다. 정상적으로 문서가 생성되면 inserted_id로 생성된 문서의 고유키(_id)가 반환됩니다.

```python
    def insert_item(self, data, db_name=None, collection_name=None):
        """
        MongoDB에 하나의 문서(document)를 입력하기 위한 메서드입니다.
```

```
    :param datas:dict: 문서를 받습니다.
    :param db_name:str: MongoDB에서 데이터베이스에 해당하는 이름을 받습니다.
    :param collection_name:str: 데이터베이스에 속하는 컬렉션 이름을 받습니다.
    :return inserted_id:str: 입력 완료된 문서의 ObjectId를 반환합니다.
    :raises Exception: 매개변수 db_name과 collection_name이 없으면 예외(Exception)를 발생시킵니다.
    """
    if not isinstance(data, dict):
        raise Exception("data type should be dict")
    if db_name is None or collection_name is None:
        raise Exception("Need to param db_name, collection_name")
    return self._client[db_name][collection_name].insert_one(data).inserted_id
```

다음은 여러 개의 문서를 입력하기 위한 insert_items 메서드입니다. 이 메서드는 여러 문서를 한 번에 입력합니다. 따라서 매개변수 datas는 딕셔너리의 리스트 타입으로 받습니다. 그 외의 매개변수는 앞서 살펴본 insert_item과 동일하며 MongoDB의 insertMany 명령어는 PyMongo에서 insert_many로 사용할 수 있습니다.

```
def insert_items(self, datas, db_name=None, collection_name=None):
    """
    MongoDB에 여러 개의 문서(document)를 입력하기 위한 메서드입니다.
    :param datas:list: 문서의 리스트를 받습니다.
    :param db_name:str: MongoDB에서 데이터베이스에 해당하는 이름을 받습니다.
    :param collection_name:str: 데이터베이스에 속하는 컬렉션 이름을 받습니다.
    :return inserted_ids: 입력 완료된 문서의 ObjectId list를 반환합니다.
    :raises Exception: 매개변수 db_name과 collection_name이 없으면 예외(Exception)를 발생시킵니
다.
    """
    if not isinstance(datas, list):
        raise Exception("datas type should be list")
    if db_name is None or collection_name is None:
        raise Exception("Need to param db_name, collection_name")
    return self._client[db_name][collection_name].insert_many(datas).inserted_ids
```

다음은 하나의 문서를 찾기 위한 find_item 메서드입니다. 이 메서드는 하나의 문서를 찾아 반환합니다. condition이 없는 경우에는 모든 조건을 찾기 위해 빈 값의 딕셔너리로 치환합니다. MongoDB의 findOne 명령어는 PyMongo에서 find_one을 이용해 사용할 수 있습니다.

```
def find_item(self, condition=None, db_name=None, collection_name=None):
    """

    MongoDB에 하나의 문서(document)를 검색하기 위한 메서드입니다.
    :param condition:dict: 검색 조건을 딕셔너리 형태로 받습니다.
    :param db_name:str: MongoDB에서 데이터베이스에 해당하는 이름을 받습니다.
    :param collection_name:str: 데이터베이스에 속하는 컬렉션 이름을 받습니다.
    :return document:dict: 검색된 문서가 있으면 문서의 내용을 반환합니다.
    :raises Exception: 매개변수 db_name과 collection_name이 없으면 예외(Exception)를 발생시킵니다.
    """

    if condition is None or not isinstance(condition, dict):
        condition = {}
    if db_name is None or collection_name is None:
        raise Exception("Need to param db_name, collection_name")
    return self._client[db_name][collection_name].find_one(condition)
```

다음은 여러 개의 문서를 찾기 위한 find_items 메서드입니다. 이 메서드는 조건(condition)에 맞는 여러 개의 문서를 찾아 커서(Cursor)[13]를 반환합니다. condition이 없는 경우에는 모든 조건을 찾기 위해 빈 값의 딕셔너리로 치환합니다. MongoDB의 find 명령어는 PyMongo에서 동일하게 find로 사용할 수 있습니다. 다만 추후 대규모 데이터를 쿼리하기 위해서 no_cursor_timeout과 cursor_type을 EXHAUST로 설정합니다.[14]

```
def find_items(self, condition=None, db_name=None, collection_name=None):
    """

    MongoDB에 여러 개의 문서(document)를 검색하기 위한 메서드입니다.
    :param condition:dict: 검색 조건을 딕셔너리 형태로 받습니다.
    :param db_name:str: MongoDB에서 데이터베이스에 해당하는 이름을 받습니다.
    :param collection_name:str: 데이터베이스에 속하는 컬렉션 이름을 받습니다.
    :return Cursor: 커서를 반환합니다.
    :raises Exception: 매개변수 db_name과 collection_name이 없으면 예외(Exception)를 발생시킵니다.
    """

    if condition is None or not isinstance(condition, dict):
        condition = {}
    if db_name is None or collection_name is None:
        raise Exception("Need to param db_name, collection_name")
    return self._client[db_name][collection_name].find(condition, no_cursor_timeout=True,
```

---

13 일련의 데이터에 순서 대로 액세스할 때 검색 및 "현재 위치"를 포함하는 데이터 요소

14 cursor type은 쿼리 결과에 대한 순회 방식을 지정합니다. 대규모 데이터를 쿼리하기 위해서는 응답속도를 빠르게 하기 위해 EXHAUST를 사용할 수 있습니다. https://api.mongodb.com/python/current/api/pymongo/cursor.html

```
cursor_type=CursorType.EXHAUST)
```

다음은 여러 개의 문서를 삭제하기 위한 delete_items 메서드입니다. MongoDB의 deleteMany 명령
어는 PyMongo에서 delete_many로 사용합니다. 이 메서드는 여러 개의 문서를 삭제한 다음 수행 결
과가 담겨 있는 DeleteResult를 반환합니다. condition이 없는 경우 모든 문서를 삭제하는 것을 방지
하기 위해 예외(Exception)를 발생시킵니다.

```
def delete_items(self, condition=None, db_name=None, collection_name=None):
    """
    MongoDB에 여러 개의 문서(document)를 삭제하기 위한 메서드입니다.
    :param condition:dict: 삭제 조건을 딕셔너리 형태로 받습니다.
    :param db_name:str: MongoDB에서 데이터베이스에 해당하는 이름을 받습니다.
    :param collection_name:str: 데이터베이스에 속하는 컬렉션 이름을 받습니다.
    :return DeleteResult:obj: PyMongo의 문서 삭제 결과 객체인 DeleteResult가 반환됩니다.
    :raises Exception: 매개변수 db_name과 collection_name이 없으면 예외(Exception)를 발생시킵니다.
    """
    if condition is None or not isinstance(condition, dict):
        raise Exception("Need to condition")
    if db_name is None or collection_name is None:
        raise Exception("Need to param db_name, collection_name")
    return self._client[db_name][collection_name].delete_many(condition)
```

다음으로 살펴볼 메서드는 update_item과 update_items 메서드입니다. PyMongo 메서드는
updateMany 명령어 대신 update_many, updateOne 명령어 대신 update_one을 사용합니다.
update 명령어에서 제공하는 upsert 옵션은 기본으로 True를 지정합니다. upsert는 매칭되는 문서가
없을 때에는 문서를 삽입하고, 매칭되는 문서가 있을 때에는 업데이트를 합니다. update 수행 후에는
수행 결과가 담긴 UpdateResult를 반환합니다. condition이 없는 경우 모든 문서를 업데이트하는 것
을 방지하기 위해 예외(Exception)를 발생시킵니다.

```
def update_item(self, condition=None, update_value=None, db_name=None, collection_name=None,
upsert=True):
    """
    MongoDB에 하나의 문서(document)를 갱신하기 위한 메서드입니다.
    :param condition:dict: 갱신 조건을 딕셔너리 형태로 받습니다.
    :param update_value:dict: 갱신하고자 하는 값을 딕셔너리 형태로 받습니다.
    :param db_name:str: MongoDB에서 데이터베이스에 해당하는 이름을 받습니다.
    :param collection_name:str: 데이터베이스에 속하는 컬렉션 이름을 받습니다.
```

```
    :return UpdateResult:obj: PyMongo의 문서 갱신 결과 객체인 UpdateResult가 반환됩니다.
    :raises Exception: 매개변수 db_name과 collection_name이 없으면 예외(Exception)를 발생시킵니다.
    """

    if condition is None or not isinstance(condition, dict):
        raise Exception("Need to condition")
    if update_value is None:
        raise Exception("Need to update value")
    if db_name is None or collection_name is None:
        raise Exception("Need to param db_name, collection_name")
    return self._client[db_name][collection_name].update_one(filter=condition, update=update_
value, upsert=True)


def update_items(self, condition=None, update_value=None, db_name=None, collection_name=None,
upsert=True):
    """
    MongoDB에 여러 개의 문서(document)를 갱신하기 위한 메서드입니다.
    :param condition:dict: 갱신 조건을 딕셔너리 형태로 받습니다.
    :param update_value:dict: 갱신하고자 하는 값을 딕셔너리 형태로 받습니다.
    :param db_name:str: MongoDB에서 데이터베이스에 해당하는 이름을 받습니다.
    :param collection_name:str: 데이터베이스에 속하는 컬렉션 이름을 받습니다.
    :return UpdateResult:obj: PyMongo의 문서 갱신 결과 객체인 UpdateResult가 반환됩니다.
    :raises Exception: 매개변수 db_name과 collection_name이 없으면 예외(Exception)를 발생시킵니다.
    """

    if condition is None or not isinstance(condition, dict):
        raise Exception("Need to condition")
    if update_value is None:
        raise Exception("Need to update value")
    if db_name is None or collection_name is None:
        raise Exception("Need to param db_name, collection_name")
    return self._client[db_name][collection_name].update_many(filter=condition,
update=update_value)
```

다음은 aggregate 메서드입니다. 이 메서드는 aggregate 명령어를 실행한 다음 CommandCursor를 반환합니다. pipeline이 없는 경우에는 예외(Exception)를 발생시킵니다.

```
def aggregate(self, pipeline=None, db_name=None, collection_name=None):
    """
    MongoDB의 aggregate 작업을 위한 메서드 입니다.
```

```
        :param pipeline:list: 갱신 조건을 딕셔너리의 리스트 형태로 받습니다.
        :param db_name:str: MongoDB에서 데이터베이스에 해당하는 이름을 받습니다.
        :param collection_name:str: 데이터베이스에 속하는 컬렉션 이름을 받습니다.
        :return CommandCursor:obj: PyMongo의 CommandCursor가 반환됩니다.
        :raises Exception: 매개변수 db_name과 collection_name이 없으면 예외(Exception)를 발생시킵니다.
        """
        if pipeline is None or not isinstance(pipeline, list):
            raise Exception("Need to pipeline")
        if db_name is None or collection_name is None:
            raise Exception("Need to param db_name, collection_name")
        return self._client[db_name][collection_name].aggregate(pipeline)
```

다음은 텍스트 검색 메서드를 구현해보겠습니다. 앞서 명령어를 실습하면서 살펴본 내용과 동일합니다. $text와 $search 연산자를 이용해 매개변수로 전달받은 text를 찾아 커서를 반환합니다.

```
    def text_search(self, text=None, db_name=None, collection_name=None):
        if text is None or not isinstance(text, str):
            raise Exception("Need to text")
        if db_name is None or collection_name is None:
            raise Exception("Need to param db_name, collection_name")
        return self._client[db_name][collection_name].find({"$text": {"$search": text}})
```

모든 메서드가 Mongo DB 명령의 사용법과 거의 유사하게 구현됐습니다.

기본적인 명령어를 그대로 사용하면서 접속의 편의성과 기본적인 조건을 체크하는 정도만 추가함으로써 MongoDBHandler 클래스의 구현을 완료했습니다.

이어서 지금까지 만든 MongoDBHandler 클래스의 단위 테스트 모듈을 구현하겠습니다. 테스트 모듈의 전체적인 구조는 다음과 같습니다.

예제 4.3 MongoDBHandler의 단위 테스트   (stock–lab/stocklab/tests/test_mongodb_handler.py)

```
import unittest, inspect
from stocklab.db_handler.mongodb_handler import MongoDBHandler
from pprint import pprint
import pymongo
```

```python
class MongoDBHandlerTestCase(unittest.TestCase):
    def setUp(self):
        ...

    def test_insert_item(self):
        ...

    def test_insert_items(self):
        ...

    def test_find_item(self):
        ...

    def test_find_items(self):
        ...

    def test_delete_items(self):
        ...

    def test_update_items(self):
        ...

    def test_aggregate(self):
        ...

    def test_text_search(self):
        ...

    def tearDown(self):
        pass

if __name__ == "__main__":
    unittest.main()
```

먼저 setUp 메서드를 구현하겠습니다. setUp에서는 개별 단위 테스트가 실행되기 전에 필요한 데이터를 셋업합니다. 데이터베이스와 컬렉션은 stocklab_test, corp_info를 이용합니다. stocklab은 추후에 application에서 사용할 데이터베이스이므로 테스트에는 stocklab_test 데이터베이스를 분리해서 사용하겠습니다. 먼저 _client 객체에 pymongo 명령어를 직접 이용해 컬렉션을 삭제(drop)합니다.

다음은 명령어 실습에서 사용했던 샘플 문서를 docs에 생성하고 insert_many를 이용해 데이터베이스에 입력합니다.

```
def setUp(self):
    self.mongodb = MongoDBHandler()
    self.mongodb._client["stocklab_test"]["corp_info"].drop()
    docs = [
        { "item": "SamSung SDS", "related": "SamSung", "qty": 25,
            "tags": ["blank", "red"], "account": [ 14, 21 ] },
        { "item": "LG CNS", "related": "LG", "qty": 50,
            "tags": ["red", "blank"], "account": [ 14, 21 ] },
        { "item": "SK Telecom", "related": "SK", "qty": 100,
            "tags": ["red", "blank", "plain"], "account": [ 14, 21 ] },
        { "item": "HYUNDAI MOBIS", "related": "HYUNDAI", "qty": 75,
            "tags": ["blank", "red"], "account": [ 22.85, 30 ] },
        { "item": "SamSung SDI", "related": "SamSung", "qty": 25,
            "tags": ["blank", "red"], "account": [ 14, 21 ] },
        { "item": "LG Telecom", "related": "LG", "qty": 50,
            "tags": ["red", "blank"], "account": [ 14, 21 ] },
        { "item": "SK Innovation", "related": "SK", "qty": 50,
            "tags": ["red", "blank"], "account": [ 14, 21 ] }
    ]
    self.mongodb._client["stocklab_test"]["corp_info"].insert_many(docs)
```

test_insert_item과 test_insert_items를 구현해 보겠습니다. 반환되는 값은 assert를 이용해 확인합니다.

```
def test_insert_item(self):
    print(inspect.stack()[0][3])
    doc = { "item": "SamSung Card", "related": "SamSung", "qty": 25,
            "tags": ["green", "red"], "account": [ 10, 11 ] }
    _id = self.mongodb.insert_item(doc, "stocklab_test", "corp_info")
    assert _id
    print(_id)

def test_insert_items(self):
    print(inspect.stack()[0][3])
    docs = [
```

```
                   { "item": "LG", "related": "LG", "qty": 25,
                       "tags": ["red"], "account": [ 10, 11 ] },
                   { "item": "LG 화학", "related": "LG", "qty": 25,
                       "tags": ["green", "red"], "account": [ 10, 11 ] }
               ]
               ids = self.mongodb.insert_items(docs, "stocklab_test", "corp_info")
               assert ids
               print(ids)
```

다음은 find_item과 find_items를 이용해 원하는 문서가 정확히 찾아지는지 확인합니다. test_find_item에서는 find_item 메서드를 이용해 related가 LG인 문서 하나를 찾습니다. 이때 결과는 문서로 반환됩니다. test_find_items는 find_items를 이용해 tags의 두 번째 항목이 red인 모든 문서를 찾습니다. 이때 결과는 커서로 반환되므로 for 문을 이용해 doc을 출력합니다.

```
   def test_find_item(self):
       print(inspect.stack()[0][3])
       doc = self.mongodb.find_item({"related": "LG"}, "stocklab_test", "corp_info")
       pprint(doc)

   def test_find_items(self):
       print(inspect.stack()[0][3])
       cursor = self.mongodb.find_items({"tags.1": "red"}, "stocklab_test", "corp_info")
       assert cursor
       for doc in cursor:
           pprint(doc)
```

delete_items와 update_items도 작성해 보겠습니다. delete_items는 related 필드가 SamSung인 모든 항목을 삭제하고, deleted_count를 확인해 몇 개의 문서가 삭제됐는지 확인합니다.

```
   def test_delete_items(self):
       print(inspect.stack()[0][3])
       result = self.mongodb.delete_items({"related": "SamSung"}, "stocklab_test", "corp_info")
       assert result
       print(result.deleted_count)
```

update_items는 item이 LG Telecom인 문서의 qty를 모두 300으로 변경합니다. 결괏값이 존재하면 matched_count와 modified_count를 출력해 반영된 문서가 몇 개인지 확인합니다.

```python
    def test_update_items(self):
        print(inspect.stack()[0][3])
        result = self.mongodb.update_items({"item": "LG Telecom"}, {"$set": {"qty":300}}, "stocklab_
test", "corp_info")
        assert result
        print("matched_count:"+str(result.matched_count))
        print("modified_count:"+str(result.modified_count))
```

다음은 aggregate의 단위 테스트를 작성해 보겠습니다. pipeline에는 $match, $group을 이용해 앞서 실습한 연산자를 입력합니다. 그리고 aggregate를 실행한 다음 반환받은 커서의 결괏값을 출력합니다.

```python
    def test_aggregate(self):
        print(inspect.stack()[0][3])
        pipeline = [
                {
                    "$match": {
                        "tags.1":"red"}
                },
                {
                    "$group": {
                        "_id":"$related",
                        "sum_val":{"$sum":"$qty"}
                    }
                }
            ]
        result = self.mongodb.aggregate(pipeline, "stocklab_test", "corp_info")
        assert result
        for item in result:
            pprint(item)
```

텍스트 검색 테스트도 구현하겠습니다. 다만 텍스트 검색은 인덱스가 필요하므로 create_index를 이용해 인덱스를 생성합니다.

```python
    def test_text_search(self):
        print(inspect.stack()[0][3])
        index_result = self.mongodb._client["stocklab_test"]["corp_info"].create_index([('item',
'text'), ('related', 'text'), ('tags', 'text')])
```

```
print(index_result)
result = self.mongodb.text_search("blank", "stocklab_test", "corp_info")
assert result
for item in result:
    pprint(item)
```

이제 완성된 단위 테스트를 실행해보겠습니다.

(stocklab) C:\stock-lab>**python -m unittest tests.test_mongodb_handler**

다음과 같이 에러 없이 결과가 출력되면 모든 기능이 정상적으로 구현된 것입니다.

```
test_aggregate
{'_id': 'HYUNDAI', 'sum_val': 75}
{'_id': 'SamSung', 'sum_val': 50}
.test_delete_items
2
.test_find_item
{'_id': ObjectId('5c79a6bc6c9add3e1451c37c'),
 'account': [14, 21],
 'item': 'LG CNS',
 'qty': 50,
 'related': 'LG',
 'tags': ['red', 'blank']}
.test_update_items
matched_count:1
modified_count:1
.
_____

Ran 8 tests in 0.186s

OK
```

이번 장에서는 MongoDB의 기본적인 사용법을 알아보고 프로젝트에서 사용할 MongoDBHandler로 데이터를 저장, 조회, 변경, 집계할 수 있는 모듈을 구현해봤습니다. 개인적인 견해이지만 MongoDB는 관계형 데이터베이스보다 조금 더 손쉽게 배울 수 있고, 프로그래밍도 관계형 데이터베이스의 코드보다 자연스럽게 작성할 수 있는 장점이 있습니다. 그리고 MongoDB는 스키마에 대한 제약이 없기 때문에 데이터의 형태가 다양한 경우에 편리함을 제공합니다. 또한 MongoDB에 대한 명령어만 이해하면 구현도 대부분 유사하게 할 수 있다는 장점도 있습니다. 다른 관계형 데이터베이스를 프로그래밍하는 것보다 쿼리나 결괏값도 간편하게 조작할 수 있습니다.

이번 장에서 소개하지는 않았지만, 컬렉션과의 조인이나 연관 분석이 필요한 경우 쿼리가 복잡해지는 단점도 있습니다. 이런 부분을 데이터베이스에서 수행할지 코드로 구현할지는 성능이나 사용 빈도 등을 고려해 구현하는 것이 좋습니다.

데이터 수집 및
트레이딩

이번 장에서는 3장과 4장에서 구현한 모듈을 이용해 데이터를 수집하고 트레이딩을 위한 모듈을 구현해보겠습니다.

5.1절에서는 스케줄러를 구현하는 방법을 알아보겠습니다. 보통 데이터나 구현 로직의 성격에 따라 1분, 5분, 10분, 60분, 1일 등 주기적으로 실행해야 하는 작업이 있습니다. 스케줄러는 이러한 주기적인 반복 작업을 실행하는 모듈로, 특정 시각에 실행하거나 특정 주기를 기준으로 반복 동작하게 할 수 있습니다.

단순한 스케줄러를 만들 수도 있지만, 조금 더 복잡한 로직을 가지는 스케줄러가 필요하다면 프로그래밍 가능한 스케줄러를 사용해야 합니다. 5.1절에서는 단순한 스케줄러 및 프로그래밍 가능한 스케줄러에 대해서 알아보겠습니다.

5.2절에서는 트레이딩 모듈을 구현하겠습니다. 앞서 구현한 EBest 모듈에 트레이딩 가능한 메서드인 매매, 계좌정보를 확인하는 메서드를 추가로 구현합니다. 그리고 간단한 트레이딩 시나리오를 작성한 다음 시나리오에 맞게 동작하는 모듈을 구현하겠습니다.

5장을 마치고 나면 기본적인 동작을 하는 시스템의 구현이 완료됩니다. 여기까지의 내용은 트레이딩을 위한 자동화된 시스템을 개발하는 내용입니다. 1장에서 소개한 첫 번째 목표가 끝나게 됩니다.

윈도우 스케쥴링을 이용한 데이터 수집 실행

이번 절에서는 3장과 4장에서 구현한 모듈을 이용해 데이터를 수집하고 MongoDB에 저장을 수행하는 스크립트를 구현하겠습니다. 수집하는 데이터는 매일 갱신해야 하는 종목 코드 및 주식 가격 정보, 기업 정보입니다. 종목 코드 및 주가 정보는 매일 오전 8시에 갱신하며, 기업 정보는 매일 갱신해야 할 필요는 없기 때문에 일주일에 한 번씩 기업정보가 없는 항목에 대해서만 갱신합니다. 세 가지 정보만 해도 성격에 따라 스케줄을 수행해야 하는 시점과 주기가 다릅니다. 이렇듯 필요한 데이터가 늘어날수록 스케줄링도 다양해질 수 있습니다. 이번 절에서는 윈도우에서 제공하는 스케줄링 방법과 파이썬으로 구현하는 스케줄링 방법에 관해 알아보겠습니다.

스크립트 구현 및 스케줄러 등록

매일 종목 코드 번호와 주식 가격 정보를 수집하는 모듈을 구현하겠습니다. 전체 코드는 다음과 같습니다.

예제 5.1 데이터 수집 실행 (stock-lab/stocklab/scheduler/data_collector_1d.py)

```python
from datetime import datetime
from stocklab.agent.ebest import EBest
from stocklab.db_handler.mongodb_handler import MongoDBHandler

ebest = EBest("DEMO")
ebest.login()

mongodb = MongoDBHandler()

def collect_code_list():
    result = ebest.get_code_list("ALL")
    mongodb.delete_items({}, "stocklab", "code_info")
    mongodb.insert_items(result, "stocklab", "code_info")

def collect_stock_info():
    code_list = mongodb.find_items({}, "stocklab", "code_info")
    target_code = set([item["단축코드"] for item in code_list])
    today = datetime.today().strftime("%Y%m%d")
    collect_list = mongodb.find_items({"날짜":today}, "stocklab", "price_info").distinct("code")
    for col in collect_list:
        target_code.remove(col)
```

```
    for code in target_code:
        result_price = ebest.get_stock_price_by_code(code, "1")
        if len(result_price) > 0:
            mongodb.insert_items(result_price, "stocklab", "price_info")

if __name__ == '__main__':
    collect_code_list()
    collect_stock_info()
```

먼저 필요한 패키지를 임포트하고 MongoDB 커넥션과 이베스트 커넥션을 생성합니다.

```
from datetime import datetime
from stocklab.agent.ebest import EBest
from stocklab.db_handler.mongodb_handler import MongoDBHandler

ebest = EBest("DEMO")
ebest.login()

mongodb = MongoDBHandler()
```

종목 코드를 수집하는 메서드는 collect_code_list입니다. collect_code_list 함수는 3, 4장에서 구현한 EBest 모듈과 MongoDBHandler 모듈을 이용해 MongoDB에 code_info 컬렉션을 모두 삭제하고 삽입하는 코드입니다.

종목코드를 모두 보관하고 싶다면 삭제하지 않고 update 메서드의 upsert 옵션을 이용해도 무방합니다.

```
def collect_code_list():
    result = ebest.get_code_list("ALL")
    mongodb.delete_items({}, "stocklab", "code_info")
    mongodb.insert_items(result, "stocklab", "code_info")
```

다음은 주식 가격을 수집하는 코드입니다. 여기서는 앞서 새롭게 갱신한 code_info에서 수집해야 할 종목 코드를 target_code에 저장합니다.

```
def collect_stock_info():
    code_list = mongodb.find_items({}, "stocklab", "code_info")
    target_code = set([item["단축코드"] for item in code_list])
```

먼저 오늘 날짜로 수집된 데이터가 있다면 앞서 target_code에서 제외합니다. 이렇게 하는 이유는 재실행하게 되면 데이터가 중복으로 수집되는데, 중복이 발생하면 데이터를 추가로 가공해야 하기 때문에 수집 단계에서 중복이 발생하지 않도록 하기 위함입니다.

```python
today = datetime.today().strftime("%Y%m%d")
collect_list = mongodb.find_items({"날짜":today}, "stocklab", "price_info").distinct("code")
for col in collect_list:
    target_code.remove(col)
```

최종적으로 수집해야 하는 종목 코드는 target_code에 저장되며, get_stock_price_by_code를 이용해 1일 치 데이터를 가져옵니다. 수집한 데이터는 insert_items를 이용해 price_info에 넣습니다.

```python
for code in target_code:
    time.sleep(1)
    result_price = ebest.get_stock_price_by_code(code, "1")
    if len(result_price) > 0:
        print(result_price)
        mongodb.insert_items(result_price, "stocklab", "price_info")
```

비교적 간단하게 구현을 마쳤습니다. 이어서 데이터를 수집하는 모듈을 실행하는 스크립트를 작성하고, 윈도우의 작업 스케줄러를 이용해 스크립트를 주기적으로 실행하는 방법을 알아보겠습니다.

먼저 스케줄러를 실행할 수 있는 스크립트를 작성해 보겠습니다. 프로젝트 홈(stock-lab)의 하위에 scripts 폴더를 생성하고 scripts 폴더 하위에 start_data_collector_1d.bat 파일을 생성합니다. bat 파일의 내용은 간단합니다. 프로젝트 폴더로 이동한 다음 가상환경의 파이썬으로 앞서 구현한 파일을 실행하는 내용입니다.

예제 5.2 스케줄러가 실행할 bat 파일   (stock-lab/script/start_data_collector_1d.bat)

```
cd C:\stock-lab
C:\Envs\stocklab\Scripts\python.exe -m stocklab.scheduler.data_collector_1d %
```

생성한 bat 파일을 윈도우 작업 스케줄러에 등록해보겠습니다. 작업 스케줄러는 윈도우 앱 검색에서 '작업 스케줄러'를 검색하거나 실행 창(단축키 : Win + R)에 taskschd.msc를 입력하면 실행할 수 있습니다.

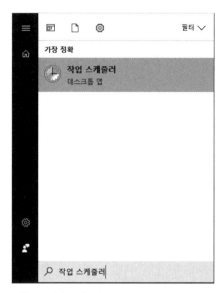

그림 5.1 작업 스케줄러

작업 스케줄러는 윈도우에 포함된 앱으로 간단한 작업 스케줄을 작성할 수 있습니다.

작업 스케줄러를 실행한 모습은 다음 그림과 같습니다. 스케줄을 만들기 위해 오른쪽에 있는 메뉴에서 [작업 만들기...]를 선택합니다.

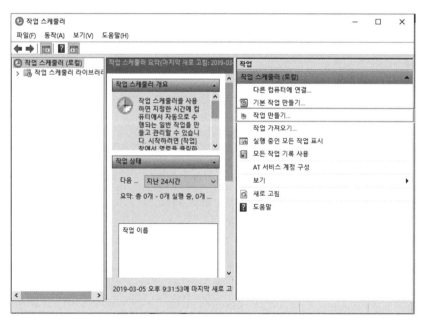

그림 5.2 작업 스케줄러 실행 화면

이름은 'data_collector_1d'로 입력하고 보안 옵션에서 '사용자의 로그온 여부에 관계없이 실행'을 선택하고 '가장 높은 수준의 권한으로 실행'을 선택합니다.

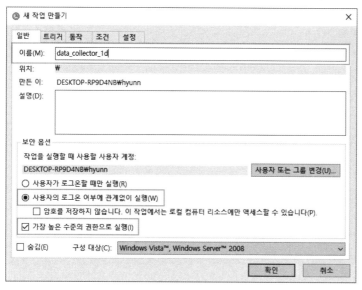

그림 5.3 새 작업 만들기

작업에 대한 기본적인 내용을 작성한 다음 [트리거] 탭을 선택하면 이 작업이 발생하도록 하는 트리거를 생성할 수 있습니다. [트리거] 탭의 아래에 있는 [새로 만들기(N)...] 버튼을 클릭합니다.

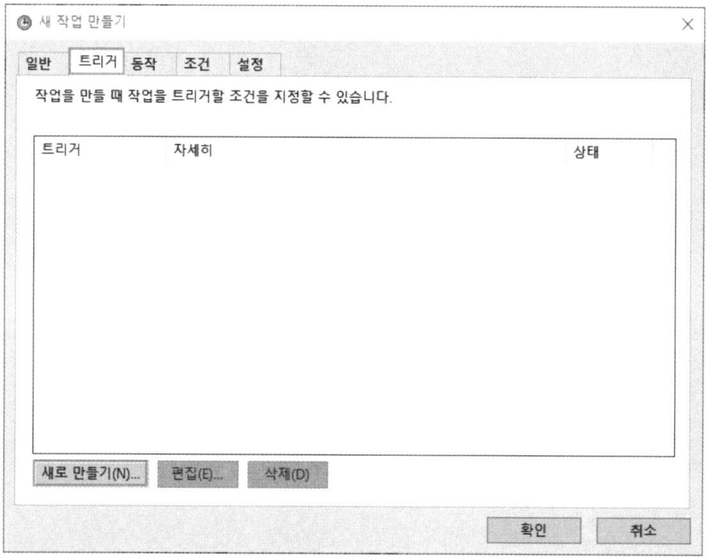

그림 5.4 트리거 탭

다음 그림과 같이 설정은 '매주'를 선택하고, 오른쪽 영역에서 월요일, 화요일, 수요일, 목요일, 금요일을 선택합니다. 시작(시간)은 오전 8시로 설정한 다음 [확인] 버튼을 클릭합니다.

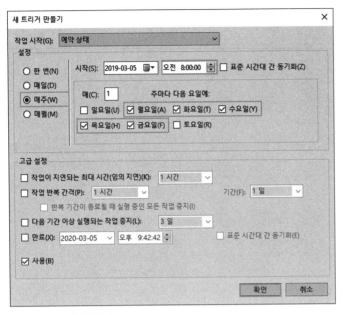

그림 5.5 새 트리거 만들기

이어서 다음 그림과 같이 [동작] 탭을 선택하고, 프로그램/스크립트에서 실행할 스크립트(C:\stock-lab\scripts\start_data_collector_1d.bat 파일)를 설정합니다.

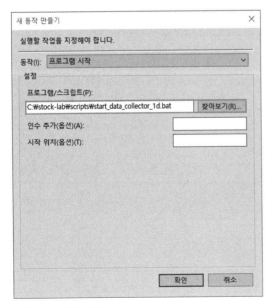

그림 5.6 새 동작 만들기

다음은 [조건] 탭을 선택하고, '컴퓨터의 AC 전원이 켜져 있는 경우에만 작업 시작'의 체크를 해제합니다. 그다음 '이 작업을 실행하기 위해 절전 모드 종료'를 선택합니다.

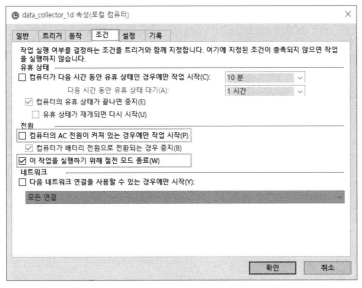

그림 5.7 [조건] 탭의 설정

여기까지 진행한 다음 [확인] 버튼을 클릭하면 사용자 비밀번호를 입력한 후에 작업 스케줄러가 생성됩니다.

이번 절에서는 윈도우에서 제공하는 작업 스케줄러를 이용해 간단한 코드를 주기적으로 실행하는 방법을 알아봤습니다.

다음 절에서는 파이썬에서 스케줄러를 직접 구현하는 방법을 알아보겠습니다.

5.2 파이썬 스케줄러

이번 절에서는 스케줄러를 파이썬으로 직접 구현해보겠습니다. 앞서 살펴본 윈도우 작업 스케줄러는 다양한 조건으로 유연성 있게 여러 작업을 수행하기에는 한계가 있습니다. 필요에 따라 복잡한 로직을 수행하는 스케줄러가 필요하면 프로그래밍 방식으로 직접 구현해야 하는 경우도 많습니다. 이런 경우를 위해 파이썬으로 스케줄러를 구현해 보겠습니다.

먼저 scheduler 폴더에 data_collector_1d_schd.py 파일을 생성합니다.

파이썬에서 스케줄러를 구현하기 위한 모듈로는 sched 모듈[1]이 있습니다. sched 모듈은 단순하고 직관적이며 사용법 또한 간단합니다. 하지만 시스템의 기능이 많아지고 복잡해질수록 스케줄러 또한 복잡해지기 마련입니다. 현재 개발한 기능은 하루에 한 번만 동작하면 되지만, 작업을 분산 처리하거나 특정 조건등에서 실행해야 하는 경우에는 단순한 기능만 제공하는 스케줄러로는 구현하기가 어려울 수 있습니다.

파이썬에서 내부 라이브러리로 지원하는 sched 외에 스케줄링을 지원하는 오픈 소스로는 apscheduler, celery, apache-airflow 등 많은 패키지가 있습니다.

apscheduler는 손쉽게 스케줄러를 구현할 수 있으며, celery는 작업 큐를 가지고 동작하는 방식으로 복잡한 제어를 할 수 있습니다. apache-airflow는 작업 흐름을 설계하고 스케줄링 및 모니터링까지 제공합니다. 이 프로젝트에서는 비교적 사용법이 간단한 apscheduler를 이용해 스케줄링을 구현하는 방법을 알아보겠습니다. 이 프로젝트에서 소개하지는 않지만, celery, apache-airflow는 분산형으로 동작할 수 있기 때문에 운영하는 시스템이 많은 노드를 가지고 있다면 사용을 고려해볼 만한 프레임워크입니다. 그리고 이 두 개의 프레임워크는 웹으로 스케줄러의 관리에 필요한 화면을 제공하고 있는 점도 큰 장점입니다.

먼저 이 프로젝트에서 사용할 apscheduler를 설치하겠습니다. 설치는 다음과 같이 pip를 이용합니다.

```
(stocklab) C:\stock-lab>pip install apscheduler
```

apscheduler는 파이썬의 다른 프레임워크와 잘 융합시킬 수 있게 여러 형태의 스케줄러를 제공합니다. 공식 홈페이지에서 설명하는 스케줄러의 종류는 다음과 같습니다.

- BlockingScheduler: 단독 프로세스로 동작

- BackgroundScheduler: 다른 프레임워크와 상관없이 백그라운드에서 동작

- AsyncIOScheduler: asyncio 모듈을 사용하는 애플리케이션

- GeventScheduler: gevent를 사용하는 애플리케이션

- TornadoScheduler: Tornado를 사용하는 애플리케이션

- TwistedScheduler: Twisted를 사용하는 애플리케이션

- QtScheduler: Qt 애플리케이션

---

1 https://docs.python.org/ko/3.6/library/sched.html

그리고 apscheduler는 실행하는 job에 대한 정보를 저장하고 복원하기 쉽게 다양한 백엔드(저장소)를 지원합니다. 예를 들면 4장에서 이용한 MongoDB도 백엔드로 사용해 스케줄 정보를 저장, 복원해 사용할 수 있습니다. 이런 내용은 보다 정교하고 기존의 다른 애플리케이션과 복합적으로 동작해야 할 때 사용합니다. 이번 프로젝트에서는 다른 백엔드 없이 BackgroundScheduler를 이용해 스케줄러를 구현하겠습니다.

스케줄러 구현

본격적인 구현에 앞서 스케줄러를 구현할 방식을 알아보겠습니다. 스케줄러는 apscheduler에서 제공하는 BackgroundScheduler를 사용합니다. 다만 BackgroundScheduler를 이용해 일반적으로 EBest 모듈을 호출하게 되면 정상적으로 동작하지 않습니다. EBest가 win32com 패키지를 사용하면서 내부적으로 프로세스와 관련된 동작을 하는데, 이때 BackgroundScheduler에서 win32com이 정상적으로 호출되지 않습니다. 이런 문제를 해결하기 위해 멀티프로세싱으로 별도의 프로세스를 하나 더 생성해서 EBest 모듈을 수행하도록 합니다. 이를 그림으로 나타내면 그림 5.8과 같습니다.

Scheduler에서 작업1과 작업2를 생성합니다.

작업1(job="1")은 종목 코드를 가져오는 run_process_collect_code_list 메서드(함수)를 호출하고, 작업2(job="2")는 종목별 가격 정보를 가져오는 run_process_collect_stock_info 메서드(함수)를 호출합니다.

run_process_collect_code_list는 collect_code_list를 호출해 프로세스를 생성하고, collect_stock_info도 별도의 프로세스를 생성합니다.

개별 프로세서는 ebest와 mongodb 객체를 생성해 종목 코드를 수집하고, 종목별 가격 정보를 수집하게 됩니다. 앞서 설명한 내용을 다시 정리하면 그림 5.8과 같습니다.

그림 5.8 스케줄러의 실행 흐름

마지막으로 작업(job)을 수행할 시간을 지정합니다. 대부분의 스케줄러는 수행하는 시간을 지정하는 방식으로 크론(cron)과 간격(Interval)을 지원합니다. 먼저 크론[2] 방식을 알아보겠습니다. 앞 다섯자리에는 수행할 시각을 지정하며 나머지는 실행할 명령어를 나타냅니다. 다섯 자리 숫자는 앞에서부터 분, 시, 일, 월, 요일을 의미합니다.

```
*   *   *   *   * 명령어
┬   ┬   ┬   ┬   ┬
│   │   │   │   └──────────── 요일 (0 - 6) (0:일요일, 1:월요일, ..., 6:토요일)
│   │   │   └──────────────── 월 (1 - 12)
│   │   └──────────────────── 일 (1 - 31)
│   └──────────────────────── 시 (0 - 23)
└──────────────────────────── 분 (0 - 59)
```

만약 5분마다 특정 스크립트를 수행하려면 다음과 같이 지정합니다. *은 매분을 의미하며 /5는 매 5분 단위를 의미합니다.

```
*/5 * * * * script
```

다음은 매시간 25분, 45분에 스크립트를 실행하는 예입니다. 특정 분을 가르키려면 콤마(,)로 구분하거나 숫자만 적으면 됩니다. 시 자리에는 *이 있으므로 매시간을 의미합니다. 따라서 매시간 25분, 45분에 스크립트가 동작합니다.

```
25,45 * * * * script
```

다음은 매일 3시에 지정한 스크립트 실행하는 예입니다. 세 번째 자리가 *이므로 매일을 의미합니다. 그리고 앞의 분은 0, 시는 3이므로 매일 3시 0분을 의미합니다.

```
0 3 * * * script
```

2시간 간격으로 스크립트를 실행하려면 다음과 같이 설정합니다. 이 경우 2시 30분, 4시 30분, 6시 30분....에 스크립트가 동작합니다.

```
30 */2 * * * script
```

---

2   https://ko.wikipedia.org/wiki/Cron

월요일 화요일 수요일 6시에 스크립트를 실행하려면 다음과 같이 설정합니다. 1-3은 1부터 3까지를 의미하며 요일로는 월요일, 화요일, 수요일을 의미합니다.

```
0 6 * * 1-3 script
```

apscheduler는 지금까지 설명한 크론 방식의 시간 지정을 그대로 사용할 수 있습니다. 코드를 구현하면서 다시 알아보겠습니다. 다음은 스케줄러의 전체 코드입니다.

예제 5.3 스케줄러의 전체 코드 파일   (stock-lab/stocklab/scheduler/data_collector_1d_schd.py)

```python
import time
import inspect
from multiprocessing import Process
from datetime import datetime

from apscheduler.schedulers.background import BackgroundScheduler

from stocklab.agent.ebest import EBest
from stocklab.agent.data import Data
from stocklab.db_handler.mongodb_handler import MongoDBHandler

def run_process_collect_code_list():
    print(inspect.stack()[0][3])
    p = Process(target=collect_code_list)
    p.start()
    p.join()

def run_process_collect_stock_info():
    print(inspect.stack()[0][3])
    p = Process(target=collect_stock_info)
    p.start()
    p.join()

def collect_code_list():
    ebest = EBest("DEMO")
    mongodb = MongoDBHandler()
    ebest.login()
    result = ebest.get_code_list("ALL")
```

```python
        mongodb.delete_items({}, "stocklab", "code_info")
        mongodb.insert_items(result, "stocklab", "code_info")


def collect_stock_info():
    ebest = EBest("DEMO")
    mongodb = MongoDBHandler()
    ebest.login()
    code_list = mongodb.find_items({}, "stocklab", "code_info")
    target_code = set([item["단축코드"] for item in code_list])
    today = datetime.today().strftime("%Y%m%d")
    print(today)
    collect_list = mongodb.find_items({"날짜":today}, "stocklab", "price_info") \
                        .distinct("code")
    for col in collect_list:
        target_code.remove(col)
    for code in target_code:
        time.sleep(1)
        print("code:", code)
        result_price = ebest.get_stock_price_by_code(code, "1")
        if len(result_price) > 0:
            print(result_price)
            mongodb.insert_items(result_price, "stocklab", "price_info")

        result_credit = ebest.get_credit_trend_by_code(code, today)
        if len(result_credit) > 0:
            mongodb.insert_items(result_credit, "stocklab", "credit_info")

        result_short = ebest.get_short_trend_by_code(code, sdate=today, edate=today)
        if len(result_short) > 0:
            mongodb.insert_items(result_short, "stocklab", "short_info")

        result_agent = ebest.get_agent_trend_by_code(code, fromdt=today, todt=today)
        if len(result_agent) > 0:
            mongodb.insert_items(result_agent, "stocklab", "agent_info")


if __name__ == '__main__':
    scheduler = BackgroundScheduler()
    scheduler.add_job(func=run_process_collect_code_list, trigger="cron",
                day_of_week="mon-fri", hour="22", minute="36", id="1")
```

```
scheduler.add_job(func=run_process_collect_stock_info, trigger="cron",
                  day_of_week="mon-fri", hour="19", minute="00", id="2")
scheduler.start()
while True:
    print("running", datetime.now())
    time.sleep(1)
```

먼저 main부터 보겠습니다. BackgroundScheduler 객체를 생성하고 add_job을 이용해 실행할 함수를 지정합니다. 실행할 함수는 run_process_collect_code_list와 run_process_collect_stock_info 입니다. add_job은 실행할 함수와 함께 동작 방식을 지정해야 합니다. 동작 방식은 trigger='cron'을 전달해 크론 방식으로 시간을 지정하겠습니다. 시간을 지정하는 데 사용할 수 있는 인자는 다음과 같습니다.

- year (int|str) - 4-digit year

- month (int|str) - month (1–12)

- day (int|str) - day of the (1–31)

- week (int|str) - ISO week (1–53)

- day_of_week (int|str) - number or name of weekday (0–6 or mon,tue,wed,thu,fri,sat,sun)

- hour (int|str) - hour (0–23)

- minute (int|str) - minute (0–59)

- second (int|str) - second (0–59)

인자에서 특별히 값을 지정하지 않으면 *로 동작하며 매년, 매월, 매일, 매시, 매분, 매초에 동작합니다.

스케줄러를 월요일부터 금요일까지 매일 19시에 동작하게 하려면 day_of_week="mon-fri", hour="19", minute="0"으로 지정하면 됩니다. mon-fri는 숫자 1–5로 지정할 수도 있습니다. 앞서 알아본 크론 표현 방식을 그대로 지원하며 추가적인 방법도 있습니다. 추가적인 표현 방식에 대해서는 공식 문서[3]를 참고하기 바랍니다. add_job 이후에는 start 메서드를 이용해 스케줄러를 동작시키면 됩니다. 하지만 start 하더라도 실제로 지정한 시각까지는 동작하지 않기 때문에 화면에는 아무것도 찍히

---

3 https://apscheduler.readthedocs.io/en/latest/modules/triggers/cron.html

지 않습니다. 프로세스가 정상적으로 수행되는지 확인하기 위해 while 문을 이용해 현재 시각을 출력하도록 합니다.

```
if __name__ == '__main__':
    scheduler = BackgroundScheduler()
    scheduler.add_job(func=run_process_collect_code_list, trigger="cron",
                    day_of_week="mon-fri", hour="19", minute="0", id="1")
    scheduler.add_job(func=run_process_collect_stock_info, trigger="cron",
                    day_of_week="mon-fri", hour="19", minute="0", id="2")
    scheduler.start()
    while True:
        print("running", datetime.now())
        time.sleep(1)
```

다음은 작업(job)에서 호출하는 run_process_collect_code_list, run_process_collect_stock_info에 대해 알아보겠습니다. 두 함수 모두 프로세스(Process)를 생성합니다. 각 프로세스는 collect_code_list와 collect_stock_info를 호출합니다. p.start()를 호출하는 시점부터 각 프로세스는 개별로 동작하게 됩니다. 물리적으로 현재 수행하고 있는 프로세스에서 자식 프로세스가 별도로 생성됩니다. 분리된 자식 프로세스는 동일한 코드를 가지고 수행하게 되며 부모 프로세스는 자식 프로세스가 종료될 때까지 기다려야 합니다. 자식 프로세스의 종료를 기다리는 방법은 p.join()을 이용합니다. 멀티프로세싱과 관련해서는 알아야 하는 내용이 많지만, 이번 프로젝트에서는 start, join 정도만 알아도 충분합니다. 프로세스와 관련된 추가적인 내용은 파이썬의 multiprocessing 문서[4]를 참고하기 바랍니다.

```
def run_process_collect_code_list():
    print(inspect.stack()[0][3])
    p = Process(target=collect_code_list)
    p.start()
    p.join()


def run_process_collect_stock_info():
    print(inspect.stack()[0][3])
    p = Process(target=collect_stock_info)
    p.start()
    p.join()
```

4 https://docs.python.org/ko/3.6/library/multiprocessing.html

프로세스가 호출하는 collect_code_list와 collect_stock_info는 예제 5.1에서 구현한 내용과 동일하므로 설명은 생략하겠습니다. 구현한 코드는 다음과 같이 파이썬으로 실행합니다.

```
(stocklab) C:\stock-lab>python -m stocklab.scheduler.data_collector_1d_schd
```

다음과 같이 1초마다 시각이 출력되면서 무한으로 동작하며, 크론으로 지정한 시각이 되면 데이터를 수집하는 코드를 실행합니다.

```
running 2019-06-28 21:42:47.347698
running 2019-06-28 21:42:48.347717
running 2019-06-28 21:42:49.348082
...
```

이번 절에서는 윈도우 작업 스케줄러를 이용해 주기적으로 모듈을 실행하는 방법과 파이썬으로 스케줄러를 구현하는 방법을 알아봤습니다. 그리고 이를 이용해 3장과 4장에서 구현한 종목 코드를 수집하고 수집한 개별 종목 코드의 가격 정보를 수집하는 모듈을 만들었습니다.

다음 절에서는 트레이딩을 위한 증권사 API를 구현하고, 간단한 트레이딩 시나리오를 생각해 본 다음이를 구현해 보겠습니다.

5.3 트레이딩 모듈

이번 절에서는 트레이딩을 위한 증권사 API를 추가로 구현합니다. 필요한 API는 계좌 정보 API 및 주식 주문, 주문 체결현황이 있습니다. API를 구현한 다음 간단한 트레이딩 시나리오를 생각해 보고 이를 구현까지 해보겠습니다.

계좌 정보 API

이번 절에서는 계좌와 관련된 API를 구현합니다. 첫 번째로는 계좌의 예수금, 주문가능금액, 총평가 등계좌 정보와 관련된 API를 구현합니다. 두 번째로는 계좌에서 보유하고 있는 종목에 관한 정보를 조회하는 API를 구현합니다.

API는 앞서 3장에서 구현한 stock-lab/stocklab/agent/ebest.py 파일의 EBest 클래스에 추가로 구현합니다.

먼저 계좌의 예수금, 주문가능금액, 총평가를 구하는 TR은 CSPAQ12200입니다. 전체 코드는 다음과 같습니다.

예제 5.4 계좌 금액을 조회하는 API (stock-lab/stocklab/agent/ebest.py)

```python
def get_account_info(self):
    """TR: CSPAQ12200 현물계좌 예수금/주문가능금액/총평가
    :return result:list Field CSPAQ12200 참고
    """
    in_params = {"RecCnt":1, "AcntNo": self.account, "Pwd": self.passwd}
    out_params =["MnyOrdAbleAmt", "BalEvalAmt", "DpsastTotamt", "InvstOrgAmt", "InvstPlAmt",
"Dps"]
    result = self._execute_query("CSPAQ12200",
                                 "CSPAQ12200InBlock1",
                                 "CSPAQ12200OutBlock2",
                                 *out_params,
                                 **in_params)
    return result
```

계좌 금액 조회에 필요한 매개변수는 계좌정보(self.account)와 비밀번호(self.passwd)만 있으면 됩니다. 조회할 필드는 50개가 넘기 때문에 DevCenter를 참고해 필요한 필드만 지정합니다. 이 예제에서는 현금주문가능금액(MnyOrdAbleAmt), 잔고평가금액(BalEvalAmt), 투자원금(InvstOrgAmt), 투자손익금액(InvstPlAmt), 예수금(Dps) 정도만 조회하겠습니다. 앞서 3장에서 영문 필드명을 한글 필드명으로 변환하기 위해 만들었던 Field 클래스에 변환 정보를 추가해야 합니다. 지면 관계상 필드명이 많기 때문에 사용하는 필드명만 표시했습니다. 실제 샘플 코드에는 모든 필드가 나와 있습니다.

예제 5.5 계좌 금액의 필드명 (stock-lab/stocklab/agent/ebest.py)

```python
class Field:
    ... 생략 ...
    CSPAQ12200 = {
        "CSPAQ12200OutBlock2":{
            "MnyOrdAbleAmt":"현금주문가능금액",
            "BalEvalAmt":"잔고평가금액",
            "InvstOrgAmt":"투자원금",
            "InvstPlAmt":"투자손익금액",
            "Dps":"예수금"
        }
    }
```

다음은 테스트 케이스를 추가하겠습니다. 기존의 파일에 추가하도록 합니다.

예제 5.6 계좌 금액 API의 테스트 케이스 (stock-lab/tests/test-agent_ebest.py)

```python
def test_get_account_info(self):
    result = self.ebest.get_account_info()
    assert result is not None
    print(result)
```

다음과 같이 테스트 케이스를 실행합니다.

(stocklab) C:\stock-lab>python -m unittest tests.test_agent_ebest

문제가 없다면 다음과 같이 결과를 확인할 수 있습니다.

[{'현금주문가능금액': '499481310', '잔고평가금액': '2590000', '예탁자산총액': '499987473', '투자원금': '0', '투자손익금액': '0', '예수금': '500000000'}]

이어서 계좌의 보유 주식 종목을 조회할 수 있는 API를 구현하겠습니다. TR은 CSPAQ12300입니다. 여기서 in_params로 넘겨줘야 하는 매개변수는 계좌(self.account)와 비밀번호(Pwd) 외에 추가로 몇 가지가 더 있습니다. 매개 변수 정보는 다음과 같습니다.

표 5.1 계좌 종목을 조회하는 API의 매개변수

매개변수 명	설명	값
BalCreTp	잔고생성구분	0: 전체 1: 현물 9: 선물대용
CmsnAppTpCode	수수료적용구분	0: 평가시 수수료 미적용 1: 평가시 수수료 적용
D2balBaseQryTp	예수금 D+2day 잔고기준조회구분	0: 전부 조회 1: D2잔고 0이상만 조회
UprcTpCode	단가구분	0: 평균 단가 1: BEP 단가

계좌의 보유 주식 종목을 조회하는 전체 코드는 다음과 같습니다.

예제 5.7 계좌의 보유 주식 종목을 조회하는 API　　　　　　　　(stock–lab/stocklab/agent/ebest.py)

```python
    def get_account_stock_info(self):
        """TR: CSPAQ12300 현물계좌 잔고내역 조회
        :return result:list 계좌 보유 종목 정보
        """
        in_params = {"RecCnt": 1, "AcntNo": self.account, "Pwd": self.passwd, "BalCreTp": "0",
"CmsnAppTpCode": "0", "D2balBaseQryTp": "0", "UprcTpCode": "0"}
        out_params =["IsuNo", "IsuNm", "BalQty", "SellPrc", "BuyPrc", "NowPrc", "AvrUprc",
"BalEvalAmt", "PrdayCprc"]
        result = self._execute_query("CSPAQ12300",
                                    "CSPAQ12300InBlock1",
                                    "CSPAQ12300OutBlock3",
                                    *out_params,
                                    **in_params)
        return result
```

조회할 필드는 종목번호(IsuNo), 종목명(IsuNm), 매매기준잔고수량(BnsBaseBalQty), 현재가 (NowPrc), 평균단가(AvrUprc)로 하겠습니다. 조회 가능한 필드가 많은 관계로 그 외에 필요한 필드 는 DevCenter를 확인합니다. 또한 영문 필드명을 한글로 변환하기 위해 Field 클래스에 변환 정보를 추가합니다.

예제 5.8 계좌 종목 정보의 필드명　　　　　　　　　　　　　　(stock–lab/tests/test–agent_ebest.py)

```python
class Field:
    CSPAQ12300 = {
        "CSPAQ12300OutBlock3":{
            "IsuNo":"종목번호",
            "IsuNm":"종목명",
            "BnsBaseBalQty":"매매기준잔고수량",
            "NowPrc":"현재가",
            "AvrUprc":"평균단가"
        }
    }
```

다음은 테스트 케이스를 추가합니다.

```python
def test_get_account_stock_info(self):
    result = self.ebest.get_account_stock_info()
    assert result is not None
    print(result)
```

동일한 방법으로 테스트 케이스를 실행합니다.

```
(stocklab) C:\stock-lab>python -m unittest tests.test_agent_ebest
```

문제가 없다면 다음과 같이 결과를 확인할 수 있습니다.

```
[{'종목번호': 'A005930', '종목명': '삼성전자', '매매기준잔고수량': '56', '현재가': '46250.00', '평균단가': '46311.61'}]
```

이번 절에서는 계좌 정보 조회에 필요한 API를 구현했습니다. 계좌 정보 조회와 관련된 TR은 현물계좌 예수금/주문가능금액/총평가(CSPAQ12200), 현물계좌 잔고내역 조회(CSPAQ12300), 현물계좌 주문체결내역 조회(CSPAQ13700)가 있습니다. 이중 두 가지를 구현했으며 CSPAQ13700은 다음 절에서 주식 체결/미체결(t0425)로 대신 구현해 보겠습니다.

다음 절에서는 주식 주문과 관련된 API를 구현하겠습니다.

주식 주문 API

이번 절에서는 주식을 주문(CSPAT00600) 및 취소(CSPAT00800)하고 체결/미체결(t0425)을 확인할 수 있는 API를 구현하겠습니다.

먼저 주식 주문에 사용하는 CSPAT00600의 매개변수에 대해 알아보겠습니다.

표 5.2 현물 정상 주문 API의 매개변수

매개변수 명	설명	값
AcntNo	계좌 번호	
InptPwd	입력 비밀번호	
IsuNo	종목 번호	005930
OrdQty	주문 수량	10
OrdPrc	주문가	46000
BnsTpCode	매매 구분	1: 매도 2: 매수
OrdprcPtnCode	호가 유형 코드	00:지정가 03:시장가 05:조건부 지정가 06:최유리 지정가 07:최우선 지정가 61:장개시 전 시간외 종가 81:시간외 종가 82:시간외 단일가
MgntrnCode	신용 거래 코드	000:보통 003:유통/자기 융자 신규 005:유통 대주 신규 007:자기 대주 신규 101:유통 융자 상환 103:자기 융자 상환 105:유통 대주 상환 107:자기 대주 상환 180:예탁 담보 대출 상환(신용)
LoadDt	대출일	없음
OrdCndiTpCode	주문 조건 구분	0:없음 1:IOC 2:FOK

메서드 명은 order_stock으로 정의하며 code, qty, price, bns_type, order_type으로 각 TR에 넘겨
주기 위한 값을 받습니다.

```python
    def order_stock(self, code, qty, price, bns_type, order_type):
        """TR: CSPAT00600 현물 정상 주문
        :param bns_type:str 매매타입, 1:매도, 2:매수
        :prarm order_type:str 호가유형,
            00:지정가, 03:시장가, 05:조건부지정가, 07:최우선지정가
            61:장개시전시간외 종가, 81:시간외종가, 82:시간외단일가
        :return result:dict 주문 관련 정보
        """
        in_params = {"AcntNo":self.account, "InptPwd":self.passwd, "IsuNo":code, "OrdQty":qty,
                    "OrdPrc":price, "BnsTpCode":bns_type, "OrdprcPtnCode":order_type,
"MgntrnCode":"000",
                    "LoanDt":"", "OrdCndiTpCode":"0"}
        out_params = ["OrdNo", "OrdTime", "OrdMktCode", "OrdPtnCode", "ShtnIsuNo", "MgempNo",
"OrdAmt", "SpotOrdQty", "IsuNm"]

        result = self._execute_query("CSPAT00600",
                                    "CSPAT00600InBlock1",
                                    "CSPAT00600OutBlock2",
                                    *out_params,
                                    **in_params)
        return result
```

출력할 블럭은 OutBlock2의 주문번호(OrdNo), 주문시각(OrdTime), 주문시장코드(OrdMktCode), 주문유형코드(OrdPtnCode), 주문금액(OrdAmt), 실물주문수량(SpotOrdQty), 종목명(IsuNm) 입니다. 추가로 필요한 필드는 DevCenter를 참고해 추가합니다. 또한 필드를 한글로 변환하기 위해 Field 클래스에 변환 정보를 추가합니다.

```python
class Field:
    CSPAT00600 = {
        ....
        "CSPAT00600OutBlock2":{
            "RecCnt":"레코드갯수",
            "OrdNo":"주문번호",
            "OrdTime":"주문시각",
```

```
            "OrdMktCode":"주문시장코드",
            "OrdPtnCode":"주문유형코드",
            "ShtnIsuNo":"단축종목번호",
            "MgempNo":"관리사원번호",
            "OrdAmt":"주문금액",
            "SpareOrdNo":"예비주문번호",
            "CvrgSeqno":"반대매매일련번호",
            "RsvOrdNo":"예약주문번호",
            "SpotOrdQty":"실물주문수량",
            "RuseOrdQty":"재사용주문수량",
            "MnyOrdAmt":"현금주문금액",
            "SubstOrdAmt":"대용주문금액",
            "RuseOrdAmt":"재사용주문금액",
            "AcntNm":"계좌명",
            "IsuNm":"종목명"
        }
    }
```

다음은 테스트 케이스를 추가합니다.

예제 5.12 현물 정상 주문의 테스트 케이스 (stock-lab/tests/test_agent_ebest.py)

```python
def test_order_stock(self):
    print(inspect.stack()[0][3])
    result = self.ebest.order_stock("005930", "2", "50000", "2", "00")
    assert result
    print(result)
```

지금까지와 같은 방법으로 테스트 케이스를 실행합니다.

*(stocklab) C:\stock-lab>***python -m unittest tests.test_agent_ebest***

문제가 없다면 다음과 같이 결과를 확인할 수 있습니다.

[{'주문번호': '4', '주문시각': '214944941', '주문시장코드': '40', '주문유형코드': '02', '단축종목번호': '005930', '관리사원번호': '', '주문금액': '92000', '실물주문수량': '0', '종목명': ''}]

다음은 현물 취소 주문(CSPAT00800)입니다. 주문을 취소하는 order_cancel 메서드에서는 앞서 현물 정상 주문(CSPAT00600)에서 반환받은 주문번호(order_no) 값을 매개변수로 받습니다. 추가로 종목 번호(code)와 취소 수량(qty)도 매개변수로 받습니다.

예제 5.13 현물 취소 주문의 API　　　　　　　　　　　　　　　　　(stock-lab/stocklab/agent/ebest.py)

```python
    def order_cancel(self, order_no, code, qty):
        """TR: CSPAT00800 현물 취소주문
        :param order_no:str 주문번호
        :param code:str 종목코드
        :param qty:str 취소 수량
        :return result:dict 취소 결과
        """
        in_params = {"OrgOrdNo":order_no,"AcntNo":self.account, "InptPwd":self.passwd,
 "IsuNo":code, "OrdQty":qty}
        out_params = ["OrdNo", "PrntOrdNo", "OrdTime", "OrdPtnCode", "IsuNm"]

        result = self._execute_query("CSPAT00800",
                                     "CSPAT00800InBlock1",
                                     "CSPAT00800OutBlock2",
                                     *out_params,
                                     **in_params)
        return result
```

결과로 출력할 필드는 주문번호(OrdNo), 모주문번호(PrntOrdNo), 주문시각(OrdTime), 주문유형 코드(OrdPtnCode), 종목명(IsuNm)입니다. 또한 필드명을 변환하기 위해 Field 클래스에 변환 정보 를 추가합니다.

예제 5.14 현물 취소 주문의 필드명　　　　　　　　　　　　　　　　(stock-lab/stocklab/agent/ebest.py)

```python
class Field:
    ....
    CSPAT00800 = {
        "CSPAT00800OutBlock2":{
            "RecCnt":"레코드갯수",
            "OrdNo":"주문번호",
            "PrntOrdNo":"모주문번호",
            "OrdTime":"주문시각",
```

```
            "OrdMktCode":"주문시장코드",
            "OrdPtnCode":"주문유형코드",
            "ShtnIsuNo":"단축종목번호",
            "PrgmOrdprcPtnCode":"프로그램호가유형코드",
            "StslOrdprcTpCode":"공매도호가구분",
            "StslAbleYn":"공매도가능여부",
            "MgntrnCode":"신용거래코드",
            "LoanDt":"대출일",
            "CvrgOrdTp":"반대매매주문구분",
            "LpYn":"유동성공급자여부",
            "MgempNo":"관리사원번호",
            "BnsTpCode":"매매구분",
            "SpareOrdNo":"예비주문번호",
            "CvrgSeqno":"반대매매일련번호",
            "RsvOrdNo":"예약주문번호",
            "AcntNm":"계좌명",
            "IsuNm":"종목명"
        }
    }
```

다음은 테스트 케이스를 추가합니다.

예제 5.15 현물 취소 주문의 테스트 케이스   (stock-lab/tests/test_agent_ebest.py)

```python
def test_order_cancel(self):
    print(inspect.stack()[0][3])
    result = self.ebest.order_cancel("29515", "A005930", "2")
    assert result
    print(result)
```

여기까지 주식을 주문하고 취소할 수 있는 API를 구현했습니다.

이번에는 주식을 주문하면 주문의 체결/미체결(t0425) 여부를 조회할 수 있는 API를 구현하겠습니다.
이 API는 몇 가지 매개변수를 넘겨줘야 합니다. 전달해야 하는 매개변수에 대해 알아보겠습니다.

매개변수 명	설명	값
accno	계좌번호	
passwd	비밀번호	
expcode	종목번호	
chegb	체결구분	0:전체 1:체결 2:미체결
medosu	매매구분	0:전체 1:매도 2:매수
sortgb	정렬순서	1:주문번호 역순 2:주문번호순
cts_ordno	주문번호	처음 조회 시는 Space 연속 조회 시에는 이전 조회한 OutBlock의 cts_ordno 값으로 설정

t0425는 처음 조회 시 하나의 주문에 대해서 정보를 반환하는 것이 아니라 전달한 종목번호에 대한 주문 이력을 모두 출력합니다. 따라서 우리가 원하는 특정 주문번호만 찾아서 반환하도록 구현하겠습니다. 메서드 명은 order_check로 하며 주문번호(order_no)를 매개변수로 받습니다. 다만 특정 주문번호가 없는 경우에는 전체 주문을 모두 반환하도록 합니다.

주문 체결/미체결을 확인하는 메서드의 전체 코드는 다음과 같습니다.

예제 5.16 주식 체결/미체결 API   (stock-lab/stocklab/agent/ebest.py)

```python
def order_check(self, order_no):
    """TR: t0425 주식 체결/미체결
    :param code:str 종목코드
    :param order_no:str 주문번호
    :return result:dict 주문번호의 체결상태
    """
    in_params = {"accno": self.account, "passwd": self.passwd, "expcode": code,
                "chegb":"0", "medosu":"0", "sortgb":"1", "cts_ordno":" "}
    out_params = ["ordno", "expcode", "medosu", "qty", "price", "cheqty", "cheprice", "ordrem",
"cfmqty", "status", "orgordno", "ordgb", "ordermtd", "sysprocseq", "hogagb", "price1", "orggb",
"singb", "loandt"]
```

```python
        result_list = self._execute_query("t0425",
                                           "t0425InBlock",
                                           "t0425OutBlock1",
                                           *out_params,
                                           **in_params)

        result = {}
        if order_no is not None:
            for item in result_list:
                if item["주문번호"] == order_no:
                    result = item
            return result
        else:
            return result_list
```

_execute_query로 반환받은 리스트에서 주문번호가 전달받은 매개변수와 동일한 항목만 찾아서 반환합니다. 추가로 필드명 변환을 위해 Field 클래스에 t0425를 추가합니다.

예제 5.17 주식 체결/미체결의 필드명   (stock-lab/stocklab/agent/ebest.py)

```python
class Field:
    ....
    t0425 ={
        "t0425OutBlock1":{
            "ordno":"주문번호",
            "expcode":"종목번호",
            "medosu":"구분",
            "qty":"주문수량",
            "price":"주문가격",
            "cheqty":"체결수량",
            "cheprice":"체결가격",
            "ordrem":"미체결잔량",
            "cfmqty":"확인수량",
            "status":"상태",
            "orgordno":"원주문번",
            "ordgb":"유형",
            "ordtime":"주문시간",
            "ordermtd":"주문매체",
```

```
                "sysprocseq":"처리순번",
                "hogagb":"호가유형",
                "price1":"현재가",
                "orggb":"주문구분",
                "singb":"신용구분",
                "loandt":"대출일자"
        }
    }
```

다음은 테스트 케이스를 추가합니다. order_check는 order_buy나 order_sell에서 반환받은 값을 order_check에 주문번호 인자로 전달해야합니다.

예제 5.18 주식 체결/미체결의 테스트 케이스   (stock-lab/tests/test_agent_ebest.py)

```
    def test_order_check(self):
        print(inspect.stack()[0][3])
        result = self.ebest.order_check("29515")
        assert result
        print(result)
```

주식 체결/미체결을 확인할 수 있는 TR은 t0425 외에 현물 계좌 주문체결내역 조회(CSPAQ13700)가 있습니다. 예제 코드에서는 order_check2로 구현돼 있습니다.

다음은 주식 현재가 호가 조회(t1101) 메서드를 구현하겠습니다. 이 TR은 매 주문마다 종목의 호가를 확인하기 위한 메서드로 자주 사용하게 됩니다. 또한, Field 클래스의 t1101에 한글 필드에 대한 정보를 추가합니다.

예제 5.19 주식 현재가 호가 조회의 API   (stock-lab/stocklab/agent/ebest.py)

```
    def get_current_call_price_by_code(self, code=None):
        """TR: t1101 주식 현재가 호가 조회
        :param code:str 종목코드
        """
        tr_code = "t1101"
        in_params = {"shcode": code}
        out_params =["hname", "price", "sign", "change", "diff", "volume",
            "jnilclose", "offerho1","bidho1", "offerrem1", "bidrem1",
            "offerho2","bidho2", "offerrem2", "bidrem2",
```

```python
                    "offerho3","bidho3", "offerrem3", "bidrem3",
                    "offerho4","bidho4", "offerrem4", "bidrem4",
                    "offerho5","bidho5", "offerrem5", "bidrem5",
                    "offerho6","bidho6", "offerrem6", "bidrem6",
                    "offerho7","bidho7", "offerrem7", "bidrem7",
                    "offerho8","bidho8", "offerrem8", "bidrem8",
                    "offerho9","bidho9", "offerrem9", "bidrem9",
                    "offerho10","bidho10", "offerrem10", "bidrem10",
                    "preoffercha10", "prebidcha10", "offer", "bid",
                    "preoffercha", "prebidcha", "hotime", "yeprice", "yevolume",
                    "yesign", "yechange", "yediff", "tmoffer", "tmbid", "ho_status",
                    "shcode", "uplmtprice", "dnlmtprice", "open", "high", "low"]

        result = self._execute_query("t1101",
                                     "t1101InBlock",
                                     "t1101OutBlock",
                                     *out_params,
                                     **in_params)

        for item in result:
            item["code"] = code

        return result

class Field:
    … 생략 …
    t1101 = {
        "t1101OutBlock":{
            "hname":"한글명",
            "price":"현재가",
            "sign":"전일대비구분",
            "change":"전일대비",
            "diff":"등락율",
            "volume":"누적거래량",
            "jnilclose":"전일종가",
            "offerho1":"매도호가1",
            "bidho1":"매수호가1",
            "offerrem1":"매도호가수량1",
            "bidrem1":"매수호가수량1",
```

```
                ··· 생략 ···
                "uplmtprice":"상한가",
                "dnlmtprice":"하한가",
                "open":"시가",
                "high":"고가",
                "low":"저가"
            }
        }
```

주식 현재가 호가 조회의 API에 대한 테스트 케이스를 작성합니다.

예제 5.20 **주식 현재가 호가 조회 API의 테스트 케이스**   (stock-lab/tests/test_agent_ebest.py)

```python
    def test_get_current_call_price_by_code(self):
        print(inspect.stack()[0][3])
        result = self.ebest.get_current_call_price_by_code("005930")
        assert result
        print(result)
```

다음과 같이 테스트 파일을 실행합니다.

*(stocklab) C:\stock-lab>***python -m unittest tests.test_agent_ebest**

문제가 없다면 다음과 같이 현재가 호가 결과가 출력됩니다.

```
[{'한글명': '삼성전자', '현재가': '47200', '전일대비구분': '2', '전일대비': '400', '등락율': '0.85', '
누적거래량': '9009109', '전일종가': '46800', '매도호가1': '47200', '매수호가1': '47150', '매도호가수
량1': '1790', '매수호가수량1': '4737', '매도호가2': '47250', '매수호가2': '47100', '매도호가수량2':
'276127', '매수호가수량2': '33166', '매도호가3': '47300', '매수호가3': ...
'동시구분': '2', '단축코드': '005930', '상한가': '60800', '하한가': '32800', '시가': '46800', '고가':
'47300', '저가': '46600', 'code': '005930'}]
```

이어서 호가 단위를 확인할 수 있는 메서드를 구현하겠습니다. 주식의 가격에 따라 호가 단위가 다르기 때문에 주식을 주문하려면 호가 단위를 확인할 수 있는 메서드를 추가로 구현해야 합니다. 코스닥 호가 단위[5] 및 코스피 호가 단위[6]는 한국거래소에서 확인할 수 있습니다.

---

5   http://regulation.krx.co.kr/contents/RGL/03/03020100/RGL03020100.jsp

6   http://regulation.krx.co.kr/contents/RGL/03/03010100/RGL03010100.jsp#8339ae36256c1f6cffd910cd71e4dc85=3

표 5.4 시장별 호가 단위

시장	범위	호가 단위
코스닥	1,000원 미만	1원
	1,000원 이상 5,000원 미만	5원
	10,000원 이상 50,000원 미만	50원
	50,000원 이상	100원
코스피	50,000원 이상 100,000원 미만	100원
	100,000원 이상 500,000원 미만	500원

코스닥은 코스피 호가 단위에 포함되기 때문에 코스피 기준으로 구현하겠습니다.

예제 5.21 주식 가격 단위로 호가 단위를 구하는 메서드   (stock-lab/stocklab/agent/ebest.py)

```python
def get_tick_size(self, price):
    """호가 단위 조회 메서드
    :param price:int 가격
    :return 호가 단위
    """
    if price < 1000: return 1
    elif price >=1000 and price < 5000: return 5
    elif price >=5000 and price < 10000: return 10
    elif price >=10000 and price < 50000: return 50
    elif price >=50000 and price < 100000: return 100
    elif price >=100000 and price < 500000: return 500
    elif price >=500000: return 1000
```

if, elif로 범위에 해당하는 호가 단위를 반환하면 됩니다.

여기까지 구현했다면 주식 주문과 관련된 API는 모두 구현을 마쳤습니다. 주문을 정정할 수 있는 CSPAT00700도 있지만 주문을 정정하면 주문번호를 관리하기 복잡해지므로 이번 프로젝트에서는 구현하지 않습니다. 다만 필요하다면 앞서 TR 구현과 동일하게 매개변수만 확인해서 넘겨주면 됩니다.

다음 절에서는 트레이딩 모듈을 구현하기 위한 간단한 시나리오를 작성해보겠습니다.

트레이딩 모듈 구현

이번 절에서는 트레이딩 모듈을 구현하겠습니다. 트레이딩 모듈을 구현하기에 앞서 간단한 동작 시나리오를 생각해 보겠습니다. 수익은 결국 트레이딩의 방법론에 의해 결정 난다고 해도 과언이 아닙니다. 다만 이 프로젝트는 앞서 1장에서 언급했듯이 수익을 얻기 위한 방법을 고민하는 프로젝트는 아니기 때문에 트레이딩 모듈을 구동시킬 수 있을 정도의 간단한 시나리오를 작성한 다음 지금까지 구현한 API를 이용해 트레이딩 모듈을 구현하겠습니다.

트레이딩 모듈에서 구현할 시나리오는 다음과 같습니다.

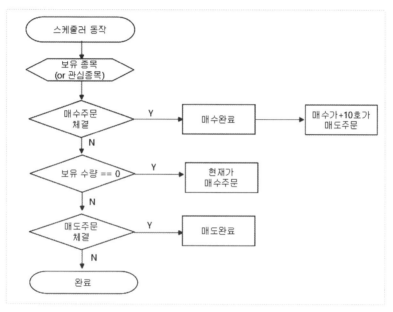

그림 5.9 트레이딩 시나리오

시작은 스케줄러에 의해 동작하게 됩니다. 관심 종목(또는 보유 종목)에 매수 주문이 있는 경우 [매수 주문 체결] 단계에서 현재 매수 주문이 체결 상태인지 확인하고, 매수 주문의 상태가 체결 상태이면 [매수 완료]로 상태를 변경한 다음 [매수가 +10 호가로 매도 주문]을 합니다.

매수 주문이 체결되지 않거나 보유 수량이 없다면 [현재가 매수 주문]을 합니다. 보유 수량이 있을 때에는 매도 주문이 체결됐는지 확인합니다.

간단한 시나리오를 작성했습니다. 그리고 네모 박스의 매수 완료, 매수 주문, 매도 주문, 매도 완료 단계에서는 각 단계의 정보를 MongoDB에 저장하게 됩니다. 최종적으로 거래 정보가 DB에 저장되는 형태는 다음과 같습니다.

code에는 종목 코드가 저장되며 status는 단계별로 상태가 저장됩니다.

각 단계별로 매수주문(buy_ordered), 매수완료(buy_completed), 매도주문(sell_ordered), 매도완료(sell_completed)로 상태가 변경됩니다. 단계별 상태 정보가 변경될 때 증권사에서 반환받은 값은 매수주문, 매수완료, 매도주문, 매도완료를 필드로 저장합니다.

```
{
        "code" : "005930",
        "status" : "sell_completed",
        "매수주문" : {
            ...
        },
        "매수완료" : {
            ...
        },
        "매도주문" : {
            ...
        },
        "매도완료":{
            ...
        }
}
```

그럼 시나리오를 코드로 구현해보겠습니다. 전체 코드는 다음과 같습니다.

예제 5.22 시나리오 구현 코드   ((stock-lab/stocklab/shceduler/trading_5m.py)

```python
import time
from datetime import datetime, timedelta
from apscheduler.schedulers.background import BackgroundScheduler
from stocklab.agent.ebest import EBest
from stocklab.db_handler.mongodb_handler import MongoDBHandler
from multiprocessing import Process

ebest_demo = EBest("DEMO")
ebest_demo.login()
mongo = MongoDBHandler()

def run_process_trading_scenario(code_list):
    p = Process(target=trading_scenario, args=(code_list,))
```

```python
    p.start()
    p.join()
    print("run process join")


def check_buy_completed_order(code):
    """매수완료된 주문은 매도 주문
    """
    buy_completed_order_list = list(mongo.find_items({"$and":[
                                        {"code": code},
                                        {"status": "buy_completed"}
                                    ]},
                                        "stocklab_demo", "order"))
    """매도 주문
    """
    for buy_completed_order in buy_completed_order_list:
        buy_price = buy_completed_order["매수완료"]["주문가격"]
        buy_order_no = buy_completed_order["매수완료"]["주문번호"]
        tick_size = ebest_demo.get_tick_size(int(buy_price))
        print("tick_size", tick_size)
        sell_price = int(buy_price) + tick_size*10
        sell_order = ebest_demo.order_stock(code, "2", str(sell_price), "1", "00")
        print("order_stock", sell_order)
        mongo.update_item({"매수완료.주문번호":buy_order_no},
                    {"$set":{"매도주문":sell_order[0], "status":"sell_ordered"}},
                "stocklab_demo", "order")


def check_buy_order(code):
    """매수주문 완료 체크
    """
    order_list = list(mongo.find_items({"$and":[
                                {"code": code},
                                {"status":"buy_ordered"}]
                            },
                            "stocklab_demo", "order"))
    for order in order_list:
        time.sleep(1)
        code = order["code"]
        order_no = order["매수주문"]["주문번호"]
        order_cnt = order["매수주문"]["실물주문수량"]
```

```python
        check_result = ebest_demo.order_check(order_no)
        print("check buy order result", check_result)
        result_cnt = check_result["체결수량"]
        if order_cnt == result_cnt:
            mongo.update_item({"매수주문.주문번호":order_no},
                              {"$set":{"매수완료":check_result, "status":"buy_completed"}},
                         "stocklab_demo", "order")
            print("매수완료", check_result)
    return len(order_list)


def check_sell_order(code):
    """매도주문 완료 체크"""
    sell_order_list = list(mongo.find_items({"$and":[
                                     {"code": code},
                                     {"status": "sell_ordered"}
                                 ]},
                                     "stocklab_demo", "order"))

    for order in sell_order_list:
        time.sleep(1)
        code = order["code"]
        order_no = order["매도주문"]["주문번호"]
        order_cnt = order["매도주문"]["실물주문수량"]
        check_result = ebest_demo.order_check(order_no)
        print("check sell order result", check_result)
        result_cnt = check_result["체결수량"]
        if order_cnt == result_cnt:
            mongo.update_item({"매도주문.주문번호":order_no},
                        {"$set":{"매도완료":check_result, "status":"sell_completed"}},
                        "stocklab_demo", "order")
            print("매도완료", check_result)

    return len(sell_order_list)


def trading_scenario(code_list):
    for code in code_list:
        time.sleep(1)
        print(code)
        result = ebest_demo.get_current_call_price_by_code(code)
        current_price = result[0]["현재가"]
```

```python
        print("current_price", current_price)
        """매수주문 체결확인
        """
        buy_order_cnt = check_buy_order(code)
        check_buy_completed_order(code)
        if buy_order_cnt == 0:
            """종목을 보유하고 있지 않는 경우 매수
            """
            order = ebest_demo.order_stock(code, "2", current_price, "2", "00")
            print("order_stock", order)
            order_doc = order[0]
            mongo.insert_item({"매수주문":order_doc, "code":code, "status": "buy_ordered"},
                        "stocklab_demo", "order")

        check_sell_order(code)


if __name__ == '__main__':
    scheduler = BackgroundScheduler()
    day = datetime.now() - timedelta(days=4)
    today = day.strftime("%Y%m%d")
    code_list = ["180640", "005930", "091990"]
    print("today:", today)
    scheduler.add_job(func=run_process_trading_scenario,
        trigger="interval", minutes=5, id="demo",
        kwargs={"code_list":code_list})
    scheduler.start()
    while True:
        print("waiting...", datetime.now())
        time.sleep(1)
```

구현은 BackgroundScheduler를 이용하며 실행이 필요한 함수는 프로세스를 생성해 실행합니다. 시작 지점인 __main__부터 살펴보겠습니다. 트레이딩은 3종목에 대해서 수행하겠습니다. 종목 코드는 "180640", "005930", "091990"이며 code_list에 저장합니다. BackgroundScheduler를 생성하고 run_process_trading_scenario에서 트레이딩에 필요한 프로세스를 생성합니다. 트리거는 interval로 5분 주기로 수행되게 합니다. interval 5분 주기는 크론으로 매분 수행한다는 의미와 동일하지만 크론은 매 0분에 시작되는 반면 interval은 프로그램이 시작된 후 5분 뒤 실행되는 차이점이 있습니다. code_list는 kwargs로 run_process_trading_scenario에 넘겨주면 됩니다.

```
if __name__ == '__main__':
    scheduler = BackgroundScheduler()
    day = datetime.now() - timedelta(days=4)
    today = day.strftime("%Y%m%d")
    code_list = ["180640", "005930", "091990"]
    print("today:", today)
    scheduler.add_job(func=run_process_trading_scenario,
        trigger="interval", minutes=5, id="demo",
        kwargs={"code_list":code_list})
    scheduler.start()
    while True:
        print("waiting...", datetime.now())
        time.sleep(1)
```

다음은 run_process_trading_scenario입니다. code_list를 매개변수로 받고 별도의 프로세스를 생성하는 역할을 하며, 이 프로세스는 trading_scenario를 수행합니다. trading_scenario에도 code_list를 args로 전달합니다. p.start()로 process를 수행하고 p.join()으로 해당 프로세스가 끝날 때까지 기다립니다.

```
def run_process_trading_scenario(code_list):
    p = Process(target=trading_scenario, args=(code_list,))
    p.start()
    p.join()
    print("run process join")
```

다음은 프로세스가 수행하는 trading_scenario에 대해서 알아보겠습니다. 매개변수로 전달받은 code_list를 for 문으로 반복 수행합니다. 먼저 코드별로 현재 호가를 확인하기 위해 current_call_price_by_code 메서드를 수행합니다. 결과에서 첫 번째 row의 ["현재가"]를 current_price에 저장합니다.

```
def trading_scenario(code_list):
    for code in code_list:
        time.sleep(1)
        print(code)
        result = ebest_demo.get_current_call_price_by_code(code)
        current_price = result[0]["현재가"]
        print("current price", current_price)
```

다음으로 check_buy_order에서는 현재 매수 주문의 상태를 체크하고 매수 주문의 수량을 돌려받습니다. check_buy_completed_order는 매수 완료된 주문에 대해서 +10호가로 매도 주문을 합니다. 이 부분은 뒤에서 다시 살펴보겠습니다.

앞서 저장한 매수 주문의 수량이 0이면 현재가에 매수 주문을 하고 mongo.insert_item을 이용해 매수 주문 정보를 저장합니다. 다음은 check_sell_order로 매도 주문에 대한 상태를 체크합니다. 앞서 작성한 순서도의 전체 흐름은 이렇게 완료됐습니다.

```python
buy_order_cnt = check_buy_order(code)
check_buy_completed_order(code)
if buy_order_cnt == 0:
    """종목을 보유하고 있지 않는 경우 매수
    """
    order = ebest_demo.order_stock(code, "2", current_price, "2", "00")
    print("order_stock", order)
    order_doc = order[0]
    mongo.insert_item({"매수주문":order_doc, "code":code, "status": "buy_ordered"},
                "stocklab_demo", "order")
check_sell_order(code)
```

이어서 check_buy_order, check_buy_completed_order, check-sell_order에 대해서 살펴보겠습니다.

먼저 check_buy_order를 보겠습니다. MongoDB에서 code에 대한 매수주문(buy_ordered) 데이터를 가져옵니다.

```python
def check_buy_order(code):
    """매수주문 완료 체크
    """
    order_list = list(mongo.find_items({"$and":[
                                    {"code": code},
                                    {"status":"buy_ordered"}]
                                },
                            "stocklab_demo", "order"))
```

결과(order_list)에 대해 order_check 메서드를 이용해 체결 수량이 주문 수량과 동일한지 확인하고, 같으면 매수 완료로 MongoDB에 해당 주문에 대한 정보를 업데이트합니다.

```
for order in order_list:
    time.sleep(1)
    code = order["code"]
    order_no = order["매수주문"]["주문번호"]
    order_cnt = order["매수주문"]["실물주문수량"]
    check_result = ebest_demo.order_check(order_no)
    print("check buy order result", check_result)
    result_cnt = check_result["체결수량"]
    if order_cnt == result_cnt:
        mongo.update_item({"매수주문.주문번호":order_no},
                          {"$set":{"매수완료":check_result, "status":"buy_completed"}},
                          "stocklab_demo", "order")
        print("매수완료", check_result)
return len(order_list)
```

check_buy_completed_order를 보겠습니다. 매수완료(buy_completed) 데이터를 가져옵니다.

```
def check_buy_completed_order(code):
    """매수완료된 주문은 매도 주문
    """
    buy_completed_order_list = list(mongo.find_items({"$and":[
                                        {"code": code},
                                        {"status": "buy_completed"}
                                    ]},
                                    "stocklab_demo", "order"))
    """
```

가져온 항목에 대해서 수량만큼 +10호가로 매도주문을 합니다.

```
for buy_completed_order in buy_completed_order_list:
    buy_price = buy_completed_order["매수완료"]["주문가격"]
    buy_order_no = buy_completed_order["매수완료"]["주문번호"]
    tick_size = ebest_demo.get_tick_size(int(buy_price))
    print("tick_size", tick_size)
    sell_price = int(buy_price) + tick_size*10
    sell_order = ebest_demo.order_stock(code, "2", str(sell_price), "1", "00")
    print(sell_order)
    mongo.update_item({"매수완료.주문번호":buy_order_no}, {"$set":{"매도주문":sell_order[0]}},
    "stocklab_demo", "order")
```

다음은 check_sell_order입니다. 이 부분은 매도주문이 수량만큼 체결됐는지 확인하고, 체결됐다면 매도 완료로 체결 정보를 저장합니다. 먼저 매도주문(sell_ordered)을 가져옵니다.

```python
def check_sell_order(code):
    """매도주문 완료 체크"""
    sell_order_list = list(mongo.find_items({"$and":[
                                            {"code": code},
                                            {"status": "sell_ordered"}
                                          ]},
                                            "stocklab_demo", "order"))
```

가져온 데이터에 대해서 order_check를 이용해 체결 수량을 확인하고, 체결됐다면 sell_completed 로 업데이트합니다.

```python
    for order in sell_order_list:
        time.sleep(1)
        code = order["code"]
        order_no = order["매도주문"]["주문번호"]
        order_cnt = order["매도주문"]["실물주문수량"]
        check_result = ebest_demo.order_check(order_no)
        print("check sell order result", check_result)
        result_cnt = check_result["체결수량"]
        if order_cnt == result_cnt:
            mongo.update_item({"매도주문.주문번호":order_no},
                        {"$set":{"매도완료":check_result, "status":"sell_completed"}},
                        "stocklab_demo", "order")
            print("매도완료", check_result)
    return len(sell_order_list)
```

지금까지 간단한 시나리오를 기반으로 트레이딩 로직을 구현해 봤습니다. 다만 여기서 미체결 주문에 대한 관리는 별도로 하지 않고 있기 때문에 보완이 필요할 수 있습니다.

다음은 이 시나리오를 실행하고 MongoDB에 저장된 데이터를 살펴보겠습니다. 다음과 같이 실행합니다.

```
(stocklab) C:\stock-lab>python -m stocklab.scheduler.trading_5m
```

mongo를 실행해 database를 확인해보겠습니다.

```
mongo
```

database를 선택한 다음 order 컬렉션을 조회합니다.

```
use stocklab_demo
db.order.find()
```

다음과 같이 주문에 대한 정보가 저장된 모습을 확인할 수 있습니다. 각 단계별로 거래 정보 데이터가 저장되는 것을 확인할 수 있습니다.

```
> db.order.find().pretty()
{
        "_id" : ObjectId("5d5a15b76c9add6c69565271"),
        "매수주문" : {
                "주문번호" : "17863",
                "주문시각" : "122126187",
                "주문시장코드" : "10",
                "주문유형코드" : "00",
                "단축종목번호" : "A180640",
                "관리사원번호" : "",
                "주문금액" : "57200",
                "실물주문수량" : "2",
                "종목명" : "한진칼"
        },
        "code" : "180640",
        "status" : "sell_ordered",
        "매수완료" : {
                "주문번호" : "17863",
                "종목번호" : "180640",
                "구분" : "매수",
                "주문수량" : "2",
                "주문가격" : "28600",
                "체결수량" : "2",
                "체결가격" : "28600",
                "미체결잔량" : "0",
                "확인수량" : "0",
                "상태" : "체결",
```

```
            "원주문번" : "0",
            "유형" : "보통",
            "주문매체" : "XING API",
            "처리순번" : "13196",
            "호가유형" : "00",
            "현재가" : "28600",
            "주문구분" : "02",
            "신용구분" : "00",
            "대출일자" : ""
        },
        "매도주문" : {
            "주문번호" : "17940",
            "주문시각" : "122148478",
            "주문시장코드" : "10",
            "주문유형코드" : "00",
            "단축종목번호" : "A180640",
            "관리사원번호" : "",
            "주문금액" : "58200",
            "실물주문수량" : "2",
            "종목명" : "한진칼"
        }
    },
    ...
```

이번 절에서는 트레이딩 시나리오에 대한 구현을 토대로 자신만의 전략을 수립하고 실제로 구동까지 해봤습니다. 모의투자이기 때문에 손익 여부와 상관없이 마음껏 구동해볼 수 있습니다. 다만 모의 투자는 실제 시장 거래시간에만 동작하므로 개발한 로직을 테스트해 볼 수 있는 시간이 부족한 점이 있습니다. 다음 절에서는 이런 부분을 보완하기 위해 24시간 가상 체결 시스템을 기반으로 백테스팅을 할 수 있는 Xing ACE에 대해서 알아보겠습니다.

5.4 백테스팅

과거 데이터로 트레이딩 시스템의 성능을 평가하는 것을 백테스팅이라고 합니다. 백테스팅은 과거 데이터를 이용해 트레이딩 알고리즘을 테스트해 볼 수 있기 때문에 어느 정도 알고리즘의 성능을 평가해 볼 수 있지만, 절대적으로 성능을 신뢰할 수는 없습니다. 미래의 가격이 과거의 가격과 같은 패턴으로 발생하지 않기 때문입니다. 하지만 백테스팅은 알고리즘의 성능을 평가해 볼 수 있는 기준이 된다는 점에서 반드시 해봐야 하는 중요한 단계입니다.

전통적으로 백테스팅에 많이 사용되는 파이썬 오픈소스로는 zipline[7] 이 있습니다. 그리고 xingAPI에서 제공하는 xingACE[8]가 있습니다. xingACE는 xingAPI를 설치하면 함께 설치되는 프로그램으로 백테스팅을 지원하는 프로그램입니다. xingAPI는 모의투자 환경이 있기 때문에 장중에는 모의투자 서버를 이용해 테스트를 해 볼 수 있지만 과거의 데이터를 이용할 수는 없습니다.

이번 장에서는 과거의 데이터를 이용해 현재의 로직을 백테스팅할 수 있는 방법을 알아보겠습니다. 먼저 과거 데이터를 조회하기 위한 API를 구현하고, 구현한 API를 이용해 1분 단위로 가격 정보를 얻습니다. 그다음 가격 정보를 이용해 매수, 매도 주문을 합니다.

각 분마다 가져온 가격 정보를 매수, 매도 주문의 가격과 비교해서 주문이 체결되면 주문이 완료되도록 처리합니다.

이 과정을 매분 단위로 수행하고, 트레이딩 로직을 수행한 결과와 체결된 정보를 이용해 수익을 계산해 보겠습니다.

과거 데이터 조회 API

먼저 과거 데이터를 조회하기 위한 API를 추가합니다. TR코드는 t8412 주식차트(N분)입니다. 구현 방법은 다른 TR코드와 동일합니다. 매개변수 정보를 DevCenter에서 확인합니다.

표 5.5 t8412의 매개변수 정보

리소스(res)	인블록명 (in_block_name)	아웃블록명 (out_block_name)	출력필드 (out_fields)	인블록 필드 (set_fields)
t8412	t1305InBlock	t1305OutBlock1	date, time, open, high, low, close, jdiff_vol, value	shcode sdate edate

t8412는 sdate, edate를 이용해 며칠에 걸친 데이터를 연속적으로 받을 수 있습니다. 구현의 편의를 위해 1일 9시~15시 30분 데이터를 이용할 수 있게 하겠습니다. 매개변수를 이용해 코드를 구현합니다. 먼저 전체 코드를 보겠습니다.

---

7 http://www.zipline.io/

8 http://www.ebestsec.co.kr/apiguide/guide.jsp?cno=1000

ncnt(1), qrycnt(500), nday(1), stime(090000), etime(153000), cts_date(00000000), cts_time(0000000000)은 1일치 데이터를 기준으로 정해진 값을 입력하고, sdate와 edate에는 메서드의 매개변수로 전달받은 date 값을 전달합니다. tick에는 09시 데이터가 0이 되며 09시 데이터 이후로 1씩 증가하면 1분 뒤 가격 정보를 반환하도록 합니다.

예제 5.23 t8412 주식차트(N분)의 메서드　　　　　　　　　　　　　　　　　　　　((stock-lab/stocklab/agent/ebest.py)

```python
def get_price_n_min_by_code(self, date, code, tick=None):
    """TR: t8412 주식차트(N분)
    :param code:str 종목코드
    :param date:str 시작시간
    :return result:dict 하루치 분당 가격 정보
    """
    in_params = {"shcode":code,"ncnt":"1", "qrycnt":"500", "nday":"1", "sdate":date,
"stime":"090000", "edate":date, "etime":"153000", "cts_date":"00000000", "cts_time":"0000000000",
"comp_yn":"N"}
    out_params = ["date", "time", "open", "high", "low", "close", "jdiff_vol", "value"]

    result_list = self._execute_query("t8412",
                                      "t8412InBlock",
                                      "t8412OutBlock1",
                                      *out_params,
                                      **in_params)
    result = {}
    for idx, item in enumerate(result_list):
        result[idx] = item
    if tick is not None:
        return result[tick]
    return result
```

앞서 예제 3.8에서 작성한 Field 클래스에 t8412 항목의 변환 정보를 추가합니다.

예제 5.24 t8412 주식차트(N분)의 필드 정보　　　　　　　　　　　　　　　　　(stock-lab/stocklab/agent/ebest.py)

```python
class Field:
    ...
    t8412 = {
        "t8412OutBlock1":{
```

```
            "date":"날짜",
            "time":"시간",
            "open":"시가",
            "high":"고가",
            "low":"저가",
            "close":"종가",
            "jdiff_vol":"거래량",
            "value":"거래대금",
            "jongchk":"수정구분",
            "rate":"수정비율",
            "sign":"종가등락구분"
        }
    }
```

테스트 케이스를 추가하겠습니다. tick이 없을 때에는 요청한 날의 모든 가격 정보를 반환하며 tick이 있을 때는 9시를 기준으로 몇 분 뒤 가격 정보를 반환하는 두 가지 테스트 케이스를 추가하겠습니다.

예제 5.25 t8412의 테스트 케이스   (stock-lab/tests/test_agent_ebest.py)

```python
def test_get_price_n_min_by_code(self):
    print(inspect.stack()[0][3])
    result = self.ebest.get_price_n_min_by_code("20190412", "180640")
    assert result
    print(result)

def test_get_price_n_min_by_code_tick(self):
    print(inspect.stack()[0][3])
    result = self.ebest.get_price_n_min_by_code("20190412", "005930", 0)
    assert result
    print(result)
```

다음과 같이 테스트 케이스를 실행합니다.

  (stocklab) C:\stock-lab>python -m unittest tests.test_agent_ebest

문제가 없다면 다음과 같이 테스트 데이터에 대한 결과를 확인할 수 있습니다.

```
test_get_price_n_min_by_code
{0: {'날짜': '20190412', '시간': '090100', '시가': '34700', '고가': '34950', '저가': '34650', '종가':
'34900', '거래량': '175549', '거래대금': '6098'}, 1: {'날짜': '20190412', '시간': '090200', '시가':
'34900', '고가': '34950', '저가': '34700', '종가': '34800', '거래량': '88788', '거래대금': '3091'},
2: {'날짜': '20190412', '시간': '090300', '시가': '34750', '고가': '34800', '저가': '34050', '종가':
'34150', '거래량': '105810', '거래대금': '3642'},
...

test_get_price_n_min_by_code_tick
{'날짜': '20190412', '시간': '090100', '시가': '46050', '고가': '46100', '저가': '46050', '종가':
'46100', '거래량': '152549', '거래대금': '7025'}
```

지금까지 과거 데이터를 조회할 수 있는 API 구현을 완료했습니다. 이미 시스템에 MongoDB를 구성했기 때문에 필요에 따라 데이터베이스에 저장한 후 이용할 수도 있습니다. 하지만 모든 종목에 대한 1분 단위 데이터를 저장하게 되면 디스크 용량이 굉장히 많이 소요됩니다. 필요와 여건에 맞게 구성한 데이터베이스를 활용해보는 것도 하나의 방법이 될 수 있습니다. 다음 절에서는 이번 절에서 구현한 API를 이용해 트레이딩 로직의 백테스팅을 구현해 보겠습니다.

백테스팅을 위한 xingACE

xingACE는 모의 투자가 실제 장이 열리는 시간에만 테스트할 수 있다는 단점을 보완하기 위해 만들어진 가상거래소입니다. xingAPI를 설치하면 xingACE도 함께 설치됩니다. xingACE를 실행해 보겠습니다. 다음 그림과 같이 접속 화면이 나옵니다. 접속에 사용하는 아이디와 비밀번호, 공인인증은 실서버 계정을 이용해야 합니다. 접속 서버도 실 서버를 이용하게 됩니다.

그림 5.9 xingACE 실행 화면

xingACE로 접속하면 그림 5.10과 같은 화면을 볼 수 있습니다. xingACE는 사용자 프로그램의 주문에 대한 가상 체결을 지원해주는 서버 프로그램입니다. 체결은 주문에 대해서 전량, 하프, 시세, 상대 체결 등을 지정할 수 있습니다. 주문이 체결되면 잔고 내역에 보유 중인 종목의 수량, 평균단가, 평가금액 등을 보여줍니다. [주문내역] 탭에서는 사용자 주문에 대한 체결 정보를 보여줍니다. 이러한 xingACE의 가상 체결로 사용자 프로그램의 로직을 테스트하는 방식입니다.

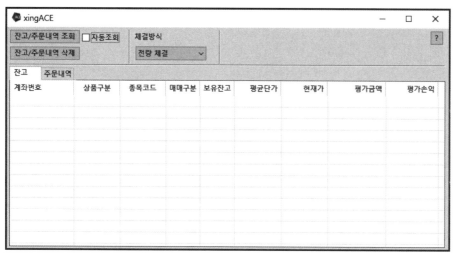

그림 5.10 xingACE 메인 화면

xingACE에 접속하기 위해 conf/config.ini 파일에 접속 정보를 추가하겠습니다. user와 password, cert_passwd 항목 모두 채워줍니다. host는 127.0.0.1로 지정하고, account는 실계좌 정보를 입력해야 합니다.

예제 5.26 xingACE 접속 정보 설정   ((stock-lab/conf/config.ini)

```
[EBEST_ACE]
user=
password=
cert_passwd=
host=127.0.0.1
port=20001
account=2019xxxx(실계좌번호)
```

```
if mode not in ["PROD", "DEMO", "ACE"]:
    raise Exception("Need to run_mode(PROD or DEMO or ACE)")
```

xingACE 이용을 위한 준비를 모두 마쳤습니다. 다음 절에서는 xingACE와 과거 데이터 조회 API를 이용해 백테스팅 로직을 구현하겠습니다.

트레이딩 로직의 백테스팅

이번 절에서는 간단한 로직으로 백테스팅을 진행해 보겠습니다. 먼저 전체 코드를 보겠습니다.

예제 5.28 백테스팅 코드   (stock-lab/stocklab/scheduler/backtesting.py)

```
from multiprocessing import Process
import time
from datetime import datetime, timedelta
import inspect

from apscheduler.jobstores.base import JobLookupError
from apscheduler.schedulers.background import BlockingScheduler, BackgroundScheduler

from stocklab.agent.ebest import EBest
from stocklab.agent.data import Data
from stocklab.db_handler.mongodb_handler import MongoDBHandler

ebest_ace = EBest("ACE")
ebest_ace.login()
mongo = MongoDBHandler()

def run_process_trading_scenario(code_list, date):
    p = Process(target=run_trading_scenario, args=(code_list, date))
    p.start()
    p.join()
    print("run porcess join")

def run_trading_scenario(code_list, date):
    tick = 0
```

```
        print(code_list, date, tick)

    while tick < 20:
        print("ticK:", tick)
        for code in code_list:
            current_price = ebest_ace.get_price_n_min_by_code(date, code, tick)
            print("current price", current_price)
            time.sleep(1)
            buy_order_list = ebest_ace.order_stock(code, "2", current_price["시가"], "2", "00")
            buy_order = buy_order_list[0]
            buy_order["amount"] = 2
            mongo.insert_item(buy_order, "stocklab_test", "order")
            sell_order_list = ebest_ace.order_stock(code, "1", current_price["종가"], "1", "00")
            sell_order = sell_order_list[0]
            sell_order["amount"] = 1
            mongo.insert_item(sell_order, "stocklab_test", "order")
        tick += 1


if __name__ == '__main__':
    scheduler = BackgroundScheduler()
    codes = ["180640", "005930"]
    day = datetime.now() - timedelta(days=4)
    day = day.strftime("%Y%m%d")
    print(day)
    scheduler.add_job(func=run_process_trading_scenario, trigger="date", run_date=datetime.now(),
id="test", kwargs={"code_list":codes, "date":day})
    scheduler.start()
```

이번 백테스팅에서는 180640, 005930 종목에 대해 4일 전 데이터를 기반으로 백테스팅을 진행해 보겠습니다.

4일 전 날짜 정보는 datetime.now()에서 timedelta로 4일을 뺀 날짜를 얻은 다음 포맷을 20190531과 같이 8자리로 변환하기 위해 strftime을 사용합니다.

```
day = datetime.now() - timedelta(days=4)
day = day.strftime("%Y%m%d")
```

기존 APScheduler와 사용법은 동일하지만 트리거(trigger)를 date로 한 번 만 실행할 수 있게 하겠습니다. run_date로 datetime 포맷을 전달하면 되고, 실행 즉시 스케줄이 실행될 수 있게 datetime.now()를 전달합니다. 매개변수는 code_list로 종목이 담긴 리스트를 전달하고 date는 테스트하고자 하는 날짜를 전달합니다.

```
scheduler.add_job(func=run_process_trading_scenario, trigger="date", run_date=datetime.now(),
 id="test", kwargs={"code_list":codes, "date":day})
```

run_process_trading_scenario는 앞서 멀티프로세스로 xingAPI를 실행한 방식과 동일합니다.

앞서 스케줄에서 전달받은 code_list와 date를 매개변수로 받으며 프로세스를 생성합니다. 이 프로세스는 run_trading_scenario를 실행하며 code_list, date를 전달합니다.

```
def run_process_trading_scenario(code_list, date):
    p = Process(target=run_trading_scenario, args=(code_list, date))
    p.start()
    p.join()
    print("run porcess join")
```

프로세스가 실행하게 되는 run_trading_scenario는 code_list와 date를 매개변수로 전달받고 여기서 tick 변수를 생성합니다. 이 tick 변수는 09:00을 0으로 설정하고 과거 데이터를 조회하는 시간 단위로 사용하게 됩니다. 예를 들어 get_price_n_min_by_code에 날짜와 종목번호, tick 0을 전달하면 해당 날짜의 09:00 시의 가격정보를 얻어올 수 있습니다. 10:10분의 tick은 70이 됩니다. 백테스팅은 tick 〈 20 미만으로 09시부터 09:20분까지만 테스트합니다. 물론 380분으로 15:20분까지 6시간 20분 동안 테스트해 볼 수도 있지만 수행 시간이 길어지기 때문에 20분만 테스트 해보겠습니다. 10분 동안 명령어를 실행할 수 있는 횟수에도 제한이 있기 때문에 실제로 380분보다 많은 시간이 소요됩니다.

```
def run_trading_scenario(code_list, date):
    tick = 0
    print(code_list, date, tick)

    while tick 〈 20:
        print("ticK:", tick)
```

tick 한 번에 대해서 각 코드에 대한 과거 가격 정보(get_price_n_by_code)를 조회한 값을 current_price에 저장합니다.

```
for code in code_list:
    current_price = ebest_ace.get_price_n_min_by_code(date, code, tick)
    print("current price", current_price)
```

current_price는 다음과 같이 요청한 날짜의 tick에 해당하는 가격 정보를 반환합니다. tick이 0에서는 09시 00부터 09시 01까지 시가, 고가, 저가, 종가, 거래량, 거래대금을 반환하며 tick 1에서는 다음 분에 대한 거래 정보를 반환합니다.

current price {'날짜': '20190531', '시간': '090100', '시가': '43200', '고가': '43250', '저가': '43150', '종가': '43150', '거래량': '13412', '거래대금': '579'}
...
current price {'날짜': '20190531', '시간': '090200', '시가': '43150', '고가': '43150', '저가': '42900', '종가': '43050', '거래량': '6527', '거래대금': '281'}

이 가격 정보를 이용해서 시가로 2주를 매수하고 1주를 종가에 매도하는 방식으로 간단한 로직을 구현해 보겠습니다. order_stock을 이용해 시가로 주문하며 주문 정보를 mongo에 저장합니다. xingACE에서 order_stock은 다음과 같은 정보를 반환합니다. 실서버에서 실행되기 때문에 실물 주문 수량이 0이거나, 종목명 등이 표시되지 않는 등 모의 서버에서 반환되는 결괏값과 차이가 있습니다.

"주문번호" : "634", "주문시각" : "222704438", "주문시장코드" : "40", "주문유형코드" : "02", "단축종목번호" : "005930", "관리사원번호" : "", "주문금액" : "42300", "실물주문수량" : "0", "종목명" : "",

주문 수량 정보는 남길 수 있도록 buy_order에 amount를 추가한 후 mongo에 저장합니다.

```
buy_order_list = ebest_ace.order_stock(code, "2", current_price["시가"], "2", "00")
buy_order = buy_order_list[0]
buy_order["amount"] = 2
mongo.insert_item(buy_order, "stocklab_test", "order")
```

sell_order 역시 동일하게 진행한 후 tick은 1을 더해 다음 1분을 진행하도록 합니다.

```
sell_order_list = ebest_ace.order_stock(code, "1", current_price["종가"], "1", "00")
sell_order = sell_order_list[0]
sell_order["amount"] = 1
mongo.insert_item(sell_order, "stocklab_test", "order")
tick += 1
```

xingACE 프로그램을 실행하고 다음과 같이 완성된 코드를 실행합니다.

```
(stocklab) C:\stock-lab>python -m stocklab.scheduler.backtesting
```

이런 방식으로 20분에 대한 거래를 진행하면 xingACE에서 그림 5.11, 그림 5.12와 같이 잔고 내역과 주문 내역을 확인할 수 있습니다. 잔고 내역에는 2주를 사고 1주를 매도했으니 20분 후 20주를 보유하고 있으며 평가손익에 대한 정보를 확인할 수 있습니다.

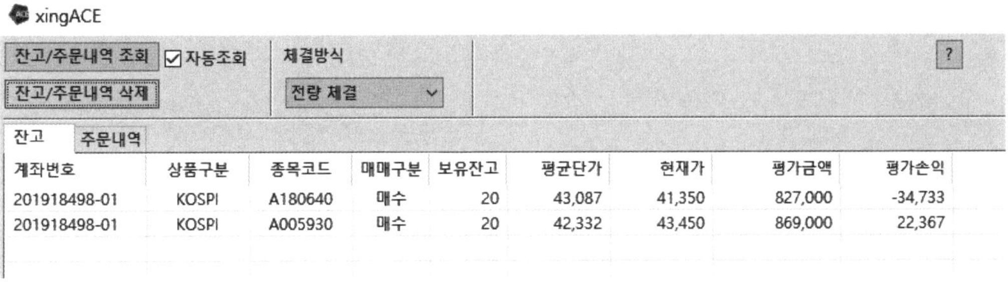

계좌번호	상품구분	종목코드	매매구분	보유잔고	평균단가	현재가	평가금액	평가손익
201918498-01	KOSPI	A180640	매수	20	43,087	41,350	827,000	-34,733
201918498-01	KOSPI	A005930	매수	20	42,332	43,450	869,000	22,367

그림 5.11 xingACE 잔고 내역

주문 내역에서는 20분 동안 매도, 매수한 이력 전체를 확인할 수 있습니다. 다만 총 주문에 대한 손익 계산은 표시되지 않습니다. 따라서 mongo에 저장한 다음 주문에 대한 손익을 계산해야 합니다.

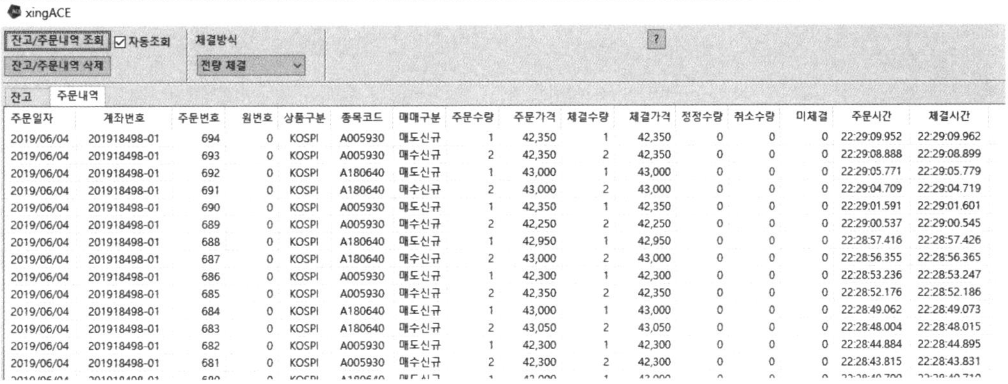

주문일자	계좌번호	주문번호	원번호	상품구분	종목코드	매매구분	주문수량	주문가격	체결수량	체결가격	정정수량	취소수량	미체결	주문시간	체결시간
2019/06/04	201918498-01	694	0	KOSPI	A005930	매도신규	1	42,350	1	42,350	0	0	0	22:29:09.952	22:29:09.962
2019/06/04	201918498-01	693	0	KOSPI	A005930	매수신규	2	42,350	2	42,350	0	0	0	22:29:08.888	22:29:08.899
2019/06/04	201918498-01	692	0	KOSPI	A180640	매도신규	1	43,000	1	43,000	0	0	0	22:29:05.771	22:29:05.779
2019/06/04	201918498-01	691	0	KOSPI	A180640	매수신규	2	43,000	2	43,000	0	0	0	22:29:04.709	22:29:04.719
2019/06/04	201918498-01	690	0	KOSPI	A005930	매도신규	1	42,350	1	42,350	0	0	0	22:29:01.591	22:29:01.601
2019/06/04	201918498-01	689	0	KOSPI	A005930	매수신규	2	42,250	2	42,250	0	0	0	22:29:00.537	22:29:00.545
2019/06/04	201918498-01	688	0	KOSPI	A180640	매도신규	1	42,950	1	42,950	0	0	0	22:28:57.416	22:28:57.426
2019/06/04	201918498-01	687	0	KOSPI	A180640	매수신규	2	43,000	2	43,000	0	0	0	22:28:56.355	22:28:56.365
2019/06/04	201918498-01	686	0	KOSPI	A005930	매도신규	1	42,300	1	42,300	0	0	0	22:28:53.236	22:28:53.247
2019/06/04	201918498-01	685	0	KOSPI	A005930	매수신규	2	42,350	2	42,350	0	0	0	22:28:52.176	22:28:52.186
2019/06/04	201918498-01	684	0	KOSPI	A180640	매도신규	1	43,000	1	43,000	0	0	0	22:28:49.062	22:28:49.073
2019/06/04	201918498-01	683	0	KOSPI	A180640	매수신규	2	43,050	2	43,050	0	0	0	22:28:48.004	22:28:48.015
2019/06/04	201918498-01	682	0	KOSPI	A005930	매도신규	1	42,300	1	42,300	0	0	0	22:28:44.884	22:28:44.895
2019/06/04	201918498-01	681	0	KOSPI	A005930	매수신규	2	42,300	2	42,300	0	0	0	22:28:43.815	22:28:43.831

그림 5.12 xingACE 주문 내역

xingACE는 실제 API에 대한 결과가 모의 서버와는 다르며 가상 체결 방식이기 때문에 사용하지 못하는 API도 있습니다. 하지만 간단하게 로직을 테스트해 볼 수 있기 때문에 백테스팅 환경을 잘 구현해둔다면 유용하게 사용할 수 있습니다.

이번 장에서는 데이터 수집부터 트레이딩 시나리오 구현 및 가상 체결 기반 백테스팅까지 구현했습니다. 다만 트레이딩 시나리오는 본격적으로 구동하기에는 무리가 있습니다. 매수, 매도 일부 체결된 경우 처리해야 될 방법과 정규 개장 시간 외 거래에 대한 방법 등 보강해야 될 부분이 있습니다.

다음 장에서는 지금까지 구현한 API가 외부와 통신할 수 있도록 API 서버를 구현해 보겠습니다.

xingACE로 서버 접속이 안되는 경우 이베스트 홈페이지(http://www.ebestsec.co.kr)에서 [고객센터] → [API] → [자료실]에서 XingACE 수정 버전 (2019.09.27)을 받아 압축을 해제한 후 C:\eBEST\xingAPI 폴더에 내용을 덮어쓰기 해보시기 바랍니다. (파일과 sys디렉터리 모두 덮어쓰기 해야 합니다).

06

REST API
서버

이번 장에서는 외부와 데이터를 주고받기 위한 API 서버를 구현하겠습니다. API 서버는 클라이언트나 웹에서 필요한 데이터를 제공하는 역할을 합니다. 앞서 5장까지 구현한 API는 PC의 프로그램상에서는 사용할 수 있지만, 웹에서는 바로 호출할 방법이 없습니다. 웹에서 API를 호출하려면 REST 기반의 구조에 API 서버를 구현해 필요한 기능을 외부 클라이언트나 웹에서 사용할 수 있게 해야 합니다. REST를 기반으로 API를 디자인하는 방법은 현재도 널리 사용되는 방법입니다. 최근에는 GraphQL등 새로운 방식의 API 디자인도 쓰이지만 아직은 RESTFul 방식이 대세를 이루고 있습니다. 이번 장에서는 RESTFul 방식에 대해 알아보고 클라이언트에서 필요한 기능을 제공하는 API 서버를 구현해보겠습니다.

6.1 서버와 앱이 통신하기 위한 RESTFul 서비스 디자인

이번 장에서는 REST에 대한 기본적인 개념을 알아보겠습니다. REST[1](Representational State Transfer)의 핵심은 자원(Resource)을 정의하고 자원에 대한 주소를 지정하는 방법의 설계입니다. 예를 들어 알아보겠습니다. 전국 매장의 정보를 관리하는 시스템을 설계한다고 생각해 보겠습니다. 여기서 자원은 매장입니다. 먼저 필요한 기능으로는 전국의 매장 조회, 생성, 변경, 삭제 등이 있을 수 있습니다. 이것을 HTTP 메서드와 매칭해 RESTFul 방식으로 정의하면 다음과 같습니다.

---

1 https://ko.wikipedia.org/wiki/REST

표 6.1 전국 매장 정보 관리 API의 디자인

자원	URI	GET	POST	PUT	DELETE
여러 매장	/stores	여러 매장의 정보를 조회	신규 매장 생성	여러 매장의 정보를 변경	여러 매장의 정보를 삭제
개별 매장	/stores/id	id로 매장 정보를 조회	정의하지 않음	id로 매장의 정보를 변경	id롤 매장의 정보를 삭제

여러 매장에 대한 정보는 복수형으로 정의합니다. 여러 매장에 대한 DELETE나 PUT은 필요에 따라 정의하지 않고 기능을 막을 수도 있습니다. 개별 매장에 대한 정보는 /stores/id로 개별 매장의 id를 URI로 정의하고 HTTP 메서드와 매칭합니다. 이렇게 디자인된 API는 URI와 메서드(GET, POST…)만 보고도 어떤 행위를 하는지 쉽게 파악할 수 있고, 상태 정보를 저장하지 않아도 됩니다. 각 자원에 대한 부분적인 질의는 URL의 쿼리로 작성할 수 있습니다. 예를 들면 모든 매장 중에 이름에 start가 있는 매장을 찾는다고 하면 /stores?name=start와 같이 쿼리를 이용해서 설계하면 됩니다. REST는 이처럼 필요한 데이터를 매장(store)과 같이 정의한 다음 데이터에 대한 접근 방법(조회, 생성, 변경, 삭제)에 대해 메서드 기반으로 제공하는 방법입니다. 꼭 HTTP일 필요는 없지만, 웹 개발에서는 HTTP를 주로 사용합니다.

6.2 프로젝트의 REST API 디자인

이번 프로젝트에서 사용할 API를 표 6.2와 같이 디자인해 보겠습니다.

우선 종목 정보와 관련있는 API는 CodeList와 Code입니다. 이 두 메서드는 GET 방식만 허용하며 전체 주식 종목 리스트와 개별 종목에 대한 정보를 반환합니다.

개별 종목 가격(Price)에 대한 정의는 개별 코드의 URI인 /codes/⟨code⟩의 하위 속성 URI로 정의할 수 있습니다.

주문 리스트는 codes와는 별개로 정의했습니다. 자원에 대한 URI 정의는 데이터에 대한 특징에 따라 자유롭게 정의하면 됩니다. 예를 들어 가격(Price)을 code의 하위 속성이 아닌 별도로 정의해도 무방합니다. URI만 보고도 API에 대한 기능을 유추하는 데 무리가 없다면 정의하는 데 별도로 제약사항이 있는 것은 아닙니다.

표 6.2 주식 거래 시스템의 API 디자인

자원	URI	GET
주식 종목 리스트 (CodeList)	/codes	모든 주식 종목 코드를 조회
개별 종목 (Code)	/codes/⟨code⟩	⟨code⟩ 종목 코드의 정보를 조회
개별 종목 가격(Price)	/codes/⟨code⟩/price	⟨code⟩ 종목 코드의 가격 정보를 조회
주문 리스트(OrderList)	/orders	모든 주문 정보 조회
개별 주문(Order)	/orders/⟨id⟩	개별 주문 정보 조회

마지막으로 HTTP의 상태와 관련된 코드입니다. 자원의 처리에 대한 결과는 HTTP에 정의된 status 코드를 사용합니다. HTTP의 상태 코드는 크게 표 6.3과 같습니다.

표 6.3 HTTP의 상태 코드

HTTP 상태 코드	의미
100~(Continue)	조건부 응답
200~(OK)	성공
300~(Multiple Choices)	리다이렉션 완료
400~(Bad Request)	요청 오류
500~(Internal Server Error)	서버 오류

표 6.3은 HTTP에서 반환하는 코드를 큰 의미로 구분한 것이며 상태 코드별로 상세 상태 코드가 정의 돼 있습니다. 상세 상태 코드[2]는 기능별로 자세히 구분돼 있지만 모든 상태 코드를 다 사용할 필요는 없 습니다. 일반적으로는 표 6.4와 같이 200, 201, 204, 400, 401, 402, 403, 404, 405, 500, 501, 503 등을 사용합니다.

표 6.4 HTTP의 상세 상태 코드

HTTP 상태 코드	의미
200(OK)	서버가 요청을 제대로 처리
201(Created)	성공적으로 요청됐으며 서버가 새 리소스를 작성

---

2   https://www.w3.org/Protocols/rfc2616/rfc2616-sec10.html

HTTP 상태 코드	의미
204(No Content)	서버가 요청을 성공적으로 처리했지만 콘텐츠를 제공하지 않음
400(Bad Request)	서버가 요청의 구문을 인식하지 못함
401(Unauthorized)	인증 필요
403(Forbidden)	서버가 요청 거부
404(Not Found)	서버가 요청한 페이지를 찾을 수 없음
405(Method Not Allowed)	요청에 지정된 방법을 사용할 수 없음
500(Internal Server Error)	서버 내부 오류
501(Not Implemented)	구현되지 않음
503(Service Unavailable)	서비스 사용 불가

RESTFul은 요청에 관한 결과를 표 6.4와 같이 HTTP의 상태 코드로 반환하는 것이 좋습니다. 만약 오류에 대한 처리를 상태코드 200으로 반환하고 내부 메시지에 담아 반환하는 것은 좋지 못한 방식이라고 할 수 있습니다.

이번 절에서는 REST에 대한 기본적인 컨셉과 앞으로 구현할 API 디자인에 대해 알아봤습니다. 다만 REST는 명확하게 어떻게 해야 한다는 규약이나 표준이 있는 것은 아닙니다. 설계에 대한 원칙과 제한 사항 정도가 정의[3]돼 있을 뿐입니다. 그리고 HTTP 프로토콜만 가능한 것도 아닙니다. 다만 오랫동안 HTTP에 대한 방식이 널리 쓰이고 있어 보통 REST 방식이라고 하면 위와 같이 HTTP 메서드와 URI를 결합한 디자인이 일반적인 것입니다.

플라스크를 활용한 REST API 서버

이번 절에서는 파이썬의 프레임워크 중 하나인 플라스크(Flask)[4]를 활용해 REST API 서버를 구현해 보겠습니다. 플라스크는 웹 개발을 위한 마이크로프레임워크입니다. 웹 개발을 위한 프레임워크는 풀스택 프레임워크인 장고(Django)부터 아주 간단한 웹 서버의 기능을 하는 bottle, cherrypy 등 다양한 프레임워크가 있습니다. 플라스크[5]는 마이크로프레임워크로 간단한 기능을 제공하지만, 필요에 따라 추가적인 모듈을 추가해서 사용하는 방식으로 확장해 나갈 수 있습니다.

---

3 https://ko.wikipedia.org/wiki/REST
4 http://flask.pocoo.org/
5 http://flask.pocoo.org/

플라스크의 설치는 pip로 진행합니다. 추가로 REST 디자인을 도와주는 Flask-Restful[6]도 함께 설치합니다. 플라스크만으로도 구현할 수 있지만, 확장 모듈을 설치하면 어느 정도 규격화된 방식을 따라 진행할 수 있습니다.

```
(stocklab) C:\stock-lab>pip install Flask Flask-Restful
```

프로젝트 홈(stock-lab) 폴더에 api_server.py를 만듭니다. 표 6.2의 API를 정의한 코드는 예제 6.1과 같습니다. 예제 6.1에는 API 디자인에 대한 규격만 정의했습니다. 상세 코드는 다음 절부터 채워가도록 하겠습니다.

예제 6.1 API 서버의 기본 코드   (stock-lab/api_server.py)

```python
from flask import Flask
from flask_restful import reqparse, abort, Api, Resource

app = Flask(__name__)
api = Api(app)

class CodeList(Resource):
    def get(self):
        pass

class Code(Resource):
    def get(self, code):
        pass

class Price(Resource):
    def get(self, code):
        pass

class OrderList(Resource):
    def get(self):
        pass

api.add_resource(CodeList, "/codes", endpoint="codes")
api.add_resource(Code, "/codes/<string:code>", endpoint="code")
```

---

6   https://flask-restful.readthedocs.io/en/0.3.5/index.html

```
api.add_resource(Price, "/codes/<string:code>/price", endpoint="price")
api.add_resource(OrderList, "/orders", endpoint="orders")

if __name__ == '__main__':
    app.run(debug=True)
```

여기서 add_resource는 자원 클래스와 요청 url을 연결해주는 역할을 합니다. 개별 url에 대한 get, post, put, delete는 클래스의 메서드로 정의하면 url에 대한 HTTP 요청을 처리할 수 있습니다. 다음은 /codes/⟨string:code⟩ url과 CodeList 클래스를 연결하는 코드입니다.

⟨string:code⟩에 입력되는 값은 각 메서드(get, post, put, delete)의 매개변수로 전달됩니다.

```
class Code(Resource):
    def get(self, code):
        pass
...
api.add_resource(Code, '/codes/<string:code>')
```

이번 절에서는 앞서 설계한 API 디자인을 파이썬으로 구현하기 위해 플라스크와 관련 프레임워크를 설치하고, URL과 클래스를 매핑하는 것까지 진행했습니다.

REST의 기본 개념만 이해한다면 구현 코드는 API 디자인을 그대로 따라가는 것을 볼 수 있습니다. REST는 이처럼 이해하기 쉬우며 API 디자인을 손쉽게 규격화 할 수 있어서 웹 개발의 대표적인 방식으로 자리 잡았습니다. 다음 절에서는 디자인된 API의 상세 기능을 채워보겠습니다.

주식 종목 정보 API

앞서 표 6.2에서 정의한 주식 종목과 관련된 API를 구현하겠습니다. CodeList와 Code 클래스를 구현해야 합니다. 먼저 CodeList와 Code 클래스에서 구현할 스키마를 정의하겠습니다. 각 클래스는 GET 메서드만을 정의하고 클래스별 반환 필드는 표 6.4와 같습니다. CodeList는 market에 대한 조건을 추가할 수 있으며, market은 코스피, 코스닥별로 종목 리스트를 구분하고 싶을 경우에 대한 정보입니다. 쿼리는 필요에 따라 항목을 추가하면 됩니다.

표 6.4 CodeList, Code 클래스의 상세 스키마

클래스	메서드	반환 필드	쿼리

CodeList	GET	`{`
		　`"count":"반환개수"`
		　`"code_list":[`
		　　`"code",:"단축코드"`
		　　`"name",:"종목명"`
		　`]`
		`}`
			market

Code	GET	`{`
		　`"code":"단축코드"`
		　`"extend_code":"확장코드"`
		　`"name": "종목명"`
		　`"memedan":"주문수량단위"`
		　`"market":"시장구분"`
		　`"is_etf":"ETF구분"`
		　`"is_spac":"기업인수목적회사여부"`
		`}`	

먼저 CodeList와 Code 스키마에 대한 전체 구현을 보겠습니다.

예제 6.2 CodeList, Code 클래스 구현 　　　　　　　　　　　　　　　　　　　(stock-lab/api_server.py)

```python
from flask import Flask, request
from flask_cors import CORS
from flask_restful import reqparse, abort, Api, Resource, fields, marshal_with
import datetime
from stocklab.db_handler.mongodb_handler import MongoDBHandler


app = Flask(__name__)
CORS(app)
api = Api(app)


code_hname_to_eng = {
    "단축코드": "code",
    "확장코드": "extend_code",
    "종목명": "name",
```

```python
        "시장구분": "market",
        "ETF구분": "is_etf",
        "주문수량단위": "memedan",
        "기업인수목적회사여부": "is_spac"
}


code_fields = {
    "code": fields.String,
    "extend_code": fields.String,
    "name": fields.String,
    "memedan": fields.Integer,
    "market": fields.String,
    "is_etf": fields.String,
    "is_spac": fields.String,
    "uri": fields.Url("code")
}


code_list_short_fields = {
    "code": fields.String,
    "name": fields.String
}


code_list_fields = {
    "count": fields.Integer,
    "code_list": fields.List(fields.Nested(code_fields)),
    "uri": fields.Url("codes")
}


mongodb = MongoDBHandler()


class Code(Resource):
    @marshal_with(code_fields)
    def get(self, code):
        result = mongodb.find_item({"단축코드":code}, "stocklab", "code_info")
        if result is None:
            return {}, 404
        code_info = {}
        code_info = { code_hname_to_eng[field]: result[field]
                        for field in result.keys() if field in code_hname_to_eng }
```

```
        return code_info


class CodeList(Resource):
    @marshal_with(code_list_fields)
    def get(self):
        market = request.args.get('market', default="0", type=str)
        if market == "0":
            results = list(mongodb.find_items({}, "stocklab", "code_info"))
        elif market == "1" or market == "2":
            results = list(mongodb.find_items({"시장구분":market}, "stocklab", "code_info"))
        result_list = []
        for item in results:
            code_info = {}
            code_info = { code_hname_to_eng[field]: item[field] for field in item.keys() if field in
code_hname_to_eng }
            result_list.append(code_info)
        return {"code_list" : result_list, "count": len(result_list)}, 200
```

먼저 표 6.4에서 정의한 CodeList의 반환 필드를 정의합니다. code_list_fields는 count와 code_list 필드를 가지며 code_list는 code_list_short_fields의 항목을 리스트(List) 타입으로 가집니다.

```
code_list_short_fields = {
    "code": fields.String,
    "name": fields.String
}


code_list_fields = {
    "count": fields.Integer,
    "code_list": fields.List(fields.Nested(code_list_short_fields)),
}
```

정의한 code_list_fields는 @marshal_with[7] 데코레이터를 이용해 get 메서드의 데코레이터로 지정합니다. 데코레이터를 지정하면 정의된 스키마 이외에 다른 데이터는 반환할 수 없습니다. code_list_short_fields를 정의하지 않고 code_fields를 그대로 사용해도 무방하지만 UI의 디자인이 code를 선

----

7   https://flask-restful.readthedocs.io/en/0.3.5/fields.html

택하고 상세 정보를 조회하는 방식이라면 사용하지 않는 데이터를 다 반환하기보다는 필요한 데이터만 보내는 방식이 효율적이라고 할 수 있습니다.

```
class CodeList(Resource):
    @marshal_with(code_list_fields)
    def get(self):
```

표 6.4에서 쿼리에 market을 구현하겠습니다. 쿼리는 CodeList를 이용해 종목 리스트를 가져올 때 필요한 조건에 맞는 데이터만 가져오기 위한 방법입니다. 예를 들어 종목이 코스피, 코스닥에 속하는 정보를 별도로 가져오기 위해서는 /codes/?market=과 같이 정의한 다음 0(ALL), 1(코스피), 2(코스닥)로 값을 정의하면 됩니다. 쿼리 정보는 request.args.get으로 쿼리 데이터를 받을 수 있습니다. market이 없을 때는 market 값에 "0"을 넣습니다. market이 "0"인 경우 모든 데이터를 쿼리하고 "1", "2"인 경우에는 MongoDB에 저장된 시장 구분 필드에 market 값을 전달해 결과를 얻습니다.

```
market = request.args.get('market', default="0", type=str)
if market == "0":
    results = list(mongodb.find_items({}, "stocklab", "code_info"))
elif market == "1" or market == "2":
    results = list(mongodb.find_items({"시장구분":market}, "stocklab", "code_info"))
```

최종적으로 쿼리한 MongoDB에서의 결과는 HTTP Response로 반환합니다. MongoDB에는 필드명이 한글로 들어있기 때문에 영문으로 변환하기 위한 작업을 추가로 거칩니다. code_hname_to_eng에는 한글 필드에 대한 영문필드명을 정의한 다음 값을 찾아서 code_info에 담습니다. 최종 결과는 code_list_fields에 정의한 스키마와 동일한 딕셔너리를 반환합니다. 다른 항목을 추가하더라도 스키마에 없는 필드는 반환되지 않습니다.

```
result_list = []
for item in results:
    code_info = {}
    code_info = { code_hname_to_eng[field]: item[field] for field in item.keys() if field in
code_hname_to_eng }
    result_list.append(code_info)
return {"code_list" : result_list, "count": len(result_list)}, 200
```

여기까지 CodeList 클래스의 구현을 완료했습니다. 이어서 Code 클래스를 구현하겠습니다. Code 클래스의 구현 방법은 CodeList 클래스의 구현 방법과 같습니다. code_fields를 정의한 다음 Code 클래스의 get에 데코레이터로 지정합니다. get 메서드에서 code로 넘어오는 값을 mongodb에서 단축코드로 결과를 찾은 후 code_info에 담습니다. CodeList 클래스와 마찬가지로 한글 필드명을 영문으로 바꾸는 작업을 진행하고, code_info를 반환합니다.

```python
code_fields = {
    "code": fields.String,
    "extend_code": fields.String,
    "name": fields.String,
    "memedan": fields.Integer,
    "market": fields.String,
    "is_etf": fields.String,
    "is_spac": fields.String,
    "uri": fields.Url("code")
}

class Code(Resource):
    @marshal_with(code_fields)
    def get(self, code):
        result = mongodb.find_item({"단축코드":code}, "stocklab", "code_info")
        code_info = {}
        code_info = { code_hname_to_eng[field]: result[field] for field in result.keys() if field
 in code_hname_to_eng }
        return code_info
```

여기까지 코드 리스트와 코드 종목에 대한 API를 구현했습니다. CodeList 클래스는 Code 클래스 필드를 그대로 포함해도 무방합니다. 다만 그렇게 되면 출력되는 결과가 많아지기 때문에 데이터 용량이나, 반응 속도에 영향을 줄 수 있습니다. 그러므로 미리 필요한 필드를 정의한 다음 필요한 필드만 반환하는 것이 좋습니다. UI 구현 방향에 따라 쿼리에는 ETF 구분이나 기업인수목적회사 등의 조건을 추가할 수 있습니다.

다음 절에서는 주식 가격정보를 조회할 수 있는 API를 구현하겠습니다.

주식 가격 정보 및 주문 정보 API

이번 절에서는 표 6.2의 주식 가격 정보(Price)를 조회하는 API를 구현하겠습니다. 주식 가격 정보는 종목과 날짜 범위를 매개변수로 전달하면 해당 범위의 주식 가격 정보를 반환하는 API입니다. 요청에 대한 데이터는 MongoDB에 저장된 가격 정보를 반환하는 방식으로 구현하겠습니다. 먼저 API를 구현하기 전에 스펙부터 정의하겠습니다. 스펙은 표 6.5와 같습니다. 쿼리에는 start_date, end_date를 추가해 가격 정보의 시작 날짜와 종료 날짜를 지정합니다.

표 6.5 Price 클래스의 상세 스펙

클래스	메서드	반환 필드	쿼리
Price	GET	```{ "price_list":{ "date":"날짜" "start":"시가" "high":"고가" "low":"저가" "end":"종가" "diff":"전일대비" "diff_type":"전일대비구분" }, "count: 반환개수 }```	start_date end_date

스키마 정의대로 구현해 보겠습니다. 먼저 add_resource에 URL을 정의합니다. 그리고 URL에서 code를 입력받을 수 있게 합니다.

예제 6.3 API 서버의 URL 정의   (stock-lab/api_server.py)

```python
api.add_resource(Price, "/codes/<string:code>/price", endpoint="price")
```

다음은 Price 클래스를 구현하겠습니다.

예제 6.4 API 서버의 Price 클래스   (stock-lab/api_server.py)

```python
import datetime

...
```

```python
price_hname_to_eng = {
    "날짜": "date",
    "종가": "close",
    "시가": "open",
    "고가": "high",
    "저가": "low",
    "전일대비": "diff",
    "전일대비구분": "diff_type"
}

price_fields = {
    "date": fields.String,
    "start": fileds.Integer,
    "close": fields.String,
    "open": fields.String,
    "high": fields.String,
    "low": fields.String,
    "diff": fields.String,
    "diff_type": fields.String
}

price_list_fields = {
    "count": fields.Integer,
    "price_list": fields.List(fields.Nested(price_fields)),
}

class Price(Resource):
    @marshal_with(price_list_fields)
    def get(self, code):
        today = datetime.datetime.now().strftime("%Y%m%d")
        default_start_date = datetime.datetime.now() - datetime.timedelta(days=7)
        start_date = request.args.get('start_date', default=default_start_date.strftime("%Y%m%d"),
type=str)
        end_date = request.args.get('end_date', default=today, type=str)
        results = list(mongodb.find_items({"code":code, "날짜": {"$gte":start_date,
"$lte":end_date}},
                                          "stocklab", "price_info"))
        result_object = {}
        price_info_list = []
```

```
        for item in results:
            price_info = { price_hname_to_eng[field]: item[field] for field in item.keys() if field
    in price_hname_to_eng }
            price_info_list.append(price_info)
        result_object["price_list"] = price_info_list
        result_object["count"] = len(price_info_list)
        return result_object, 200
```

price_hname_to_eng는 한글 필드명을 영문으로 변환하기 위한 딕셔너리입니다. 표 6.5에서 정의한 스키마를 코드로 구현합니다. price_fields는 단일 가격 정보에 대한 필드 정의이며, price_list_fields는 price_fields를 리스트로 가지는 딕셔너리입니다. 정의한 price_list_fields는 @marshal_with 데코레이터를 이용해 get 메서드의 데코레이터로 지정합니다. get 메서드는 url에서 정의한 code를 매개변수로 받습니다.

```
class Price(Resource):
    @marshal_with(price_list_fields)
    def get(self, code):
```

쿼리를 처리하기 위한 코드는 다음과 같습니다.

만약 쿼리가 주어지지 않으면 start_date의 기본값은 오늘 날짜를 기준으로 7일 전으로 지정하고, default_start_date에 저장합니다. end_date는 오늘 날짜를 기본값으로 지정합니다.

```
        today = datetime.datetime.now().strftime("%Y%m%d")
        default_start_date = datetime.datetime.now() - datetime.timedelta(days=7)
        start_date = request.args.get('start_date', default=default_start_date.strftime("%Y%m%d"),
    type=str)
        end_date = request.args.get('end_date', default=today, type=str)
```

MongoDB에 code, start_date, end_date를 쿼리로 전달해 값을 받습니다.

```
        results = list(mongodb.find_items({"code":code, "날짜": {"$gte":start_date, "$lte":end_
    date}}, "stocklab", "price_info"))
```

결과를 반환하기 전에 한글 필드를 영문으로 변환하고 price_info_list에 담습니다.

```
            result_object = {}
            price_info_list = []
            for item in results:
                price_info = { price_hname_to_eng[field]: item[field] for field in item.keys() if field
    in price_hname_to_eng }
                price_info_list.append(price_info)
```

반환하기 위한 딕셔너리에 쿼리한 결과와 개수를 담아 반환합니다.

```
            result_object["price_list"] = price_info_list
            result_object["count"] = len(price_info_list)
            return result_object, 200
```

이렇게 Price 클래스의 구현을 마쳤습니다. 마지막으로 OrderList도 같은 방식으로 구현합니다.

OrderList는 매수, 매도 주문 정보에 대한 필드가 다양한 관계로 marshal_with를 사용하지 않고 데이터를 그대로 반환하겠습니다. 쿼리는 status 항목 하나를 받고, status가 없으면 all로 모든 주문 정보를 반환합니다. status가 가질 수 있는 값으로는 buy_ordered, buy_completed, sell_ordered, sell_completed만 허용하며, 그 외의 값은 404 에러를 반환합니다.

예제 6.5 API 서버의 OrderList 클래스 (stock-lab/api_server.py)

```
class OrderList(Resource):
    def get(self):
        status = request.args.get('status', default="all", type=str)
        if status == 'all':
            result_list = list(mongodb.find_items({}, "stocklab_demo", "order"))
        elif status in ["buy_ordered", "buy_completed", "sell_ordered", "sell_completed"]:
            result_list = list(mongodb.find_items({"status":status}, "stocklab_demo", "order"))
        else:
            return {}, 404
        return { "count": len(result_list), "order_list": result_list }, 200
```

이번 절에서는 가격 정보와 주문 정보를 제공하는 API를 구현했습니다. 이번 절에서는 가격 정보와 주문 정보를 제공하는 API를 구현했습니다. 마지막으로 테스트 케이스를 작성하기 전에 CORS를 추가하겠습니다.

CORS(https://developer.mozilla.org/ko/docs/Web/HTTP/Access_control_CORS)는 보안 정책과 관련된 사항으로 요청하는 클라이언와 서버의 도메인이나 포트가 다를 때 발생할 수 있습니다. 개발 시에 이런 부분을 편리하기 위해서 flask-cors를 설치 후 CORS(app)을 반영해주도록 합니다. 추후 리액트(React)를 이용한 개발에 필요한 부분입니다.

```
(stocklab) C:\stock-lab>pip install flask-cors
```

```
from flask_cors import CORS

app = Flask(__name__)
CORS(app)
api = Api(app)
```

다음 절에서는 지금까지 개발한 API에 대한 테스트 케이스를 작성해 보겠습니다.

API 서버의 테스트 케이스

다음은 플라스크로 개발한 API 서버의 테스트 케이스를 작성해 보겠습니다. 각 URL 별로 단위 테스트를 작성합니다. 쿼리가 있는 경우도 개별로 추가해서 작성하면 됩니다. 전체 코드는 다음과 같습니다.

예제 6.6 API 서버의 테스트 케이스   (stock-lab/tests/test_api_server.py)

```
import os
from api_server import app
import unittest
import tempfile
import json
import inspect


class FlaskrTestCase(unittest.TestCase):

    def setUp(self):
        app.testing = True
        self.app = app.test_client()

    def test_get_codes(self):
        print(inspect.stack()[0][3])
        rv = self.app.get("/codes")
```

```python
        result = rv.get_json()
        print(len(result["code_list"]))
        assert rv.status_code == 200 and len(result["code_list"]) > 0

    def test_get_codes_with_parameter(self):
        print(inspect.stack()[0][3])
        rv = self.app.get("/codes?market=2")
        result = rv.get_json()
        print(len(result["code_list"]))
        assert rv.status_code == 200 and len(result["code_list"]) > 0

    def test_get_code(self):
        print(inspect.stack()[0][3])
        rv = self.app.get("/codes/005930")
        print(rv.data, rv.status_code)
        assert rv.status_code == 200

    def test_get_price(self):
        print(inspect.stack()[0][3])
        rv = self.app.get("/codes/002170/price")
        assert rv.status_code == 200

    def test_get_price_with_parameter(self):
        print(inspect.stack()[0][3])
        rv = self.app.get("/codes/002170/price?start_date=20190228&end_date=20190228")
        result = rv.get_json()
        print(result["count"])
        assert rv.status_code == 200

    def test_get_order_list(self):
        print(inspect.stack()[0][3])
        rv = self.app.get("/orders?status=buy_ordered")
        result = rv.get_json()
        print(result)
        assert rv.status_code == 200

    def tearDown(self):
        pass
```

플라스크는 자체적으로 단위 테스트를 할 수 있는 클라이언트를 제공합니다. 클라이언트는 다음과 같이 setUp에 정의해서 사용합니다.

```
class FlaskrTestCase(unittest.TestCase):

    def setUp(self):
        app.testing = True
        self.app = app.test_client()
```

생성한 클라이언트를 이용해 get, post, put, delete 등 메서드를 수행할 수 있으며, REST에서 정의한 URL을 입력합니다. 기본적으로 반환되는 데이터는 json 양식이므로 get_json 메서드를 이용해 result에 담으면 결괏값을 딕셔너리 형태로 확인할 수 있습니다.

```
    def test_get_codes(self):
        print(inspect.stack()[0][3])
        rv = self.app.get("/codes")
        result = rv.get_json()
        print(len(result["code_list"]))
        assert rv.status_code == 200 and len(result["code_list"]) > 0
```

쿼리를 테스트하기 위해 URL 뒤에 물음표(?)를 붙인 다음 쿼리에 사용할 변수와 값을 전달합니다. 예를 들어 market에 2를 전달하려면 ?market=2와 같은 형태로 전달하며, 2개 이상의 쿼리를 전달할 때는 &을 이용해 연결합니다.

```
    def test_get_codes_with_parameter(self):
        print(inspect.stack()[0][3])
        rv = self.app.get("/codes?market=2")
        result = rv.get_json()
        print(len(result["code_list"]))
        assert rv.status_code == 200 and len(result["code_list"]) > 0
```

이번 장에서는 외부와 통신할 수 있는 API 서버를 개발하는 방법을 살펴봤습니다. 외부와 통신이 필요한 항목을 REST 형식으로 정의하고 정의된 내용을 바탕으로 데이터베이스에서 데이터를 찾아 반환하면 됩니다. POST, PUT, DELETE 등 데이터의 생성, 업데이트, 삭제 등도 결국 데이터베이스에 데이터를 어떻게 저장, 변경할지 필요에 따라 정의해서 동일하게 구현할 수 있습니다. REST 방식에 대한 기본적인 제한 사항만 적절히 지킨다면 API 디자인에 대한 방식은 필요에 따라 자율적으로 디자인해 사용할 수 있습니다.

07

리액트를 이용한
프로젝트의 화면 구현

이번 장에서는 6장에서 개발한 REST API 서버와 통신하면서 사용자가 보는 웹 화면을 개발하는 방법을 알아보겠습니다. 이처럼 API 서버에서 정보를 받아와 사용자가 조작할 수 있는 프로그램을 클라이언트라고 합니다. 보통 클라이언트는 사용자 PC에 설치되는 프로그램을 의미합니다. 이 경우 클라이언트가 사용자의 PC에 있는 자원을 이용할 수 있어서 빠른 성능으로 동작할 수 있지만, PC에 설치해야만 사용할 수 있기 때문에 접근성이 떨어지는 편입니다. 따라서 이번 장에서는 사용자가 PC가 아닌 외부에서도 사용할 수 있게 접근성을 높이고 모바일 친화적으로 구성하기 위한 웹 개발 방법을 알아보겠습니다. 웹 개발에는 굉장히 다양한 방법이 있지만, 이 책에서는 자바스크립트 기반의 리액트 라이브러리를 이용해 개발을 진행하겠습니다.

- 7.1절 – 리액트(React)의 소개 및 설정 방법을 알아봅니다.

- 7.2절 – 리액트의 컨셉 및 특징을 알아봅니다.

- 7.3절 – 리액트를 이용해 프로젝트에 필요한 화면을 개발해 봅니다.

7.1 리액트(React)란?

리액트는 페이스북에서 만든 도구로 사용자 인터페이스(이하 UI) 개발을 위한 자바스크립트 라이브러리입니다. 리액트는 동적인 자바스크립트를 언어를 이용하며, 정형화되고 재사용 가능한 컴포넌트를 기반으로 UI를 개발할 수 있게 도와줍니다.

리액트의 공식 홈페이지[1]에서는 리액트가 선언형 라이브러리이며, 컴포넌트 기반의 라이브러리이고, 한 번 배우면 어디서나 사용할 수 있다고 소개하고 있습니다. 각 의미에 대해 조금 더 자세히 알아보겠습니다.

선언형 라이브러리

리액트는 다른 언어 또는 라이브러리와 달리 선언형 라이브러리입니다.

일반적인 C, 자바, 파이썬과 같은 프로그램은 명령형 프로그래밍 언어로 무엇을 실행해야 하는지 정의한 다음 알고리즘이나 로직을 개발자가 작성합니다.

하지만 선언형 언어는 명령형 프로그래밍 언어와 달리 어떻게 실행하는지보다는 무엇을 표현해야 하는지에 초점을 맞추고, 개발자가 이를 정의하는 방식입니다.

앞서 살펴본 HTML을 예로 들면 개발자는 화면에 무엇을 표현해야 하는지를 정의합니다. 정의는 태그(〈table〉, 〈tr〉, 〈li〉 ···)를 이용하며 정의한 태그를 브라우저가 읽어 들여 HTML의 규칙에 맞게 화면에 표시합니다.

HTML과 유사하게 리액트 역시 무엇을 그려야 하는지 선언하는 선언형 라이브러리입니다. HTML과 다른 점은 그려야 할 컴포넌트가 속성과 상태를 가지고 있으며, 속성과 상태에 따라 그려지는 화면이 달라진다는 점입니다.

컴포넌트 기반의 라이브러리

리액트는 컴포넌트 기반의 라이브러리입니다. 리액트로 개발하는 대부분은 컴포넌트가 됩니다. 컴포넌트는 버튼처럼 작은 단위가 될 수도 있고, 여러 컴포넌트를 포함하는 복잡한 컴포넌트일 수도 있습니다. 컴포넌트를 어디까지 포함할지는 개발자가 결정합니다.

---

[1] https://ko.reactjs.org/

리액트는 컴포넌트를 단위로 화면에 그려지기 때문에 너무 많은 컴포넌트를 하나로 결합하면 화면의 넓은 부분을 다시 그려야 할 수도 있습니다.

따라서 적절한 단위로 컴포넌트를 나눠야 합니다. 또한 잘 개발된 컴포넌트는 다른 컴포넌트에서도 사용할 수 있습니다. 이번 프로젝트에서도 다른 개발자들이 잘 만들어둔 컴포넌트를 가져다 쓸 것입니다.

한 번 배워서 어디서나 사용하기

리액트를 배우면 웹을 개발할 수 있을 뿐만 아니라 리액트 네이티브(ReactNative)를 이용해 스마트폰의 앱도 같은 방식으로 손쉽게 개발할 수 있습니다. 스마트폰의 앱을 리액트 네이티브로 개발하면 안드로이드 앱과 아이폰 앱을 별도로 개발하지 않아도 됩니다. 인력 운영이 여유롭지 않은 환경에서는 도입을 고려해 볼 만합니다.

리액트는 여러 가지 장점을 가진 라이브러리로 많은 오픈 소스와 상용 툴에서 널리 사용되고 있습니다. 하지만 처음 접하는 사용자라면 개념을 이해하기까지 꽤 많은 시간을 들여야 할 수도 있습니다. 만약 전문적으로 개발을 하게 된다면 리액트와 주변 생태계에서 사용하는 라이브러리를 학습하는 데에도 꽤 오랜 시간이 소요될 수 있습니다. 그리고 현재도 빠르게 버전 업이 진행되고 있어 개발 중에 어려움을 겪을 수 있습니다.

추가로 리액트는 웹 개발을 위한 라이브러리이지만 웹 디자인까지 해결해주지는 않습니다. 이번 장에서는 리액트 외에도 디자인을 위한 Material UI와 같은 컴포넌트도 사용합니다. Material UI를 사용한다고 해서 특별히 많은 내용을 알아야 할 건 없습니다. 단지 컴포넌트의 사용법만 찾아서 쓸 수 있으면 됩니다. 처음 접하는 독자는 어려울 수 있지만, 단계별로 진행하는 부분을 따라 하면서 이해할 수만 있다면 충분히 습득할 수 있을 것으로 생각합니다.

Material UI

본격적으로 리액트를 사용하기 전에 구글에서 제공하는 Material UI[2]를 알아보겠습니다. Material UI는 화면 디자인의 구성과 관련된 콘셉트를 리액트의 컴포넌트로 제공합니다. 예를 들어 HTML을 이용한 인풋(⟨input⟩)과 버튼(⟨button⟩)의 일반적인 모양은 그림 7.1과 같습니다.

---

2 https://material-ui.com/

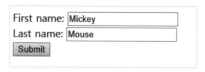

그림 7.1 HTML 인풋과 버튼의 디자인

기본적인 HTML은 모바일 친화적이지도 않으며, 디자인도 투박할뿐더러 사용자의 편의성도 낮습니다. 하지만 Material UI는 그림 7.2와 같이 동일한 인풋과 버튼에 대해서 상황에 맞게 쓸 수 있도록 다양한 형태의 디자인을 제공합니다.

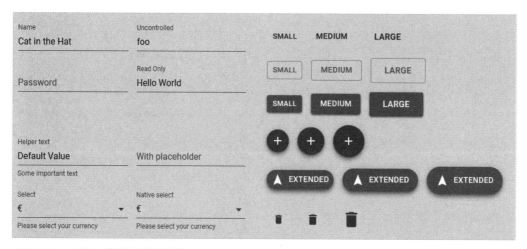

그림 7.2 Material UI – 인풋과 버튼의 디자인

Material UI는 이렇게 특정한 디자인 규칙을 가지고 일관성 있는 컴포넌트를 제공합니다. 실제로 Material 디자인과 관련된 내용을 알 필요는 없으며 상황에 따라 컴포넌트를 가져다 사용하기만 하면 되므로 부담을 가질 필요는 없습니다.

다음 절에서는 개발 환경을 설정하고 초기 프로젝트를 생성하겠습니다.

개발 환경 설정 및 리액트 앱 생성

이번 절에서는 프로젝트 개발에 필요한 리액트를 설치하고 앱을 생성해 보겠습니다.

리액트 설치를 위한 Nodejs 설치

리액트의 설치에는 npm이라는 도구를 이용합니다. npm은 Node.js에 포함돼 있어서 Node.js를 설치하면 이용할 수 있습니다. Node.js의 공식 홈페이지(https://nodejs.org/ko/)에서 안정적이고, 신뢰도가 높은 LTS 버전을 선택해 Node.js를 내려받습니다. 2019년 3월 기준으로 10.15.3(x64) 버전입니다. Node.js의 설치는 특별히 유의해야 할 부분은 없기 때문에 독자 여러분에게 맡기겠습니다.

그림 7.3 Node.js 내려받기

경로를 변경하지 않고 기본적인 경로에 설치하면 C:\Program Files\nodejs에 설치됩니다. 다음 명령어로 npm 버전이 확인되면 정상적으로 설치가 완료된 것입니다.

```
C:\Program Files\nodejs>npm -v
6.4.1
```

npm을 이용해 패키지를 설치하는 방법은 pip와 유사합니다. npm에서는 npm install 명령어로 설치를 진행할 수 있습니다.

리액트 앱 생성

이어서 프로젝트 홈으로 이동해 client 폴더를 생성하고, 프로젝트 내에 stocklab-react라는 이름으로 리액트 앱을 생성하겠습니다. 리액트 앱을 손쉽게 생성하기 위해 create-react-app(이하 CRA) 도구를 설치합니다. CRA 없이도 리액트 프로젝트를 생성할 수는 있지만, 빌드 관련 도구에 대해서 어느 정도 숙련돼 있어야 합니다. 특별한 이유가 없다면 CRA를 이용해 리액트 앱을 생성하겠습니다. 다음과 같이 npx 명령어를 이용해 stocklab-react 앱을 생성합니다.

```
C:\stock-lab>mkdir client
C:\stock-lab>cd client
C:\stock-lab\client>npx create-react-app stocklab-react
```

알아보기 **npx란?**

npx는 npm으로 필요한 패키지를 설치하지 않아도 자동으로 해당 패키지를 찾아 실행까지 해주는 도구입니다. 예를 들어 create-react-app을 이용해 리액트 앱을 생성하려면 create-react-app을 설치하고 프로젝트를 실행, 생성하는 2단계를 거쳐야 하는데, 이를 한 번으로 줄여주는 도구입니다.

Material UI 설치

방금 생성한 앱 폴더로 이동한 다음 npm 명령어를 이용해 Material UI를 설치하겠습니다. --save 옵션을 추가하면 패키지(package.json)의 dependencies에 설치한 항목이 추가되며, 프로덕션(production)으로 빌드할 때 이 패키지가 포함됩니다.

```
C:\stock-lab\client>cd stocklab-react
C:\stock-lab\client\stocklab-react>npm install @material-ui/core @material-ui/icons --save
```

리액트 앱 실행

다음 npm 명령어를 이용해 앱을 시작해 보겠습니다.

```
C:\stock-lab\client\stocklab-react>npm start
```

앱을 시작하면 자동으로 브라우저가 열립니다. 다음 그림과 같은 화면이 보이면 정상적으로 앱이 생성된 것입니다.

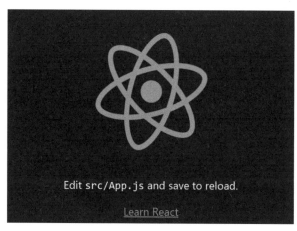

Edit src/App.js and save to reload.

Learn React

그림 7.4 앱 시작 화면

지금까지 개발 환경을 설정하고, 리액트 앱을 생성하는 방법을 알아봤습니다. 이어지는 절에서는 리액트의 메인 컨셉에 대해 알아보겠습니다.

02 리액트 메인 컨셉

이번 절에서는 리액트의 메인 컨셉에 관해 알아보겠습니다. 리액트의 메인 컨셉으로는 다음과 같이 5가지가 있습니다. 메인 컨셉은 샘플 예제를 진행해보면서 자세히 알아보겠습니다.

- 컴포넌트 구성
- JSX와 렌더링
- Props와 컴포넌트
- 이벤트 핸들링
- 리프팅 스테이트 업

이 외에 추가로 몇 가지 내용이 더 있지만 당장 필요한 부분은 아닙니다. 이 프로젝트에서 개발할 웹은 메인 컨셉 5가지에 해당하는 내용을 위주로 최대한 단순하게 진행할 것입니다. 추후 필요에 따라 공식 문서[3]를 한 번쯤 읽어보는 것을 추천합니다. 그럼 리액트 샘플 예제를 진행해 보겠습니다.

리액트 앱의 기본 구성

예제를 위해 다음과 같이 별도의 앱을 생성하겠습니다. 샘플 예제는 프로젝트 폴더가 아닌 별도의 폴더에서 진행하며, npx를 이용해 create-react-app을 실행합니다. 이때 샘플 예제의 이름은 react-sample로 생성하겠습니다.

```
C:\>npx create-react-app react-sample
```

react-sample 폴더로 이동한 다음 비주얼 스튜디오 코드를 실행합니다.

```
C:\>cd react-sample
C:\react-sample>code .
```

다음 그림과 같이 왼쪽의 Explorer 창에서 앱에 생성된 기본 폴더와 파일을 확인할 수 있습니다.

---

3 https://reactjs.org/docs/getting-started.html

그림 7.5 리액트 앱의 초기 생성 파일

각 폴더와 파일은 다음과 같은 역할을 합니다.

- node_modules : 추가로 설치하는 모듈이 설치되는 폴더입니다.

- public : 공용으로 사용할 static 파일(css, image 등)을 보관하는 폴더입니다.

- src : 앱 개발에 필요한 소스 코드를 작성하는 폴더입니다.

- package.json : 앱 정보, 환경 설정, 스크립트 및 패키지의 의존성 정보 등을 포함하는 파일입니다.

src 폴더와 package.json 외에 다른 폴더는 특별한 경우가 아니라면 열어볼 일이 거의 없습니다.

index.js

먼저 src의 폴더에 있는 index.js 파일을 열어보겠습니다. index.js는 앱이 실행되면서 가장 먼저 실행되는 js 파일입니다. 첫 줄(#1)에 보이는 import 파이썬과 동일하게 개발에 필요한 컴포넌트나 css를 읽어 들이는 키워드입니다. 7번째 줄(#2)에 보이는 ReactDOM.render는 브라우저에 컴포넌트를 그리는 역할을 합니다. 여기서는 〈App /〉 컴포넌트를 root라는 요소(element)에 그립니다(root는 public/index.html에 있습니다).

예제 7.1 리액트 앱에서 가장 먼저 실행되는 index.js   (react_sample/src/index.js)

```
import React from 'react'; //(#1)
import ReactDOM from 'react-dom';
import './index.css';
import App from './App';
import * as serviceWorker from './serviceWorker';

ReactDOM.render(<App />, document.getElementById('root'));//(#2)

// If you want your app to work offline and load faster, you can change
// unregister() to register() below. Note this comes with some pitfalls.
```

```
// Learn more about service workers: https://bit.ly/CRA-PWA
serviceWorker.unregister();
```

App.js

다음은 root에 그리게 되는 〈App /〉 컴포넌트인 App.js 파일을 열어보겠습니다.

index.js와 동일하게 import 문이 있고 class로 App이 정의돼 있습니다.

App 클래스에 정의된 render에는 App이 브라우저에 그려야 하는 HTML이 정의돼 있습니다. 여기서 정의하는 HTML이 그림 7.4의 앱 시작 화면에 표시됩니다. 정확히 말하면 HTML이 혼합된 JSX 표현입니다. JSX는 HTML 코드에 리액트에서 사용하는 변수를 사용할 수 있는 확장된 표현 방식이라고 이해하면 됩니다.

JSX는 앞으로 구현하게 될 다른 컴포넌트의 render에서 하나씩 알아보겠습니다.

예제 7.2 〈App /〉 컴포넌트의 파일인 App.js　　　　　　　　　　　　　　　　(react_sample/src/App.js)

```
import React, { Component } from 'react';
import logo from './logo.svg';
import './App.css';



class App extends Component {
    render() {
        return (
            <div className="App">
                <header className="App-header">
                    <img src={logo} className="App-logo" alt="logo" />
                    <p> Edit <code>src/App.js</code> and save to reload. </p>
                    <a className="App-link"
                        href="https://reactjs.org"
                        target="_blank"
                        rel="noopener noreferrer">
                        Learn React</a>
                </header>
            </div>
        );
```

```
    }
  }
}
export default App;
```

예제 7.2에서 각 태그(div, header, img, a …)에 정의한 className은 App.css 파일에 정의돼 있습니다. 〈img〉 태그를 살펴보겠습니다.

```
<img src={logo} className="App-logo" alt="logo" />
```

img에 있는 {logo}는 JSX에서 사용하는 변수 바인딩 방법입니다. logo라는 변수를 img의 src 속성에 바인딩한다는 의미입니다. logo는 2번째 줄의 import에서 가져온 변수입니다. 변수는 컴포넌트 내에서 생성한 변수를 사용할 수도 있으며 logo처럼 다른 소스에 있는 변수를 가져올 수도 있습니다.

App.css

앞서 className에 사용한 css를 보겠습니다. 예제 7.3은 App.css 파일입니다. css 파일에 정의한 내용은 컴포넌트의 className에 해당하는 이름을 명시해서 사용할 수 있습니다. 일반적으로 HTML에서는 class이지만 키워드가 이미 기존에 사용되고 있기 때문에 리액트에서는 className으로 사용합니다.

예제 7.3 className에서 사용한 css 파일인 App.css   (react_sample/src/App.css)

```
.App {
    text-align: center;
}

.App-logo {
    animation: App-logo-spin infinite 20s linear;
    height: 40vmin;
    pointer-events: none;
}

...
```

이렇게 컴포넌트와 css 파일을 분리해서 스타일을 별도로 관리할 수 있지만, 최근에는 css도 js 파일 내에서 정의해서 사용하는 방식을 많이 사용하고 있습니다.

높은 수준의 웹을 구현하려면 CSS도 필수로 알고 있어야 하지만, 이번 프로젝트에서는 Material UI에서 제공하는 기본적인 디자인을 이용할 예정이므로 CSS와 관련된 내용은 언급하지 않겠습니다. CSS의 기본적인 사용법은 w3schools[4]에서 익힐 수 있습니다.

App.test.js

다음으로 App.test.js 파일이 있는데, 이 파일은 컴포넌트 테스트를 위한 파일입니다. 테스트와 관련된 내용은 컴포넌트 개발을 완료한 후에 소개하겠습니다.

지금까지 리액트 앱의 초기 생성 파일과 App 컴포넌트의 구성과 관련된 내용을 알아봤습니다. 리액트는 컴포넌트 단위로 개발하므로 컴포넌트의 구성과 동작 방식을 이해하는 것이 중요합니다. 다음 절에서는 컴포넌트와 관련된 내용을 알아보겠습니다.

컴포넌트 구성 및 렌더링

이번 절에서는 다음 그림과 같이 구글이나 네이버에서 볼 수 있는 섭씨(Celsius) 온도를 화씨(Fahrenheit) 온도로 변환하는 온도 계산기 예제를 구현해보면서 리액트의 메인 컨셉을 알아보겠습니다.

그림 7.6 구글의 온도 변환 계산기

그림 7.6의 계산기는 그림 7.7과 같이 컴포넌트로 단순화시켜 나타낼 수 있습니다. 섭씨 컴포넌트와 화씨 컴포넌트가 있고, 계산기 컴포넌트가 섭씨 컴포넌트와 화씨 컴포넌트를 포함하고 있습니다.

---

4 https://www.w3schools.com/css/

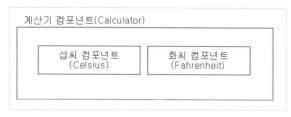

그림 7.7 온도 계산기의 컴포넌트 구조

리액트는 그림 7.7과 같이 모든 화면을 컴포넌트 단위로 분리해서 개발하고 개별 컴포넌트를 조립해서 사용하게 돼 있습니다. 이처럼 개별 컴포넌트를 개발한 다음 컴포넌트 간에 데이터를 전달하는 방법만 이해하면 손쉽게 계산기 컴포넌트를 개발할 수 있습니다. 그럼 개별 컴포넌트를 먼저 개발해 보겠습니다.

섭씨 컴포넌트

먼저 섭씨(Celsius) 컴포넌트입니다. 섭씨 컴포넌트의 전체 코드는 다음과 같습니다.

예제 7.4 섭씨(Celsius) 컴포넌트 (react_sample/src/Celsius.js)

```
import React, { Component } from 'react';

class Celsius extends Component{
    constructor(props){
        super(props);
        this.state = {
            cValue: "",
        }
    }
    render(){
        return(
            <div>
                섭씨:<input value={this.state.cValue}></input>
            </div>
        );
    }
}
export default Celsius;
```

섭씨 컴포넌트의 Celsius 클래스는 Componenet 클래스를 상속한 클래스로, 생성자(constructor)를 가지고 있습니다. 이 생성자는 컴포넌트가 생성될 때 호출되며 보통 필요한 값을 정의하거나 초기화하는 역할을 합니다. 생성자의 super(props)는 컴포넌트의 props를 사용할 수 있게 합니다. props는 상위 컴포넌트에서 전달해주는 값입니다.

만약 상위 컴포넌트에서 다음과 같이 Celsius의 속성으로 variableA, variableB를 지정하면 Celsius 컴포넌트에서 this.props를 이용해 this.props.variableA, this.props.variableB로 전달된 값을 사용할 수 있습니다. 이렇게 props는 상위 컴포넌트에서 하위 컴포넌트로 값을 전달할 때 사용합니다.

```
<Celsius variableA="1" variableB="2" />
```

다음은 this.state에 대해 알아보겠습니다. state는 컴포넌트에서 특별한 역할을 하며, 컴포넌트 내에서 사용할 상태 값을 정의할 수 있습니다. state는 대입 연산자(=)로는 값을 변경할 수 없고, 항상 this. setState 메서드를 이용해 업데이트해야 합니다. this.setState를 호출했을 때 업데이트되는 state가 render에 포함돼 있다면 화면이 다시 그려지는 효과가 발생합니다. setState는 다음 절에서 사용해 보겠습니다.

다음은 render 메서드입니다. render 메서드는 앞에서 본 것처럼 컴포넌트가 브라우저에 그려야 할 HTML을 명시합니다. 이때 render는 JSX 형태로 정의합니다. 예제 7.4에서는 HTML을 사용해서 명시했지만, value={this.state.cValue}와 같이 input의 value 속성에 state의 cValue 값을 바인딩할 수 있습니다. 이렇게 하면 state의 cValue 값이 setState 메서드에 의해 업데이트됐을 때 input의 value 값도 this.state.cValue로 변경되고, 화면에 새로 그려지게 됩니다.

마지막으로 export default Celsius는 여기서 정의한 Celsius 컴포넌트를 다른 모듈에서 임포트해서 사용할 수 있게 합니다. export와 관련된 자세한 내용은 문서를 읽어보기를 추천합니다. 익스포트도 다양한 형태가 있지만, 이번 프로젝트에서는 default만 사용하겠습니다.

화씨 컴포넌트

다음으로 살펴볼 컴포넌트는 화씨(Fahrenheit) 컴포넌트로 섭씨 컴포넌트와 유사합니다. 다만 화씨는 결과를 보여주는 역할만 하므로 input 태그는 없으며, label로 this.props.result 값만 출력해줍니다. 앞서 섭씨 컴포넌트에서 살펴봤듯이 this.props는 Fahrenheit 클래스의 속성값으로 상위 컴포넌트로부터 값을 전달받는 역할을 합니다.

```javascript
import React, { Component } from 'react';

class Fahrenheit extends Component{
    constructor(props){
        super(props);
        this.state = {
            fValue:""
        }
    }
    render(){
        return(
            <div>
                <label>화씨: {this.props.result}</label>
            </div>
        );
    }
}
export default Fahrenheit;
```

계산기 컴포넌트

마지막으로 Calculator 컴포넌트를 정의합니다. 앞서 그림 7.7에서 계산기 컴포넌트에 해당하는 부분입니다.

예제 7.6 계산기(Calculator) 컴포넌트   (react_sample/src/Calculator.js)

```javascript
import React, { Component } from 'react';
import Celsius from './Celsius';
import Fahrenheit from './Fahrenheit';

class Calculator extends Component{
    constructor(props){
        super(props);
        this.state = {
            result:"",
            fromCelsiusValue:0.0,
```

```
            }
        }
        render(){
            return(
                <div>
                    <Celsius />
                    <Fahrenheit result={this.state.result} />
                    <button>Change</button>
                </div>
            );
        }
    }


export default Calculator;
```

계산기 컴포넌트는 섭씨 컴포넌트와 화씨 컴포넌트를 포함하는 합성(Composition) 컴포넌트입니다. 합성(Composition) 컴포넌트는 여러 컴포넌트를 포함하고 있는 컴포넌트를 말합니다. import 구문으로 섭씨 컴포넌트인 Celsius와 화씨 컴포넌트인 Fahrenheit 컴포넌트를 읽어 들인 다음 render()에서 개별 컴포넌트를 선언합니다.

다음 코드는 Fahrenheit에서 result 속성에 Calculator의 this.state.result 값을 전달합니다.

```
<Fahrenheit result={this.state.result} />
```

전달한 값은 Fahrenheit 컴포넌트에서 this.props.result로 가져올 수 있습니다.

이렇게 Calculator 컴포넌트는 Celsius와 Fahrenheit 컴포넌트의 상위 컴포넌트로 자신의 상태 값인 this.state의 값을 하위 컴포넌트의 속성을 통해 전달할 수 있습니다.

지금까지 기본적인 컴포넌트 구성을 완료했습니다. 컴포넌트는 기본적으로 props와 state 두 가지 값으로 제어되고, 그려집니다. props는 상위 컴포넌트에서 전달받은 값이고 state는 컴포넌트가 가지는 상태 값입니다. 두 가지 개념만 잘 숙지하면 손쉽게 컴포넌트를 제어할 수 있습니다.

다음 절에서는 input과 button에서 발생하는 이벤트를 핸들링하는 방법과 상위 컴포넌트로 값을 전달하는 방법을 알아보겠습니다.

이벤트 핸들링과 리프팅 스테이트 업

이번 절에서는 리액트의 메인 컨셉 중 이벤트 핸들링과 리프팅 스테이트 업에 관해 알아보겠습니다. 먼저 컴포넌트(섭씨, 화씨)에서 사용자의 입력과 같은 특정 이벤트가 발생하면 이벤트를 핸들링하는 방법을 알아보겠습니다.

Celsius에서 정의한 input 요소에 사용자가 값을 입력해서 값이 변경되면 이 값을 state의 cValue 값에 업데이트하겠습니다. 만약 변경되는 이벤트를 처리하지 않으면 사용자가 값을 입력하더라도 화면에서 아무런 변화가 일어나지 않을 것입니다. 다음은 이벤트를 추가한 섭씨(Celsius) 컴포넌트의 코드입니다.

섭씨 컴포넌트

예제 7.7 섭씨(Celcius) 컴포넌트의 이벤트 핸들링   (react_sampe/src/Celsius.js)

```javascript
import React, { Component } from 'react';

class Celsius extends Component{
    constructor(props){
        super(props);
        this.state = {
            cValue: "",
        }
        this.handleChange = this.handleChange.bind(this);
    }
    handleChange(event){
        console.log("Celsius", event.target.value);
        this.setState({cValue:event.target.value});
        this.props.handleCelsius(event.target.value);
    }
    render(){
        return(
            <div>
                섭씨:<input value={this.state.cValue} onChange={this.handleChange}></input>
            </div>
        );
    }
}
export default Celsius;
```

파란색으로 표시한 부분이 사용자 이벤트를 처리하기 위한 코드입니다. 해당 부분만 살펴보겠습니다.

이벤트를 처리하려면 크게 세 가지 코드를 추가해야 합니다. 먼저 생성자(constructor)에서 this.handleChange.bind로 this와 바인딩한 다음 this.handleChange에 대입합니다. 이 코드는 this를 이용하기 위한 방법이지만 선뜻 이해하기 어려운 부분입니다.

뒤에서 이 코드를 삭제하는 방법을 알아보겠습니다.

```
this.handleChange = this.handleChange.bind(this);
```

다음은 handleChange 메서드를 정의합니다. 이벤트가 발생하면 어떤 동작을 해야 하는지 정의하는 부분이며 여기서는 input 태그의 이벤트에서 발생한 값을 event.target.value로 받아서 cValue 값을 업데이트합니다. 업데이트는 this.setState 메서드를 이용하며 cValue 값만 업데이트합니다. 이렇게 cValue 값을 업데이트하면 브라우저에서 입력 필드(input)의 값을 변경했을 때 화면에 반영되는 모습을 확인할 수 있습니다. cValue를 업데이트하는 부분이 없으면 사용자가 어떤 값을 입력하더라도 화면에서 값이 입력되지 않는 것처럼 보입니다.

마지막 줄의 this.props.handleCelsius는 상위 컴포넌트로 값을 전달하는 코드입니다. 자세한 설명은 Calculator 코드를 살펴본 후에 하겠습니다.

```
handleChange(event){
    console.log("Celsius", event.target.value);
    this.setState({cValue:event.target.value});
    this.props.handleCelsius(event.target.value);
}
```

마지막으로 앞서 정의한 handleChange 메서드를 input의 onChange 이벤트에 연결하면 사용자가 값을 입력해서 input의 값이 변경될 때마다 cValue를 업데이트하게 되고, 화면에서 입력한 값을 확인할 수 있습니다.

```
<input value={this.state.cValue} onChange={this.handleChange}></input>
```

지금까지 사용자의 입력을 처리하는 방법을 알아봤습니다.

계산기 컴포넌트

다음은 이벤트 처리 부분이 포함된 Calculator 코드를 보겠습니다.

예제 7.8 계산기(Calculator) 컴포넌트의 이벤트 바인딩 (react-sample/src/Calculator.js)

```
import React, { Component } from 'react';
import Celsius from './Celsius';
import Fahrenheit from './Fahrenheit';

class Calculator extends Component{
    constructor(props){
        super(props);
        this.state = {
            result:"",
            fromCelsiusValue:0.0,
        }
    }
    handleClick = (event) => {
        console.log("Click");
        this.setState({result:this.state.fromCelsiusValue*(9/5)+32});
    }
    handleCelsius = (value) => {
        console.log("Calculator handleCelsius", value);
        this.setState({fromCelsiusValue:parseFloat(value)});
    }
    render(){
        return(
            <div>
                <Celsius handleCelsius={this.handleCelsius}/>
                <Fahrenheit result={this.state.result} />
                <button onClick={this.handleClick}>Change</button>
            </div>
        );
    }
}
export default Calculator;
```

앞서 섭씨 컴포넌트에서 메서드를 바인딩하기 위해 세 단계에 걸쳐서 bind 메서드를 사용했습니다. 이 방법 외에도 다음과 같이 화살표(Arrow) 함수를 이용하면 바인드하는 단계를 줄일 수 있습니다. 화살표 함수에 대한 자세한 내용은 추가 자료를 참고하기 바랍니다.

```
handleClick = (event) => {
    console.log("Click");
    this.setState({result:this.state.fromCelsiusValue*(9/5)+32});
}
```

handleClick은 Calculator 컴포넌트에 있는 버튼이 클릭되면 Celcius 컴포넌트에서 전달받은 사용자가 입력한 값이 담긴 this.state.fromCelsiusValue와 섭씨를 화씨로 변환하는 공식인 C * (9/5) + 32를 이용해 최종 결괏값을 result에 업데이트 합니다.

그리고 정의한 handleClick은 버튼(⟨button⟩)에서 클릭 이벤트가 발생할 때 호출되는 onClick 이벤트에 바인딩합니다.

```
<button onClick={this.handleClick}>Change</button>
```

하지만 여기까지만 하면 실제로 result의 값이 정상적으로 계산되지 않습니다. Calculator 컴포넌트의 this.state.fromCelsiusValue 값은 하위 컴포넌트인 Celsius로부터 받아와야 합니다. 따라서 하위 컴포넌트인 Celsius로부터 cValue를 전달받기 위해 handleCelsius를 정의합니다.

```
handleCelsius = (value) => {
    console.log("Calculator handleCelsius", value);
    this.setState({fromCelsiusValue:parseFloat(value)});
}
```

정의한 handleCelsius는 Clesius 컴포넌트의 속성인 handleCelsius와 바인딩합니다.

```
<Celsius handleCelsius={this.handleCelsius} />
```

마지막으로 예제 7.7의 handleChange에서 this.props.handleCelsius로 이 함수를 호출합니다. 그럼 Celsius 컴포넌트의 cValue 값이 변경되는 시점에 handleCelsius의 value를 통해 값을 가져올 수 있습니다. 이 값은 parserFloat 메서드를 이용해 소수점 형태로 변환한 다음 Calculator 컴포넌트의 fromCelsiusValue 값에 업데이트합니다. 이렇게 하위 컴포넌트 속성에 함수를 연결해 하위 컴포넌트로부터 값을 전달받는 방법을 리프팅 스테이트 업이라고 합니다.

리액트는 기본적으로 props를 이용해 상위 컴포넌트에서 하위 컴포넌트로 데이터를 전달할 수 있습니다. 리액트는 데이터가 단방향으로만 전달됩니다. 리액트는 단방향이기 때문에 하위 컴포넌트의 값을 상위 컴포넌트에서 사용하려면 값을 명시적으로 전달해줘야 합니다. 지금까지 본 것처럼 props에 메서드를 바인딩하면 값을 전달할 수 있습니다.

마지막으로 최종 구현된 Calcurator 컴포넌트를 index.js에 반영합니다.

⟨App /⟩을 ⟨Calcurator /⟩로 변경합니다.

```
ReactDOM.render(<App />, document.getElementById('root'));
ReactDOM.render(<Calcurator />, document.getElementById('root'));
```

지금까지 샘플 앱의 구현은 모두 마쳤습니다. 다음 명령어를 이용해 앱을 실행해 보겠습니다.

```
C:\react-sample>npm start
```

다음 그림과 같이 섭씨 온도를 입력하고 [Change] 버튼을 클릭하면 화씨로 변환된 값이 표시되는 모습을 확인할 수 있습니다. 샘플 앱은 섭씨에서 화씨로 변경하는 예제였지만, 화씨를 입력했을 때 섭씨로도 변환하게 하고, [Change] 버튼을 누르지 않아도 값이 바뀔 때마다 실시간으로 입력한 값을 변환하도록 발전시킬 수 있을 것입니다. 추가적인 업그레이드는 독자 여러분의 과제로 남겨두겠습니다.

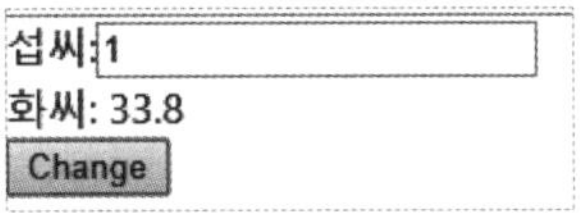

섭씨: 1
화씨: 33.8
Change

그림 7.8 섭시에서 화씨로 변환하는 온도 계산기

이번 절에서는 리액트의 메인 컨셉인 컴포넌트의 개념과 스테이트, 이벤트 핸들링, 리프팅 스테이트 업에 대해서 알아봤습니다.

이 외에 리액트의 중요한 개념으로는 라이프 사이클이 있습니다. 라이프 사이클은 프로젝트 화면을 구현하면서 소개하겠습니다. 리액트는 스테이트와 props, 라이프 사이클로 대부분의 동작을 제어할 수 있습니다. 다만 파이썬과 같은 인터프리터 방식의 언어가 아닌 선언형으로 특정 시점에 필요한 메서드가 호출되며, 해당 메서드에 필요한 코드를 작성하는 방식으로 개발해야 합니다.

일반적으로 한줄 한줄 코드를 따라가면서 개발하는 방식이 아니라 어려움이 있을 수 있습니다. 하지만 스테이트와 props, 라이프 사이클만 이해한다면 리액트의 70% 이상은 이해했다고 해도 과언이 아닙니다. 이 프로젝트에서도 이번 절에서 소개한 리액트의 컨셉만으로 모든 개발을 진행하겠습니다.

이번 절에서는 프로젝트에서 사용할 웹을 디자인하고 개발해 보겠습니다. 웹을 개발하기 전에 화면을 어떻게 구성할지 디자인 도구를 이용해 스케치해 보겠습니다. 그다음 스케치한 화면을 바탕으로 리액트 웹의 컴포넌트를 구현하겠습니다. 마지막으로는 개발한 웹을 빌드해 보겠습니다. 빌드가 완료되면 배포를 할 수 있습니다. 배포와 관련된 내용은 9장 서비스 배포에서 알아보겠습니다.

개발 화면 디자인

이번 절에서는 본격적인 개발에 앞서 필요한 화면을 디자인해 보겠습니다. 화면을 디자인하고 프로토 타입 설계를 지원하는 도구는 무료부터 유료까지 다양한 도구가 있습니다. 이번 절에서는 카카오에서 제공하는 카카오 오븐을 이용해 화면을 디자인해 보겠습니다.

먼저 카카오 오븐 사이트(https://ovenapp.io/)로 이동합니다. 간단히 이메일을 이용해 가입하면 바로 사용할 수 있습니다. 로그인한 다음 [새로운 프로젝트 만들기] 버튼을 클릭합니다.

그림 7.9 카카오 오븐 메인 화면

다음과 같이 새로운 프로젝트 만들기 화면이 나오면 프로젝트의 이름과 상세내용, 기본 화면사이즈를 선택합니다. 이 책에서는 프로젝트 이름은 stocklab으로 정하고, 기본 화면사이즈는 [1200px – PC] 를 선택했습니다. 프로젝트 정보를 입력하고 [새로운 프로젝트 만들기] 버튼을 클릭합니다.

그림 7.10 카카오 오븐의 신규 프로젝트 생성

신규 프로젝트가 생성되면 stocklab을 클릭해 디자인 화면으로 들어갑니다. 디자인 화면의 UI는 다음 그림과 같이 파워포인트와 유사한 컨셉으로 돼 있습니다. 오른쪽에 있는 컴포넌트를 중앙에 있는 디자인 화면 영역으로 끌어다 놓고, 문자열 등을 편집하는 방식입니다.

그림 7.11 카카오 오븐의 디자인 화면

이번 프로젝트에서 구현할 화면 디자인을 생성해 보겠습니다. 왼쪽 상단 영역은 종목을 검색할 수 있는 영역으로 드롭다운과 라디오버튼을 이용해 그렸습니다. 왼쪽 하단은 선택한 종목에 대한 가격 정보를 보여주는 영역으로 게시판형을 이용해 그렸습니다. 마지막으로 오른쪽 영역의 그래프는 Line을 이용해 그렸습니다.

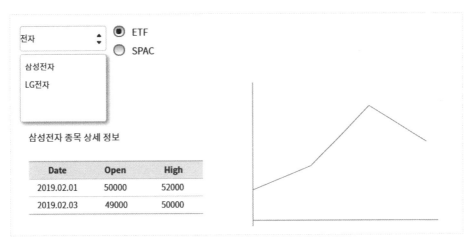

그림 7.12 종목 검색 및 가격 정보 화면

이번 절에서는 프로젝트에 필요한 화면을 간단한 도구인 카카오 오븐을 이용해 디자인했습니다. 카카오 오븐은 무료로 사용할 수 있다는 장점이 있지만 필요한 아이콘과 그림이 풍부한 편은 아닙니다. 하지만 짧은 시간에 특별한 학습 없이도 빠르게 디자인 화면을 그릴 수 있는 장점이 있습니다. 개별적으로 사용하는 디자인 도구가 있거나 다른 무료 디자인 도구를 사용해도 무방합니다.

다음 절부터는 이번 절에서 디자인한 화면을 실제 코드로 구현해 보겠습니다.

종목 검색 화면 개발

이번 절에서는 그림 7.12에서 디자인한 화면을 구현해 보겠습니다. 먼저 비주얼 스튜디오 코드를 실행한 다음 /client/stocklab-react/src 폴더에 components 폴더와 pages 폴더를 생성합니다.

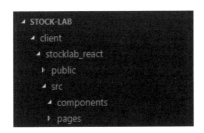

그림 7.13 components 폴더와 pages 폴더 생성

components는 화면을 구성하는 개별 컴포넌트를 저장하기 위한 폴더이고, pages는 각 컴포넌트를 이용해 구성한 페이지를 저장하기 위한 폴더입니다.

그림 7.12의 종목 검색 화면을 컴포넌트와 페이지 단위로 그려보면 다음 그림과 같습니다.

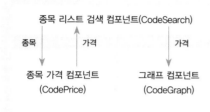

그림 7.14 종목 정보 페이지와 컴포넌트 구성

종목 정보 페이지는 종목 리스트 검색, 종목 가격, 그래프 컴포넌트를 포함하고 있습니다. 종목 리스트 검색 컴포넌트에서 종목을 선택하면 종목 가격 컴포넌트에서 가격 정보를 로딩하며, 로딩한 가격 정보는 다시 그래프 컴포넌트로 전달해 그래프를 그리는 방식으로 진행하겠습니다. 다만 이런 구성은 상황마다 다를 수 있습니다. 그래프 컴포넌트를 가격 컴포넌트에 포함시키면 가격 정보를 별도로 전달하지 않고 그래프를 그릴 수 있습니다. 컴포넌트를 어떻게 구성할지는 상황에 맞게 고민하고 결정합니다.

먼저 그림 7.14의 종목 정보 페이지(CodeInfo)를 구현하겠습니다. 종목 정보 페이지는 하위 컴포넌트로 CodeSearch와 CodeGraph 컴포넌트를 포함합니다.

예제 7.9 종목 정보 페이지의 기본 구성   (stocklab-react/src/pages/CodeInfo.js)

```
import React, { Component } from 'react';
import Grid from '@material-ui/core/Grid';
import { withStyles } from '@material-ui/core/styles';
import Paper from '@material-ui/core/Paper';
import CodeSearch from '../components/CodeSearch';
import CodePrice from '../components/CodePrice';
import CodeChart from '../components/CodeChart';

const styles = {
    root: {
        flexGrow: 1,
    },
```

```
    paper: {
        height: 140,
        width: 100,
    },
    control: {
        padding: 2,
    },
};


class CodeInfo extends Component {
    constructor(props){
        super(props);
    }
    componentDidMount(){

    }
    componentDidUpdate(prevProps, prevState, snapshot){

    }
    handleSelectedCode = (selectedCode)=>{
        console.log("CodeInfo handleSelectedCode", selectedCode);
        this.setState({selectedCode});
    }
    render(){
        return(
            <div>
                <div>
                    <CodeSearch/>
                </div>
                <div>
                    <Grid>
                        <Grid container justify="left">
                            <Grid key={"codePrice"} item>
                                <Paper className={classes.paper} />
                            </Grid>
                            <Grid key={"codeChart"} item>
                                <Paper className={classes.paper} />
                            </Grid>
```

```
                    </Grid>
                </Grid>
            </div>
        </div>
    );
  }
}


export default withStyles(styles)(CodeInfo);
```

종목 정보 페이지(CodeInfo)에서 componentDidMount와 componentDidUpdate는 컴포넌트 라이프 사이클과 관련된 메서드로 뒤에서 다시 설명하겠습니다.

앞서 리액트 앱의 기본 구성을 살펴보면서 App.css를 이용해 컴포넌트의 className에 css 파일을 적용하는 방법을 살펴봤습니다. 하지만 우리 프로젝트에 적용할 MaterialUI는 css를 조금 다르게 처리합니다. 먼저 App.css에 별도로 정의한 부분을 MaterialUI에서는 const styles에 정의합니다.

```
const styles = {
    root: {
        flexGrow: 1,
    },
    paper: {
        height: 140,
        width: 100,
    },
    control: {
        padding: 2,
    },
};
```

정의한 styles는 다음과 같이 withStyles 메서드를 이용해 CodeInfo의 속성으로 전달할 수 있습니다. withStyles는 CodeInfo 컴포넌트에서 classes라는 속성으로 styles를 전달하는 함축적인 기능이 있습니다.

```
export default withStyles(styles)(CodeInfo);
```

속성으로 전달한 styles는 this.props를 이용해 render에서 다음과 같이 가져올 수 있습니다. const { classes }는 this.props에서 classes라는 이름의 속성(this.props.classes)만 가져와서 classes 상수로 사용하게 됩니다.

```
render(){
    const { classes } = this.props;
    ...
}
```

최종적으로 classes에는 const styles의 내용이 전달됩니다. 이러한 방식으로 전달하지 않고 render에서 const styles를 바로 선언한 다음에 사용할 수도 있습니다. 하지만 render에서 const styles를 바로 선언하면 스타일을 정의하는 코드가 컴포넌트를 렌더링하는 코드에 밀접하게 연관되므로 코드를 유지보수하는 관점에서 좋지 않은 구현 방법이 됩니다. 따라서 스타일을 정의하는 코드와 컴포넌트를 렌더링하는 코드를 분리하기 위해 MaterialUI에서는 withStyles를 이용합니다.

이어서 render를 살펴보겠습니다. 제일 먼저 CodeSearch 컴포넌트를 불러옵니다. CodeSearch 컴포넌트 아래에서는 Grid로 두 개의 Paper 컴포넌트를 그립니다. Paper 컴포넌트는 레이아웃을 확인하기 위한 더미 코드로 나중에 CodePrice 컴포넌트와 CodeGraph 컴포넌트로 대체됩니다.

```
return(
    <div>
        <div>
            <CodeSearch/>
        </div>
        <div>
            <Grid>
                <Grid container justify="left">
                    <Grid key={"codePrice"} item>
                        <Paper className={classes.paper} />
                    </Grid>
                    <Grid key={"codeChart"} item>
                        <Paper className={classes.paper} />
                    </Grid>
                </Grid>
            </Grid>
        </div>
    </div>
);
```

CodeSearch 컴포넌트

이어서 살펴볼 컴포넌트는 CodeSearch 컴포넌트입니다. CodeSearch 컴포넌트는 자동 완성(Auto Complete)을 지원하는 드롭다운(Dropdown) 형태의 컴포넌트로 종목 검색을 지원합니다.

다만 Material UI에서는 자동 완성 기능이 있는 컴포넌트는 제공하지 않습니다. 컴포넌트가 없다면 직접 만들어 사용해도 되지만 생산성을 위해 다른 개발자가 만들어서 공유해둔 react-select 컴포넌트를 이용해 보겠습니다. npm을 이용해 다음과 같이 react-select 컴포넌트를 설치합니다.

```
C:\stock-lab\client\stocklab-react>npm install react-select --save
```

설치가 완료되면 src/components 폴더에 CodeSearch.js 파일을 생성하고 코드를 작성합니다. 전체 코드는 다음과 같습니다.

예제 7.10 CodeSearch 컴포넌트   (stocklab-react/src/components/CodeSearch.js)

```javascript
import React, { Component } from 'react';
import Select from 'react-select';
import makeAnimated from 'react-select/lib/animated';
import RadioGroup from '@material-ui/core/RadioGroup';
import Radio from '@material-ui/core/Radio';
import FormControlLabel from '@material-ui/core/FormControlLabel';
import FormControl from '@material-ui/core/FormControl';

class CodeSearch extends Component{
    constructor(props){
        super(props);
        console.log("CondeSearch constructor")
        this.state = {
            selectedOption:'',
            options : [],
            filteredOptions : [],
        };
    }
    handleSelectChange = (selectedOption) =>{
        this.props.handleSelectedCode(selectedOption.code);
    }
    handleRadioChange = (event) =>{
        if(event.target.value==="spac"){
```

```
            this.setState({
                filteredOptions:this.state.options.filter(item=>item.is_spac==='Y')
            })
        }else if(event.target.value==="etf"){
            this.setState({
                filteredOptions:this.state.options.filter(item=>item.is_etf==='1')
            })
        }else if(event.target.value==="all"){
            this.setState({
                filteredOptions:[],
            })
        }
    }
    componentDidMount(){
        console.log("CodeSearch didmount");
        let api_url = "http://127.0.0.1:5000/codes";
        let options = [];
        fetch(api_url)
            .then(res => res.json())
            .then(data =>{
                data["code_list"].map(function(item){
                    item["value"] = item["code"]
                    item["label"] = item["name"] + "(" + item["code"] +")"
                    item["market"] = item["market"]
                    item["is_etf"] = item["is_etf"]
                    item["is_spac"] = item["is_spac"]
                });
                this.setState({options:data["result"]})
            });
    }
    render(){
        const { selectedOption, options, filteredOptions } = this.state;
        console.log("CodeSearch render", options);
        return (
            <div>
            {
                <Select
                    onChange={this.handleSelectChange}
                    options={filteredOptions.length > 0?
```

```
                    filteredOptions:options}
        />
      }
      {
        <FormControl component="fieldset">
          <RadioGroup
            onChange={this.handleRadioChange}
            row
          >
          <FormControlLabel
            value="all"
            control={<Radio color="primary" />}
            label="ALL"
            labelPlacement="end"
          />
          <FormControlLabel
            value="etf"
            control={<Radio color="primary" />}
            label="ETF"
            labelPlacement="end"
          />
          <FormControlLabel
            value="spac"
            control={<Radio color="primary" />}
            label="SPAC"
            labelPlacement="end"
          />
          </RadioGroup>
        </FormControl>
      }
      </div>
    );
  }
}


export default CodeSearch;
```

CodeSearch 생성자

먼저 컴포넌트가 생성될 때 호출되는 constructor 부분을 보겠습니다. this.state에는 selectedOption, options, filteredOptions 세 개의 변수를 정의합니다. selectedOption에는 Dropdown 항목에서 최종적으로 선택한 종목의 코드 번호가 저장됩니다. options에는 모든 종목 정보가 저장됩니다. filteredOptions는 SPAC이나 ETF 종목만 조회할 때 사용할 변수입니다.

```
constructor(props){
    super(props);
    this.state = {
        selectedOption: "",
        options : [],
        filteredOptions : [],
    };
}
```

CodeSearch 렌더링

CodeSearch 컴포넌트의 render 영역을 보겠습니다.

render에서는 react-select의 Select 컴포넌트를 호출하고 props는 value와 onChange, options를 지정합니다.

Select의 options에는 삼항 연산자를 이용해 filteredOptions 값이 있다면 filteredOptions를 사용하고, 값이 없다면 options를 사용해 전체 코드를 보여주도록 합니다.

```
options={filteredOptions.length > 0?
            filteredOptions:options}
```

추가로 Option이 너무 많이 표시되면 아래쪽 화면을 가리므로 maxMenuHeight을 100으로 설정합니다.

Select 컴포넌트에 추가로 사용할 수 있는 props는 react-select 공식 페이지[5]를 참고바랍니다.

```
render(){
    const { options, filteredOptions } = this.state;
```

---

5 https://react-select.com/props#select-props

```
        console.log("CodeSearch render", options);
        return (
          <div>
          {
            <Select
                onChange={this.handleSelectChange}
                options={filteredOptions.length > 0?
                            filteredOptions:options}
                maxMenuHeight={100}
            />
          }
          ...
        );
      }
```

그다음은 라디오 버튼을 그리는 코드입니다.

라디오 버튼은 All, ETF, SPAC 3가지 필터 옵션 중에서 하나를 선택할 수 있습니다. ALL을 선택하면 모든 종목이 보이고, ETF나 SPAC를 선택하면 ETF 종목이나 SPAC 종목만 보이게 필터링합니다.

먼저 FormControlLabel를 이용해 ALL, ETF, SPAC 레이블을 달아줍니다. FormControlLabel은 control에 컴포넌트를 지정해서 특정 컴포넌트를 사용할 수 있습니다. 여기서는 〈Radio /〉 컴포넌트를 이용합니다. Radio 컴포넌트 이외에도 다양한 Material UI의 컴포넌트를 이용할 수 있습니다.

```
        <FormControlLabel
            value="all"
            control={<Radio color="primary" />}
            label="ALL"
            labelPlacement="end"
        />
```

그다음 생성한 3개의 FromControlLabel(ALL, ETF, SPAC) 라디오 버튼을 RadioGroup으로 묶어줍니다. RadioGroup에 속한 컴포넌트에서 값이 변경되면 변경된 값을 처리하기 위해 RadioGroup의 onChange에는 handleRadioChange를 바인딩합니다.

```
        {
          <RadioGroup
              onChange={this.handleRadioChange}
```

```
                    row
                >
                <FormControlLabel
                    value="all"
                    control={<Radio color="primary" />}
                    label="ALL"
                    labelPlacement="end"
                />
                <FormControlLabel
                    value="etf"
                    control={<Radio color="primary" />}
                    label="ETF"
                    labelPlacement="end"
                />
                <FormControlLabel
                    value="spac"
                    control={<Radio color="primary" />}
                    label="SPAC"
                    labelPlacement="end"
                />
                </RadioGroup>
            }
        </div>
```

라디오 버튼의 이벤트 핸들링

라디오 그룹의 값이 변경되면 그 값을 전달받아 처리하는 handleRadioChange를 보겠습니다.

이 메서드로 전달되는 값은 이벤트 오브젝트이며, event.target.value를 통해 라디오 버튼의 value에 값을 할당받을 수 있습니다.

전달받은 값(spac, etf, all)에 따라 options에 있는 전체 종목에서 각 조건에 맞는 값만 필터링해서 filteredOptions를 반영합니다.

필터링에 사용하는 filter 함수는 리스트 타입의 오브젝트에서 특정 조건에 맞는 항목만 취하는 역할을 합니다. filter와 관련된 사용법은 바로 뒤의 filter 메서드에서 소개하겠습니다. 값이 all일 때는 filteredOptions를 빈 값의 리스트([ ])로 업데이트합니다.

```
handleRadioChange = (event) =>{
    if(event.target.value==="spac"){
        this.setState({
            filteredOptions:this.state.options.filter(item=>item.is_spac==='Y')
        })
    }else if(event.target.value==="etf"){
        this.setState({
            filteredOptions:this.state.options.filter(item=>item.is_etf==='1')
        })
    }else if(event.target.value==="all"){
        this.setState({
            filteredOptions:[],
        })
    }
}
```

❓ filter 메서드

알아보기

filter 메서드는 배열(Array) 객체에서 제공하는 메서드로 배열 중에서 조건에 해당하는 값만 반환하는 역할을 합니다. 조건은 간단한 함수로 정의할 수도 있고 복잡한 조건도 설정할 수 있습니다.

간단한 예제를 살펴보기 위해 words라는 배열을 정의합니다.

```
var words = ['spray', 'limit', 'elite', 'exuberant', 'destruction', 'present'];
```

words 배열에서 filter 메서드를 이용해 각 단어의 길이가 6을 넘는 단어만 필터링하려면 다음과 같이 사용합니다.

```
const result = words.filter(word => word.length > 6);
```

filter가 반환한 값을 출력합니다.

```
console.log(result);
```

출력되는 결과는 다음과 같습니다.

```
Array ["exuberant", "destruction", "present"]
```

추가적인 예시는 문서[6]를 참고하기 바랍니다.

---

[6] https://developer.mozilla.org/ko/docs/Web/JavaScript/Reference/Global_Objects/Array/filter

이벤트 핸들링에서 filteredOptions를 라디오 버튼을 선택할 때마다 변경하면 앞서 Select 컴포넌트의 options에서 삼항 연산자를 이용해 선택적으로 값을 반영한 부분과 연결되어 라디오 버튼을 선택할 때마다 Select 컴포넌트에 그려지는 항목이 달라집니다.

filteredOptions에 값이 있을 때는(> 0?) options에 filteredOptions를 반영해 그려주며 값이 없을 때는 전체 코드(options)를 그립니다.

```
<Select
    onChange={this.handleSelectChange}
    options={filteredOptions.length > 0? filteredOptions:options}
```

CodeSearch 컴포넌트의 라이프 사이클 – componentDidMount

이번에는 CodeSearch 컴포넌트의 componentDidMount 메서드를 보겠습니다. componentDidMount는 컴포넌트의 라이프 사이클에 해당하는 메서드입니다.

이 메서드는 컴포넌트가 생성되고 render 메서드가 호출된 다음 브라우저에 컴포넌트가 마운트(mount)되면 호출되는 메서드입니다. 일반적으로 네트워크를 이용해 초기 데이터를 적재(load)할 때는 이 componentDidMount 메서드를 이용합니다. 그리고 componentDidMount 메서드에서 setState를 호출하면 다시 render 메서드가 호출됩니다.

실제로 크롬 브라우저에서 F12 키를 눌러 호출되는 순서를 확인해보면 constructor → render → componentDidMount → render 순으로 호출되는 모습을 확인할 수 있습니다. 또한 첫 번째 호출된 render의 options는 빈 값이고, componentDidMount가 호출된 후에는 render의 options 값이 채워진 것을 확인할 수 있습니다.

```
CondeSearch constructor                          CodeSearch.js:12
CodeSearch render  ▶ []                          CodeSearch.js:60
CodeSearch componentDidMount                     CodeSearch.js:42
CodeSearch render                                CodeSearch.js:60
  (2846) [{…}, {…}, {…}, {…}, {…}, {…}, {…}, {…}, {…},
  {…}, {…}, {…}, {…}, {…}, {…}, {…}, {…}, {…}, {…}, {…},
  {…}, {…}, {…}, {…}, {…}, {…}, {…}, {…}, {…}, {…}, {…},
  {…}, {…}, {…}, {…}, {…}, {…}, {…}, {…}, {…}, {…}, {…},
▶ {…}, {…}, {…}, {…}, {…}, {…}, {…}, {…}, {…}, {…}, {…},
  {…}, {…}, {…}, {…}, {…}, {…}, {…}, {…}, {…}, {…}, {…},
  {…}, {…}, {…}, {…}, {…}, {…}, {…}, {…}, {…}, {…}, {…},
  {…}, {…}, {…}, {…}, {…}, {…}, {…}, {…}, {…}, {…}, {…},
  {…}, {…}, {…}, …]
```

그림 7.15 컴포넌트의 호출 순서

여기서 주의해야 할 부분은 네트워크를 이용해 데이터를 적재할 때 시간이 오래 걸리면 사용자에게 혼선이 생길 수 있다는 점입니다. 사용자는 첫 번째 render 시점에 화면을 보게 되지만, 두 번째 render 시점까지 아무런 데이터도 보이지 않습니다. 따라서 시간이 오래 걸리는 작업이라면 constructor 부분에서 데이터를 적재하는 것도 하나의 방법이 될 수 있습니다.

이 프로젝트에서는 componentDidMount에서 7장에서 개발한 API 서버로 데이터를 요청한 다음 적재하도록 하겠습니다.

```
componentDidMount(){
    console.log("CodeSearch didmount");
    let api_url = "http://127.0.0.1:5000/codes";
    let options = [];
    fetch(api_url)
        .then(res => res.json())
        .then(data =>{
            data["result"].map(function(item){
                item["value"] = item["code"]
                item["label"] = item["name"] + "(" + item["code"] +")"
                item["market"] = item["market"]
                item["is_etf"] = item["is_etf"]
                item["is_spac"] = item["is_spac"]
            });
            this.setState({options:data["result"]})
        });
}
```

API 서버로 데이터를 요청할 때는 fetch 함수를 이용하며, 불러들인 데이터를 json으로 변환합니다.

```
fetch(api_url)
    .then(res => res.json())
```

json으로 변환된 data에서 result 필드의 각 항목을 options 리스트에 저장한 다음 다시 setState의 options를 업데이트합니다. 추가로 item 항목에서 label은 종목명(name)과 code를 결합한 형태로 보여줍니다.

```
.then(data =>{
    data["result"].map(function(item){
```

```
                    item["value"] = item["code"]
                    item["label"] = item["name"] + "(" + item["code"] +")"
                    item["market"] = item["market"]
                    item["is_etf"] = item["is_etf"]
                    item["is_spac"] = item["is_spac"]
                });
                this.setState({options:data["result"]})
```

종목 정보 페이지 실행

이렇게 해서 종목을 검색할 수 있는 컴포넌트와 종목 정보 페이지까지 구현했습니다. 지금까지 진행한 내용을 브라우저에서 확인해보겠습니다.

먼저 stocklab-reactWindex.js 파일을 열고 지금까지 생성한 페이지가 화면이 보이게 코드를 수정합니다. ReactDOM.render에서 〈App /〉을 〈CodeInfo /〉 페이지로 변경합니다.

예제 7.11 index.js 파일 수정   (stocklab-react/index.js)

```
import React from 'react';
import ReactDOM from 'react-dom';
import './index.css';
import App from './App';
import CodeInfo from './pages/CodeInfo';
import * as serviceWorker from './serviceWorker';

ReactDOM.render(<CodeInfo />, document.getElementById('root'));

// If you want your app to work offline and load faster, you can change
// unregister() to register() below. Note this comes with some pitfalls.
// Learn more about service workers: https://bit.ly/CRA-PWA
serviceWorker.unregister();
```

다음은 앱이 API 서버로부터 데이터를 받아와야 하므로 API 서버를 먼저 실행해야 합니다. 비주얼 스튜디오 코드의 터미널[Ctrl + Shift + `]을 실행하고, 다음 명령어로 API 서버를 실행합니다.

```
(stocklab) C:\stock-lab>python api_server.py
```

이번에는 리액트 앱을 실행해 보겠습니다. 터미널에서는 API 서버가 실행되고 있으므로 터미널 창을 하나 더 추가합니다. 비주얼 스튜디오 코드에서는 터미널 창에서 오른쪽에 있는 [+] 버튼을 누르면 터미널을 하나 더 생성할 수 있습니다. 터미널을 하나 더 생성하고 다음 명령어로 리액트 앱을 실행합니다.

```
C:\stock-lab\client\stocklab-react>npm start
```

브라우저가 실행되면서 localhost:3000으로 접속됩니다. 브라우저에서 다음과 같이 개발한 화면을 확인할 수 있습니다.

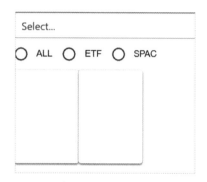

그림 7.16 앱 실행 화면 – 종목 정보 페이지

라디오 버튼의 선택에 따라 드롭다운 박스에서 선택할 수 있는 옵션이 변경되는 모습을 확인할 수 있습니다.

Select...	Select...	Select...
동화약품(000020)	KODEX 200(069500)	SK3호스팩(232330)
KR모터스(000040)	KOSEF 200(069660)	미래에셋제5호스팩(239340)
경방(000050)	KODEX 반도체(091160)	케이비제10호스팩(250930)
메리츠화재(000060)	KODEX 은행(091170)	IBKS제5호스팩(254120)

그림 7.17 라디오 버튼의 선택에 따라 변경되는 드롭다운 옵션

여기까지 CodeSearch 컴포넌트를 완료했습니다.

CodePrice

이번에는 종목정보 페이지에서 가격 정보를 보여주는 CodePrice 컴포넌트를 구현해 보겠습니다.

가격 정보 컴포넌트는 종목 검색(CodeSearch) 컴포넌트에서 선택한 종목에 대한 가격 정보를 테이블 형식으로 보여주는 컴포넌트입니다. 그림 7.16에서 왼쪽 아래에 위치한 컴포넌트입니다.

Material UI에도 테이블[7]로 데이터를 보여주는 컴포넌트를 제공하고 있습니다. 하지만 Material UI에서 제공하는 테이블 컴포넌트는 낮은 수준의 API로 각 테이블의 셀, 헤더 등을 개별적으로 구현해야 하는 불편함이 있습니다. Material UI에서는 고수준의 API를 제공하지 않기 때문입니다.

다른 개발자들 역시 같은 불편함을 느끼고 Material UI의 컨셉을 그대로 이어받아 편리하게 사용할 수 있도록 개발하고 공개한 테이블 컴포넌트가 많이 있습니다. 깃허브(GitHub)에서 material tatable 키워드로 검색하면 다음과 같이 많은 컴포넌트를 찾을 수 있습니다. 검색 결과 중에서 일반적으로 오른쪽에 있는 검은색 별의 숫자가 높을수록 많은 사람이 이용한다고 할 수 있습니다. 다만 프로젝트에서는 최근에 추가된 mbrn/material-table을 사용하겠습니다(mbrn/material-table은 Material-UI의 공식 홈페이지에서도 소개하고 있습니다).

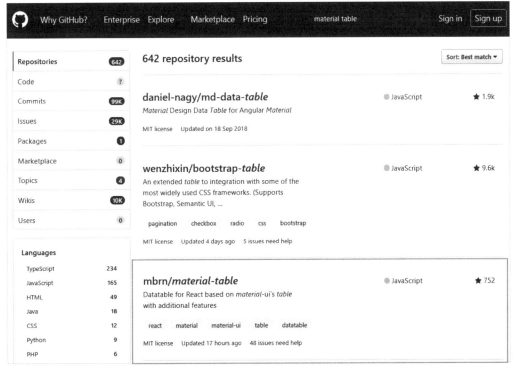

그림 7.18 깃허브에서 material datatable 검색

---

7 https://material-ui.com/demos/tables/

mbrn/material−table의 설치는 npm을 이용해 할 수 있습니다.

```
C:\stock-lab\client\stocklab-react>npm install material-table --save
```

가격 정보 컴포넌트를 구현하기 전에 CodeSearch에서 선택한 코드를 상위 컴포넌트인 CodeInfo로 전달해야 합니다. 이 코드가 있어야만 가격 정보 컴포넌트에서 사용자가 선택한 코드의 가격 정보를 API를 통해서 가져올 수 있습니다. 가격 정보를 상위 CodeInfo로 전달하기 위해 앞서 리액트의 메인 컨셉에서 설명했던 리프팅 스테이트 업 개념을 동일하게 이용합니다.

CodeSearch 컴포넌트에서 사용자가 옵션을 선택하면 발생하는 이벤트인 onChange에 바인딩한 handleSelectChange에서 this.props를 이용해 CodeInfo 컴포넌트의 handleSelectedCode(예제 7.13)를 호출합니다.

예제 7.12 CodeSearch 컴포넌트의 handleSelectChange　　　　　　　(stocklab−react/src/components/CodeSearch.js)

```
handleSelectChange = (selectedOption)=>{
    this.props.handleSelectedCode(selectedOption.code);
}
```

CodeInfo 컴포넌트에서는 handleSelectedCode를 정의하고, CodeSearch 컴포넌트의 props인 handleSelectedCode를 바인딩합니다. 그리고 하위 컴포넌트로부터 받은 selectedCode 값을 this. state.selectedCode로 업데이트합니다.

예제 7.13 CodeInfo 컴포넌트의 handleSelectCode　　　　　　　(stocklab−react/src/components/CodeSearch.js)

```
//CodeInfo 컴포넌트
handleSelectedCode = (selectedCode)=>{
    console.log("CodeInfo handleSelectedCode", selectedCode);
    this.setState({selectedCode});
}
```

업데이트된 this.state.selectedCode 값은 CodePrice의 code로 다시 넘겨줍니다.

즉 하위 컴포넌트인 CodeSearch에서 선택한 값을 상위 컴포넌트인 CodeInfo의 this.state. selectedCode에 저장하고, 다시 이 값을 하위 컴포넌트인 CodePrice로 전달하는 것입니다. 앞서 리프팅 스테이트 업의 개념을 이용해 CodeSearch에서 선택한 값을 CodeInfo로 전달하고, 다시 CodePrice로 전달했습니다.

```
import CodePrice from '../component/CodePrice';


    //CodeInfo 컴포넌트
    render(){
        return(
            <div>
                <div>
                    <CodeSearch code={this.state.selectedCode} handleSelectedCode={this.handleSe-
lectedCode} />
                </div>
                <div>
                    <Grid>
                        <Grid container justify="left">
                            <Grid key={"codePrice"} item>
                                <CodePrice code={this.state.selectedCode}/>
        ...
    )
}
```

CodePrice 컴포넌트

다음은 CodePrice 컴포넌트를 구현하겠습니다. components 폴더에 CodePrice.js 파일을 생성하고
코드를 작성합니다.

```
import React, { Component, forwardRef } from 'react';
import MaterialTable from "material-table";
import AddBox from '@material-ui/icons/AddBox';
import ArrowUpward from '@material-ui/icons/ArrowUpward';
import Check from '@material-ui/icons/Check';
import ChevronLeft from '@material-ui/icons/ChevronLeft';
import ChevronRight from '@material-ui/icons/ChevronRight';
import Clear from '@material-ui/icons/Clear';
import DeleteOutline from '@material-ui/icons/DeleteOutline';
import Edit from '@material-ui/icons/Edit';
```

```
import FilterList from '@material-ui/icons/FilterList';
import FirstPage from '@material-ui/icons/FirstPage';
import LastPage from '@material-ui/icons/LastPage';
import Remove from '@material-ui/icons/Remove';
import SaveAlt from '@material-ui/icons/SaveAlt';
import Search from '@material-ui/icons/Search';
import ViewColumn from '@material-ui/icons/ViewColumn';

const tableIcons = {
    Add: forwardRef((props, ref) => <AddBox {...props} ref={ref} />),
    Check: forwardRef((props, ref) => <Check {...props} ref={ref} />),
    Clear: forwardRef((props, ref) => <Clear {...props} ref={ref} />),
    Delete: forwardRef((props, ref) => <DeleteOutline {...props} ref={ref} />),
    DetailPanel: forwardRef((props, ref) => <ChevronRight {...props} ref={ref} />),
    Edit: forwardRef((props, ref) => <Edit {...props} ref={ref} />),
    Export: forwardRef((props, ref) => <SaveAlt {...props} ref={ref} />),
    Filter: forwardRef((props, ref) => <FilterList {...props} ref={ref} />),
    FirstPage: forwardRef((props, ref) => <FirstPage {...props} ref={ref} />),
    LastPage: forwardRef((props, ref) => <LastPage {...props} ref={ref} />),
    NextPage: forwardRef((props, ref) => <ChevronRight {...props} ref={ref} />),
    PreviousPage: forwardRef((props, ref) => <ChevronLeft {...props} ref={ref} />),
    ResetSearch: forwardRef((props, ref) => <Clear {...props} ref={ref} />),
    Search: forwardRef((props, ref) => <Search {...props} ref={ref} />),
    SortArrow: forwardRef((props, ref) => <ArrowUpward {...props} ref={ref} />),
    ThirdStateCheck: forwardRef((props, ref) => <Remove {...props} ref={ref} />),
    ViewColumn: forwardRef((props, ref) => <ViewColumn {...props} ref={ref} />)
};

class CodePrice extends Component {
    constructor(props){
        super(props)
        this.state = {
            columns : [],//"date", "open", "high", "low", "close"],
            data:[],
        }
    }
    componentDidMount(){

    }
```

```
componentDidUpdate(prevProps, prevState, snapshot){
    if(prevProps.code !== this.props.code){
        console.log("CodePrice componentDidupdate", this.props.code);
        let api_url = "http://127.0.0.1:5000/codes/"+this.props.code+"/price";
        fetch(api_url)
            .then(res => res.json())
            .then(data =>{
                console.log("price didupdate fetch", data);
                this.setState({columns : [{title:"날짜", field:"date"},
                                          {title:"시가", field:"open"},
                                          {title:"고가", field:"high"},
                                          {title:"저가", field:"low"},
                                          {title:"종가", field:"close"}]})
                this.setState({data:data["price_list"]});
            });
    }
}
render(){
    return (
        <div>
            { this.state.data.length >0?
                (<MaterialTable
                    icons={tableIcons}
                    title={"종목 가격정보"}
                    data={this.state.data}
                    columns={this.state.columns}
                />):(null)
            }
        </div>
    );
}
}


export default CodePrice;
```

코드가 길어 보이지만 테이블에 아이콘을 표시하기 위한 tableIcons를 제외하면 기존의 다른 컴포넌트
와 크게 다르지 않습니다. 메서드별로 확인해보겠습니다.

CodePrice 생성자

먼저 constructor를 보겠습니다. constructor에서는 CodePrice의 테이블에서 사용할 data와 columns를 state에 정의합니다.

```
constructor(props){
    super(props)
    this.state = {
        columns : [],
        data:[],
    }
}
```

CodePrice 렌더링

render에서는 state의 data와 column을 MaterialTable의 속성인 data와 columns로 넘겨줍니다. 그리고 MaterialTable에서 사용할 수 있는 옵션(options)을 props로 넘겨줍니다.

추가로 JSX의 조건부 렌더링을 활용해 this.state.data.length가 0 이상일 때, 즉 데이터가 있을 때만 MaterialTable을 그리고, this.state.data.length가 없을 때는 null로 아무것도 그리지 않습니다.

```
render(){
    return (
        <div>
            { this.state.data.length >0?
                (<MaterialTable
                    icons={tableIcons}
                    title={"종목 가격정보"}
                    data={this.state.data}
                    columns={this.state.columns}
                />):(null)
            }
        </div>
    );
}
```

CodePrice 컴포넌트의 라이프 사이클 – componentDidUpdate

마지막으로 CodePrice 컴포넌트의 라이프 사이클에 해당하는 componentDidUpdate 메서드를 보겠습니다. componentDidUpdate는 초기 render에서는 발생하지 않습니다. props나 state가 변경되면 호출되는 메서드로 setState를 호출해도 이 메서드가 호출됩니다. 조심해야 할 점은 변경된 값이 서로 다른지 비교하지 않으면 무한루프에 빠져 에러가 발생한다는 점입니다. 이 메서드에서 필요한 로직을 정의할 때는 비교하고자 하는 값의 이전 값과 현재의 값이 다른지 반드시 비교한 다음에 로직을 정의하는 게 좋습니다. componentDidUpdate에서 prevProps, prevState는 현재 this.props, this.state가 변경되기 전의 값을 가지고 있습니다.

```
componentDidUpdate(prevProps, prevState, snapshot){
    if(prevProps.code !== this.props.code){
        ...
    }
}
```

CodePrice에서는 props로 전달되는 code(사용자가 선택한 코드)가 이전 값과 다른지 비교하고, 값이 다르면 API 서버에서 가격 정보 데이터를 새로 받아온 다음 data를 업데이트합니다.

즉 현재 this.props.code를 이용해 다시 서버로부터 가격 정보를 얻어오고, setState를 이용해 columns와 data에 반영합니다.

```
componentDidUpdate(prevProps, prevState, snapshot){
    if(prevProps.code !== this.props.code){
        console.log("CodePrice componentDidupdate", this.props.code);
        let api_url = "http://127.0.0.1:5000/codes/"+this.props.code+"/price";
        fetch(api_url)
            .then(res => res.json())
            .then(data =>{
                console.log("price didupdate fetch", data);
                this.setState({columns : [{title:"날짜", field:"date"},
                                {title:"시가", field:"open"},
                                {title:"고가", field:"high"},
                                {title:"저가", field:"low"},
                                {title:"종가", field:"close"}]})
                this.setState({data:data["price_list"]});
            });
```

```
        }
    }
```

지금까지 구현한 화면을 확인해보겠습니다. 종목 검색에서 종목을 선택하면 다음 그림과 같이 가격 정보가 테이블 형태로 그려지는 모습을 확인할 수 있습니다.

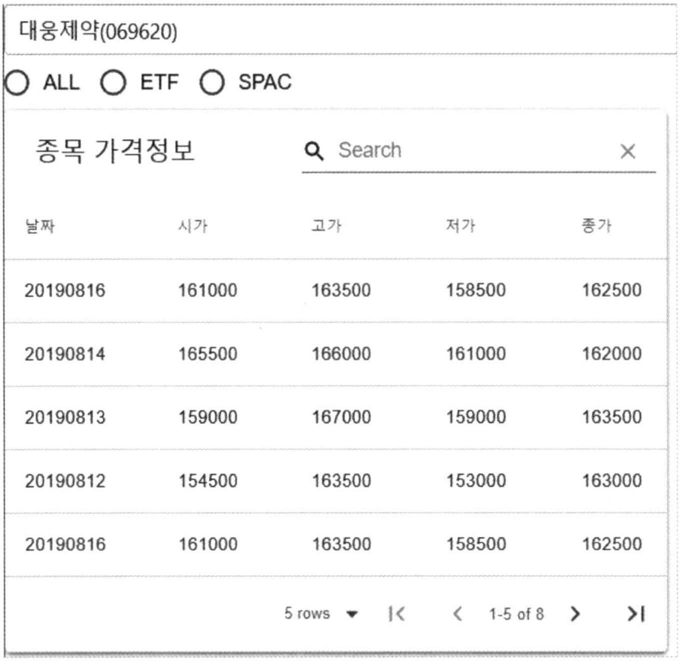

대웅제약(069620)				

○ ALL   ○ ETF   ○ SPAC

종목 가격정보   🔍 Search   ✕

날짜	시가	고가	저가	종가
20190816	161000	163500	158500	162500
20190814	165500	166000	161000	162000
20190813	159000	167000	159000	163500
20190812	154500	163500	153000	163000
20190816	161000	163500	158500	162500

5 rows ▼ |<   <   1-5 of 8   >   >|

그림 7.16 가격 정보 컴포넌트

CodeChart 컴포넌트

마지막으로 가격 정보에 대한 그래프를 그려보겠습니다. 차트를 그려주는 컴포넌트 역시 다양한 오픈 소스가 있습니다. 사용할 수 있는 차트 라이브러리는 많지만 좋은 기능을 갖춘 라이브러리는 대부분 유료입니다. 특히 주식 가격 그래프에서 흔히 볼 수 있는 캔들스틱은 유료로 배포하는 곳이 많습니다. 무료도 있지만 대부분 유지보수가 잘 안되거나 잘 작동하지 않는 경우가 많습니다.

그중에서 우리는 recharts 라이브러리를 이용해 보겠습니다. recharts에는 캔들스틱은 없지만 잘 만들어진 다양한 차트를 안정적으로 이용할 수 있습니다. 설치는 npm으로 진행합니다.

```
C:\stock-lab\client\stocklab-react>npm install recharts --save
```

components 폴더에 CodeChart.js 파일을 생성합니다.

CodeChart의 구현은 CodePrice와 같은 방식으로 진행됩니다. componentDidUpdate에서 상위 컴포넌트인 CodeInfo로부터 code 값을 받아 오고, API 서버에서 가격 정보를 가져옵니다. render에서는 API 서버로부터 받아온 데이터를 LineChart 컴포넌트를 이용해 그려줍니다.

예제 7.16 종목 차트 컴포넌트   (stocklab-react/src/components/CodeChart.js)

```
import React, { Component } from 'react';
import { LineChart, Line, XAxis, YAxis, CartesianGrid, Tooltip, Legend, } from 'recharts';

class CodeChart extends Component {
    constructor(props){
        super(props)
        this.state = {
            columns : ["date", "open", "high", "low", "close"],
            data:[],
        }
    }
    componentDidMount(){

    }

    componentDidUpdate(prevProps, prevState, snapshot){
        if(prevProps.code !== this.props.code){
            console.log("CodeChart componentDidupdate", this.props.code);
            let api_url = "http://127.0.0.1:5000/codes/"+this.props.code+"/price";
            let resultDataList = []
            fetch(api_url)
                .then(res => res.json())
                .then(data =>{
                    this.setState({data: data["result"]});
                });
        }
    }

    render(){
        console.log("CodeChart render", this.state.data);
        return (
```

```
            <div>
            {this.state.data.length >0 ?
                (
                    <LineChart width={500} height={300} data={this.state.data}
                        margin={{ top: 5, right: 30, left: 20, bottom: 5, }} >
                    <XAxis dataKey="date" />
                    <YAxis/>
                    <Legend />
                    <Line type="monotone" dataKey="close" stroke="#8884d8" activeDot={{ r: 8 }} />
                    </LineChart>
                ):(null)
            }
            </div>
        );
    }
}
export default CodeChart;
```

전체적인 흐름은 CodePrice와 완전히 같습니다. 다만 표가 아닌 차트를 그리기 위해 MaterialTable에 전달하는 것이 아닌 LineChart로 전달하는 부분만 다릅니다.

CodeChart 렌더링

render 부분만 보겠습니다. this.state.data의 length가 0 이상으로 데이터가 있을 때만 차트를 그립니다. 〈LineChart /〉에는 차트의 width, height, margin 그리고 data를 지정합니다. 〈XAxis /〉에서는 dataKey로 어떤 값을 X축으로 사용할지 필드명을 지정하고, 〈YAxis /〉에서도 기본적으로 Y축이 그려지게 합니다. 〈Legend /〉에서는 close 필드명을 X축 아래에 표시합니다. 마지막으로 〈Line /〉을 이용해 차트에 그릴 선의 속성을 지정합니다.

```
    render(){
        console.log("CodeChart render", this.state.data);
        return (
            <div>
            {this.state.data.length >0 ?
                (
                    <LineChart width={500} height={300} data={this.state.data}
                        margin={{ top: 5, right: 30, left: 20, bottom: 5, }} >
```

```
                <XAxis dataKey="date" />
                <YAxis/>
                <Legend />
                <Line type="monotone" dataKey="close" stroke="#8884d8" activeDot={{ r: 8 }} />
                </LineChart>
            ):(null)
        }
        </div>
    );
}
```

마지막으로 CodeInfo의 render에서 〈CodeChart /〉 컴포넌트를 그립니다. props는 code에 사용자가 선택한 코드(this.state.selectedCode)를 넘겨줍니다.

```
    render(){

        return(
            <div>
                <div>
                    <CodeSearch code={this.state.selectedCode} handleSelectedCode={this.handleSe-
        lectedCode} />
                </div>
                <div>
                    <Grid>
                        <Grid container justify="left">
                            <Grid key={"codePrice"} item>
                                <CodePrice code={this.state.selectedCode}/>
                            </Grid>
                            <Grid key={"codeChart"} item>
                                <CodeChart code={this.state.selectedCode}/>
                            </Grid>
                        </Grid>
                    </Grid>
                </div>
            </div>
        );
    }
```

최종적으로 그려진 화면을 확인해 보겠습니다.

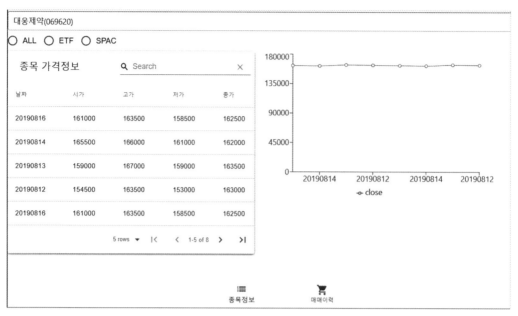

그림 7.18 종목 정보 최종 화면 (파일 : stocklab-react\src\components\CodeInfo.js)

여기까지 종목 정보에 대한 화면을 개발해 봤습니다.

추가로 개선해야 할 부분이 있다면 CodePrice와 CodeChart에서 사용자가 선택한 코드가 변경되면 동일한 API를 반복해서 호출합니다. 코드가 변경됐을 때 반드시 가격 정보를 가져와서 다시 화면을 그려야 한다면 CodeInfo에서 사용자가 선택한 코드가 변경될 때 서버의 API를 호출하고, 그 결과를 CodePrice와 CodeChart로 전달하는 방식으로 API 호출 횟수를 줄일 수 있습니다. 이런 방식은 컴포넌트를 어떻게 구성하는지에 따라 구현 방식이 달라질 수 있으므로 상황에 맞게 구현하면 됩니다.

이번 장에서는 리액트의 기본적인 컨셉과 사용법을 알아본 후에 프로젝트에 종목 정보를 볼 수 있는 웹 페이지를 구현했습니다. 자바스크립트가 생소하다면 어렵게 느껴질 수 있는 장입니다. 하지만 이번 장에서 살펴본 내용을 돌아보면 리액트로 개발하면서 해야 하는 일은 컴포넌트에 속성을 전달하고 컴포넌트 내에서 상태를 변경하고 렌더링에서 어떻게 그려질지 정의하는 방식으로, 섭씨, 화씨 계산기를 구현한 코드와 크게 다르지 않습니다. 다만 계산기 컴포넌트보다는 조금 더 다양한 컴포넌트(Select, Radio, Table, Line, …)를 이용해서 필요한 화면을 개발했고, 데이터가 전달되는 흐름이 계산기보다는 조금 더 복잡한 정도였습니다.

UI를 개발하려면 필요한 화면의 구성이 어떻게 되고 어떤 방식으로 사용자가 행동할지 정의해야 합니다. 정의된 흐름에 따라 데이터를 요청하고, 결과를 보여주기 위해 상태를 업데이트하고 어떻게 보여줄지 코드로 구현하면 됩니다.

리액트는 이런 구조와 흐름을 컴포넌트 단위로 설계할 수 있게 도와줄 수 있는 라이브러리이며 리액트 기반의 다른 오픈소스 컴포넌트를 이용하면 필요한 화면을 빠르게 개발할 수 있습니다.

다만 리액트는 화면의 흐름이 복잡해질수록 상태(state) 값의 변화를 관리하기가 복잡해질 수 있습니다. 리액트는 이미 많은 개발자에 의해 불편한 부분은 추가적인 컴포넌트나 플러그인 형태로 개선 활동이 활발하게 이뤄지고 있으며, 이런 생태계가 잘 갖춰져 있습니다. 이렇게 상태를 관리하기 위한 라이브러리로 redux, MobX 등이 있습니다. 다만 두 라이브러리 모두 학습 난이도가 있는 편이기 때문에 사용하기 전에 state의 관리가 왜 필요한지 충분히 느껴질 때쯤 학습해보시길 권장합니다.

마지막으로 리액트를 이해하는 데 가장 중요한 부분을 꼽으라면 속성(props), 상태(state), 라이프 사이클(life cycle)이 있습니다. 이 세 가지의 조합으로 화면에 그릴 것을 정의하는 것이 리액트의 방식입니다. 충분히 이해하고 조금만 연습한다면 짧은 시간에 필요한 화면을 빠르게 개발할 수 있을 것입니다.

08

데이터 가공 및 분석

이번 장에서는 데이터 분석에 필요한 도구와 라이브러리의 사용법을 알아보겠습니다. 최근 파이썬을 이용한 금융 분석과 데이터 분석에서 빠지지 않고 등장하는 도구는 주피터(Jupyter)와 판다스(pandas)입니다. 하지만 주피터와 판다스 모두 깊게 알려면 매우 많은 내용을 배워야 합니다.

8장에서는 샘플 데이터를 이용해 주피터와 판다스와 관련된 기본적인 사용법을 알아보겠습니다. 추가로 주어진 데이터를 가공하고 시각화 및 분석하는 방법도 알아보겠습니다.

8.1 절에서는 주피터와 관련된 기본적인 내용을 소개합니다. 8.2절에서는 주피터를 기반으로 판다스의 기본적인 사용법을 알아보겠습니다. 8.3절에서는 머신러닝 라이브러리와 그래프를 생성하는 라이브러리를 이용해 회귀 분석에 대해 알아보겠습니다. 마지막으로 8.4절에서는 분류에 대해 알아보겠습니다.

8.1 주피터 노트북(Jupyter Notebook)

주피터 노트북(Jupyter Notebook)[1]는 오픈소스 웹 애플리케이션으로, 코드를 작성한 다음 웹 브라우저에서 실시간으로 실행할 수도 있고, 수식 및 도표, 그림 등을 작성하여 문서를 공유하거나 프리젠테이션 할 수 있는 도구입니다. 주피터 노트북을 이용해 생성한 문서를 노트북이라고 부르며 데이터의 정

---

1 https://jupyter.org/

제, 변환, 수치 해석, 통계 모델링, 비주얼, 머신러닝 등 다양한 분야에서 광범위하게 사용되고 있습니다. 이번 절에서는 주피터 노트북을 설치 및 실행하고 사용하는 방법을 알아보겠습니다.

주피터 노트북 설치 및 실행

주피터 노트북은 pip를 이용해 간편하게 설치할 수 있습니다.

```
(stocklab) C:\stock-lab>pip install jupyter
```

설치가 완료된 후에는 다음 명령어로 주피터 노트북을 실행합니다.

```
(stocklab) C:\stock-lab>jupyter notebook
```

주피터 노트북을 실행하면 자동으로 브라우저가 실행되면서 그림 8.1과 같이 주피터 노트북을 실행한 위치의 폴더 목록을 확인할 수 있습니다.

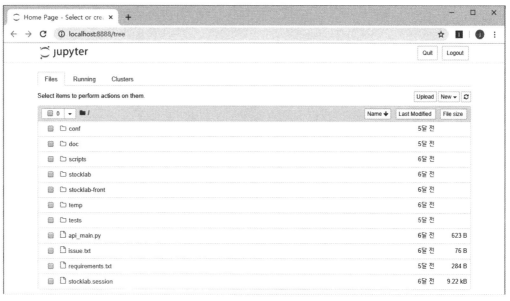

그림 8.1 주피터 노트북의 실행 화면

만약 자동으로 브라우저가 실행되지 않는다면 브라우저를 실행하고 다음 주소를 입력하면 그림 8.1의 실행 화면을 볼 수 있습니다.

- http://127.0.0.1:8888/tree

이번 절에서는 주피터 노트북을 설치하고 실행하는 방법을 알아봤습니다. 다음 절에서는 새로운 폴더와 새로운 노트북 파일을 생성해 보겠습니다.

주피터 노트북에서 새로운 폴더와 노트북 파일 생성

이번 절에서는 주피터 노트북에서 새로운 폴더와 노트북 파일을 생성하고, 생성한 노트북 파일을 실행해 보겠습니다. 먼저 오른쪽 위에 있는 [New] 버튼을 클릭한 다음 [Folder]를 선택해 새로운 폴더를 생성합니다.

그림 8.2 새로운 폴더 생성

주피터 노트북에서 새로운 폴더나 문서를 생성하면 폴더와 파일의 이름이 Untitled Folder, Untitled Document로 표시됩니다. 파일과 폴더의 이름은 항목 앞에 있는 체크박스에 체크한 다음 위에 있는 [Rename] 버튼을 클릭하면 변경할 수 있습니다. 새로 생성한 폴더의 폴더명을 notebooks로 변경합니다.

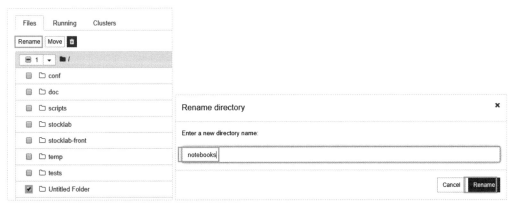

그림 8.3 폴더 이름 변경

notebooks로 이동하기 위해 폴더를 클릭합니다. 이번에는 새로운 노트북 파일을 생성해 보겠습니다. 오른쪽 위에 있는 [New] 버튼을 클릭한 다음 [Python3]를 선택합니다. notebooks 폴더에 새로운 노트북 파일이 생성됩니다.

그림 8.4 새로운 노트북 파일 만들기

노트북은 기존의 파이썬 파일(py)과는 다르게 셀 단위로 코드를 실행할 수 있습니다. 셀에 포함되는 코드의 양은 사용자가 필요에 따라 조절할 수 있습니다. 다음 그림과 같이 코드를 입력한 다음 실행 버튼을 클릭(단축키 Shift + Enter)하면 Out 셀에서 In 셀의 실행 결과를 확인할 수 있습니다.

그림 8.4 셀 실행

노트북 파일은 이렇게 블록 단위로 실행할 수 있으며 셀의 실행 순서 역시 무관해서 아래쪽에 있는 셀을 실행한 다음 위쪽에 있는 셀을 실행할 수도 있습니다.

셀은 코드뿐만 아니라 마크다운 에디터를 제공하며 수식 등을 표현할 수도 있습니다. 마크다운으로 표시하려면 상단 메뉴에서 타입을 Code에서 Markdown으로 변경합니다.

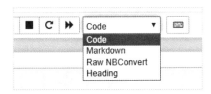

그림 8.5 셀의 타입 변경

타입을 변경하면 그림 8.6과 같이 In 표시가 없어지며 문자를 입력할 수 있습니다. 입력 칸에서 다음과 같이 수식을 $$, $$로 감싼 다음 실행(단축키 : Shift + Enter)하면 결과가 수식으로 표현되는 것을 볼 수 있습니다.

```
$$x = {-b ₩pm ₩sqrt{b^2-4ac} ₩over 2a}$$
```

$$x = \frac{-b \pm \sqrt{b^2 - 4ac}}{2a}$$

그림 8.6 마크다운 입력창에서 수식 출력

수식 입력 포맷은 LaTex 표기법[2]을 따르고 있습니다. 물론 수식 외에도 일반 텍스트나 마크다운 문법[3]을 이용해 문서를 꾸밀 수도 있습니다. 코드를 실시간으로 실행할 수 있는 장점도 크지만, 수식이나 간단한 텍스트 데이터를 손쉽게 꾸밀 수 있는 점도 주피터 노트북의 큰 장점 중 하나입니다.

이번 절에서는 주피터 노트북을 설치하고 실행해 보면서 간단한 사용법을 알아봤습니다. 다음 절에서는 주피터 노트북에서 샘플 데이터를 이용해 판다스(pandas) 라이브러리의 사용법을 알아보겠습니다.

8.2 판다스(pandas)

판다스[4]는 파이썬의 데이터 분석 라이브러리 중에서 가장 유명한 라이브러리 중 하나입니다. 파이썬을 이용한 데이터, 금융 분석 관련 서적에서는 판다스의 사용법을 빠지지 않고 설명하고 있습니다. 하지만 판다스의 모든 기능 소개하려면 책 한 권의 분량이 필요합니다. 모든 내용을 소개하기는 힘들지만, 이 책에서는 샘플 데이터를 기반으로 몇 가지 금융 데이터를 만드는 데 필요한 기본적인 사용법을 실습해 보겠습니다.

판다스 설치 및 샘플 데이터 준비

판다스 역시 pip로 설치할 수 있습니다.

```
(stocklab) C:\stock-lab>pip install pandas
```

파이썬을 실행한 다음 판다스(pandas)를 임포트합니다. 다음과 같이 pd.__version__을 입력했을 때 버전이 출력되면 정상적으로 설치가 완료된 것입니다.

2 https://en.wikipedia.org/wiki/Help:Displaying_a_formula#Formatting_using_TeX
3 https://en.wikipedia.org/wiki/Markdown
4 https://pandas.pydata.org/

```
Python 3.6.8 (tags/v3.6.8:3c6b436a57, Dec 23 2018, 23:31:17) [MSC v.1916 32 bit (Intel)] on win32
Type "help", "copyright", "credits" or "license" for more information.
>>> import pandas as pd
>>> pd.__version__
'0.24.1'
```

판다스로 실습을 진행하기 전에 판다스의 기본적인 데이터 타입을 알아보겠습니다.

시리즈

어떤 데이터(정수, 문자열, 소수, 파이썬 객체 등)도 담을 수 있는 레이블이 있는 1차원 배열의 자료구조입니다. 쉽게 말하면 데이터프레임에서 하나의 칼럼으로 생각하면 됩니다. 행 단위로 인덱스를 가지고 있습니다.

```
0       삼성전자
1      SK하이닉스
2      삼성전자우
3       현대차
4       LG화학
```

그림 8.7 시리즈 데이터 타입

데이터프레임

데이터프레임(DataFrame)은 판다스에서 제공하는 자료구조 중 가장 많이 쓰이는 자료구조로 판다스가 제공하는 핵심 기능입니다. 데이터프레임은 2차원 레이블 자료구조로 엑셀과 유사한 테이블 형태의 자료구조라고 생각하면 됩니다. 각 칼럼은 시리즈로 이뤄져 있고, 칼럼마다 다른 타입의 데이터를 저장할 수 있습니다. 그리고 데이터프레임은 기본적으로 칼럼 단위의 연산을 빠르게 수행할 수 있습니다.

	종목코드	종목명	현재가	상장주식수
0	A005930	삼성전자	46,100	5,969,782,550
1	A000660	SK하이닉스	77,000	728,002,365
2	A005935	삼성전자우	38,100	822,886,700
3	A005380	현대차	128,000	213,668,187
4	A051910	LG화학	333,000	70,592,343

그림 8.8 데이터프레임 타입

이어서 판다스의 실습에 사용할 샘플 데이터를 준비하겠습니다. 샘플 데이터는 시가총액 정보[5]와 2018년 기업 재무재표(SAMPLE_2018.xlsx)[6] 정보를 이용하겠습니다. SAMPLE_2018.xlsx는 실습을 위해 데이터를 가공해둔 파일이며, 예제 폴더의 notebooks 폴더에 포함돼 있습니다.

먼저 KRX 사이트에서 시가총액 정보를 내려받겠습니다. KRX 사이트(http://marketdata.krx.co.kr/)로 이동한 다음 메뉴에서 [주식] – [순위정보] – [시가총액 상/하위]를 선택합니다. 다음과 같이 시가총액 정보 화면이 나오면 [CSV] 버튼을 클릭해 데이터를 내려받고 파일명은 corp.csv로 저장합니다.

그림 8.9 KRX 시가총액 정보 내려받기

내려받은 데이터를 열어보면 다음 그림과 같이 조회 시점의 시가총액과 상장주식수를 볼 수 있습니다.

---

5   KRX 사이트의 시가총액 정보(http://marketdata.krx.co.kr/mdi#document=040402)
6   재무정보 파일은 전자공시시스템(http://dart.fss.or.kr/dsext002/main.do)에서 재무정보를 일괄로 내려받은 다음 엑셀로 가공했습니다.

	A	B	C	D	E	F	G	H	I	J	K	L	M	N
1	순위	종목코드	종목명	현재가	대비	등락률	거래량	거래대금	시가	고가	저가	시가총액	시가총액비	상장주식수
2	1	5930	삼성전자	46,100	-1,050	-2.2	6,854,965	317,650,411,250	46,800	47,050	46,000	275,206,975,555,000	17.49	5,969,782,550
3	2	660	SK하이닉스	77,000	-2,800	-3.5	2,616,455	203,392,849,900	79,000	79,400	76,500	56,056,182,105,000	3.56	728,002,365
4	3	5935	삼성전자우	38,100	-500	-1.3	823,913	31,399,459,992	38,600	38,600	37,900	31,351,983,270,000	1.99	822,886,700
5	4	5380	현대차	128,000	-2,500	-1.9	464,277	59,477,099,500	130,000	131,000	126,500	27,349,527,936,000	1.74	213,668,187
6	5	51910	LG화학	333,000	0	0	168,074	55,303,005,500	333,500	333,500	325,000	23,507,250,219,000	1.49	70,592,343
7	6	12330	현대모비스	242,500	-3,000	-1.2	169,686	40,865,947,500	245,500	245,500	237,500	23,111,873,295,000	1.47	95,306,694
8	7	68270	셀트리온	179,000	-6,000	-3.2	433,127	78,396,577,000	183,500	184,500	179,000	22,970,903,530,000	1.46	128,329,070

그림 8.10 KRX 시가총액 데이터 (파일 : stock-lab/notebook/corp.csv)

SAMPLE_2018.xlsx 파일을 열어보겠습니다.

	A	B	C	D	E	F	G	H
1	종목코드	회사명	당기순이익	유동자산	부채총계	매출총이익	자본총계	자산총계
2	A000020	동화약품	10068113000	227887463000	73198591000	115903237000	297400652000	370599243000
3	A000040	KR모터스	-24442080000	86949763000	85006462000	-631020000	69894605000	154901067000
4	A000050	경방	20189241000	120711492000	593023494000	107395818000	708769347000	1301792841000
5	A000060	메리츠화재	234721346000	0	1.8195562E+13	0	2283200522000	2.0478762E+13
6	A000070	삼양홀딩스	102512252000	1057235344000	1311855275000	482105988000	2001941981000	3313797255000
7	A000080	하이트진로	22272353000	1064966843000	2265764980000	761860402000	1162378535000	3428143515000
8	A000100	유한양행	58334962000	1110961783000	522077130000	413792024000	1651735504000	2173812633000
9	A000120	CJ대한통운	51800069000	2180844615000	4737828935000	828072934000	3138903155000	7876732089000
10	A000140	하이트진로홀딩스	8640980000	1083713642000	2893499586000	767141228000	1095786557000	3989286143000
11	A000150	두산	-340510995000	1.1585894E+13	2.1735235E+13	3323508790000	7145046191000	2.8880282E+13
12	A000180	성창기업지주	-7933704000	85694716000	159282203000	17312092000	489378544000	648660747000
13	A000210	대림산업	678088774000	6366648561000	6783472630000	1420161607000	6050244102000	1.2833717E+13
14	A000220	유유제약	4312110000	68869662000	48354059000	40636937000	86872256000	135226315000
15	A000230	일동홀딩스	-3831883000	54890858000	100522263000	20013961000	164946011000	265468274000
16	A000240	한국타이어월드와이드	218355604000	590386119000	262718282000	284108210000	3235872326000	3498590608000
17	A000250	삼천당제약	14592937000	142271889000	55394974000	83197927000	205763466000	261158440000
18	A000270	기아차	1155943000000	1.9711791E+13	2.4543141E+13	7992530000000	2.7243464E+13	5.1786605E+13
19	A000300	대유플러스	19120849000	250712765000	863495206000	73675381000	140608976000	1004104182000
20	A000320	노루홀딩스	2664076000	449147290000	425647066000	183192460000	561495276000	987142342000
21	A000370	한화손해보험	81759590000	0	1.5318315E+13	0	1415552026000	1.6733867E+13

그림 8.11 기업 실적 데이터 (파일 : stock-lab/notebook/SAMPLE_2018.xlsx)

이 두 파일과 판다스를 이용해 데이터를 가공해보겠습니다. 앞서 생성한 노트북 파일이 있는 경로(stock-lab/notebooks/)에 두 파일을 복사해둡니다.

여기까지 판다스와 필요한 샘플 데이터의 준비를 마쳤습니다. 다음 절에서는 판다스를 이용해 EPS, PER 데이터를 구해보겠습니다.

판다스로 EPS, PER 데이터 구하기

이번 절에서는 판다스를 이용해 EPS, PER을 구해보면서 판다스의 몇 가지 기능을 알아보겠습니다.

EPS(주당순이익)는 기업이 일정 기간 동안 얻은 모든 수익에서 지출한 모든 비용을 공제하고 순수하게 남은 이익인 당기순이익을 기업이 발행한 총 주식 수로 나누면 구할 수 있습니다.

```
EPS = 당기순이익 / 총 발행 주식수
```

PER은 현재 주가를 EPS로 나누어 구할 수 있습니다. 일반적인 의미로 PER이 낮다는 것은 기업이 내는 순이익에 비해 현재 주가가 저평가되고 있다는 의미입니다.

PER = 현재 주가 / EPS

그럼 위 샘플 데이터를 이용해 EPS와 PER을 구해보겠습니다.

먼저 주피터 노트북을 실행합니다. 주피터 노트북은 노트북 파일이 있는 stock-lab₩notebooks 경로에서 실행합니다.

(stocklab) C:\stock-lab\notebooks>jupyter notebook

주피터 노트북에서 새로운 노트북을 생성합니다. 그다음 첫 번째 셀(Cell)에서 corp.csv 파일을 판다스의 데이터프레임으로 읽어 들입니다. 읽어 들인 데이터프레임은 corp_info라는 이름으로 저장합니다.

예제 8.1 corp.csv 파일 로딩 　　　　　　　　　　　　　　　　　　　(stock-lab/notebooks/PER구하기.ipynb)

```
import pandas as pd
corp_info = pd.read_csv('corp.csv', header=0)
corp_info
```

출력 결과를 확인해보면 EPS와 PER을 구하는데 필요하지 않은 칼럼이 많이 보입니다.

	순위	종목코드	종목명	현재가	대비	등락률	거래량	거래대금	시가	고가	저가	시가총액	시가총액비중(%)	상장주식수
0	1	005930	삼성전자	46,100	-1,050	-2.20	6,854,965	317,650,411,250	46,800	47,050	46,000	275,206,975,555,000	17.49	5,969,782,550
1	2	000660	SK하이닉스	77,000	-2,800	-3.50	2,616,455	203,392,849,900	79,000	79,400	76,500	56,056,182,105,000	3.56	728,002,365
2	3	005935	삼성전자우	38,100	-500	-1.30	823,913	31,399,459,992	38,600	38,600	37,900	31,351,983,270,000	1.99	822,886,700

그림 8.12 corp_info 데이터프레임의 출력 결과

corp_info에서 필요한 칼럼만 선택하도록 하겠습니다. 판다스에서는 칼럼을 선택하는 여러 가지 방법이 있습니다. 간편하게는 corp_info['칼럼명'] 또는 corp_info[['칼럼명1', '칼럼명2', ...]]와 같이 문자열이나 리스트로 칼럼을 선택할 수 있습니다. 문자열만 입력하면 단일 칼럼만 선택되면서 판다스의 시리즈 타입으로 반환되고, 리스트를 입력하면 데이터프레임 타입으로 반환됩니다. 반환된 결과를 다시 corp_info에 넣어 기존의 corp_info에 덮어쓴 다음 결과를 확인해 보겠습니다.

```
corp_info = corp_info[['종목코드','종목명','현재가','상장주식수']]
corp_info
```

	종목코드	종목명	현재가	상장주식수
0	005930	삼성전자	46,100	5,969,782,550
1	000660	SK하이닉스	77,000	728,002,365
2	005935	삼성전자우	38,100	822,886,700
3	005380	현대차	128,000	213,668,187
4	051910	LG화학	333,000	70,592,343
5	012330	현대모비스	242,500	95,306,694

그림 8.13 corp_info에서 필요한 칼럼만 선택

이때 corp_info의 종목 코드는 단축 코드로 표시돼 A가 생략돼 있습니다. 실적 데이터의 종목 코드와 맞추기 위해 종목 코드 칼럼의 모든 값 앞에 A를 붙여보겠습니다.

칼럼 앞에는 문자 'A'를 붙여준 다음 다시 corp_info['종목코드']로 넣어주면 corp_info의 모든 칼럼 값에 대해 값을 반영할 수 있습니다.

```
corp_info['종목코드'] = 'A' + corp_info['종목코드']
corp_info
```

결과를 확인해보면 정상적으로 변환된 모습을 확인할 수 있습니다.

	종목코드	종목명	현재가	상장주식수
0	A005930	삼성전자	46,100	5,969,782,550
1	A000660	SK하이닉스	77,000	728,002,365
2	A005935	삼성전자우	38,100	822,886,700
3	A005380	현대차	128,000	213,668,187
4	A051910	LG화학	333,000	70,592,343
5	A012330	현대모비스	242,500	95,306,694

그림 8.14 변환된 종목코드의 칼럼 값

예제 8.3처럼 칼럼 값을 일괄로 변환해야 하는 작업은 굉장히 빈번히 발생합니다. 여기서는 문자 'A'를 붙이는 간단한 작업이었지만 각 칼럼 값에 복잡한 수식 적용을 위해 함수를 적용해야 할 수도 있습니다. 이번에는 칼럼에 함수를 적용하는 방법을 알아보겠습니다.

칼럼을 선택 다음 apply 메서드를 이용하면 함수를 적용할 수 있습니다. 여기서는 lambda를 이용해 앞서 살펴본 예제 8.3처럼 종목코드에 문자 'A'를 붙여 보겠습니다.

예제 8.4 칼럼에 lambda 적용   (stock-lab/notebooks/PER구하기.ipynb)

```
corp_info['종목코드'].apply(lambda x:'A'+x)
```

lambda가 아닌 일반 함수도 동일하게 적용할 수 있습니다.

예제 8.5 칼럼에 function 적용   (stock-lab/notebooks/PER구하기.ipynb)

```
def addA(value):
    return 'A'+str(value)
corp_info['종목코드'].apply(addA)
```

칼럼을 지정하지 않고 함수를 적용하면 데이터프레임의 모든 칼럼에 동일하게 함수를 적용할 수 있습니다.

예제 8.6 전체 데이터프레임에 함수 적용   (stock-lab/notebooks/PER구하기.ipynb)

```
def double_data(value):
    return value*2
modified_data = corp_info.apply(double_data)
modified_data
```

문자형 타입의 칼럼은 문자열이 두 번 반복해서 연결되고, 숫자형 타입의 칼럼은 값이 2배가 되는 모습을 확인할 수 있습니다.

	종목코드	종목명		현재가	상장주식수
0	A005930A005930		삼성전자삼성전자	46,10046,100	5,969,782,5505,969,782,550
1	A000660A000660		SK하이닉스SK하이닉스	77,00077,000	728,002,365728,002,365
2	A005935A005935		삼성전자우삼성전자우	38,10038,100	822,886,700822,886,700
3	A005380A005380		현대차현대차	128,000128,000	213,668,187213,668,187
4	A051910A051910		LG화학LG화학	333,000333,000	70,592,34370,592,343
5	A012330A012330		현대모비스현대모비스	242,500242,500	95,306,69495,306,694

그림 8.15 전체 데이터프레임에 함수 적용 결과

지금까지 corp.csv 파일을 로딩한 다음 판다스의 기능을 이용해 데이터를 가공하는 방법을 살펴봤습니다. 이어서 기업 실적 데이터를 판다스로 로딩해 보겠습니다. 엑셀 파일을 읽어들이기 전에 필요한 패키지를 설치해야 합니다. pip로 xlrd 패키지를 설치합니다.

*(stocklab) C:\stock-lab2\stock-lab>***pip install xlrd**

예제 8.7 **기업 실적 데이터 로딩**   (stock-lab/notebooks/PER구하기.ipynb)

```
corp_result = pd.read_excel('SAMPLE_2018.xlsx')
corp_result
```

```
In [55]:  corp_result = pd.read_excel('SAMPLE_2018.xlsx')
          corp_result
```

Out[55]:

	종목코드	회사명	당기순이익	유동자산	부채총계	매출총이익	자본총계	자산총계
0	A000020	동화약품	10068113000	227887463000	73198591000	115903237000	297400652000	370599243000
1	A000040	KR모터스	-24442080000	86949763000	85006462000	-631020000	69894605000	154901067000
2	A000050	경방	20189241000	120711492000	593023494000	107395818000	708769347000	1301792841000
3	A000060	메리츠화재	234721346000	0	18195561629000	0	2283200522000	20478762151000
4	A000070	삼양홀딩스	102512252000	1057235344000	1311855275000	482105988000	2001941981000	3313797255000
5	A000080	하이트진로	22272353000	1064966843000	2265764980000	761860402000	1162378535000	3428143515000
6	A000100	유한양행	58334962000	1110961783000	522077130000	413792024000	1651735504000	2173812633000

그림 8.14 기업 실적 데이터의 로딩 결과

칼럼 정보를 확인해 보겠습니다. 데이터프레임의 칼럼 정보는 columns 속성으로 확인할 수 있습니다.

```
corp_result.columns
```

여러 칼럼 중에서 종목코드와 당기순이익 칼럼만 선택한 다음 corp_data에 별도로 저장하겠습니다.

```
corp_data = corp_result[['종목코드', '당기순이익']]
corp_data
```

칼럼을 선택한 결과는 다음과 같습니다.

	종목코드	당기순이익
0	A010400	14446830000
1	A016580	0
2	A034590	16123899000
3	A007680	30710353000
4	A026150	709871000
5	A053950	3720205000
6	A060900	-13331758000
7	A061970	18780424000

그림 8.16 데이터프레임에서 특정 칼럼만 선택한 결과

여기까지 샘플 데이터를 이용해 두 개의 데이터프레임을 만들었습니다. 이번에는 두 개의 데이터프레임을 하나의 데이터프레임으로 합쳐보겠습니다. 종목코드를 기준으로 두 개의 데이터프레임을 합치는 방법은 여러 가지가 있습니다. 일반적으로 merge, concat, join 등이 데이터프레임을 합치는 데 사용하는 메서드입니다. 메서드마다 특징이 있지만, 일반적으로 특정 키를 가지고 두 개의 데이터프레임을 합치고자 할 때는 merge나 join을 사용합니다.

merge의 사용법은 다음과 같습니다.

```
corp_total = pd.merge(corp_info, corp_data, how='left', on='종목코드')
corp_total
```

판다스의 merge 메서드를 이용하며, corp_info를 첫 번째 인자로 전달합니다. 첫 번째 인자로 전달한 corp_info는 합쳐진 데이터프레임에서 왼쪽(left)에 위치하게 됩니다.

두 번째 인자로는 corp_data를 전달합니다. 두 번째 인자로 전달한 dorp_data는 합쳐진 데이터프레임에서 오른쪽(right)에 위치하게 됩니다. how는 기준이 되는 테이블을 왼쪽 데이터프레임인 corp_info로 정하겠다는 의미이며, on은 종목코드 칼럼을 기준으로 병합하겠다는 의미입니다.

	종목코드	종목명	현재가	상장주식수	당기순이익
0	A005930	삼성전자	46,100	5,969,782,550	4.434486e+13
1	A000660	SK하이닉스	77,000	728,002,365	1.553998e+13
2	A005935	삼성전자우	38,100	822,886,700	NaN
3	A005380	현대차	128,000	213,668,187	1.645019e+12
4	A051910	LG화학	333,000	70,592,343	1.519312e+12
5	A012330	현대모비스	242,500	95,306,694	1.888206e+12
6	A068270	셀트리온	179,000	128,329,070	2.535631e+11
7	A035420	NAVER	138,500	164,813,395	6.279019e+11

그림 8.17 corp_info와 corp_data를 병합한 결과

이어서 조인(join)을 이용한 방법도 알아보겠습니다. 조인은 데이터프레임의 join 메서드를 이용해 다음과 같이 사용합니다.

예제 8.11 두 개의 데이터프레임 조인   (stock-lab/notebooks/PER구하기.ipynb)

```
corp_total = corp_info.join(corp_data.set_index('종목코드'), how='outer', on='종목코드')
corp_total
```

위 예제는 corp_info를 기준으로 corp_data를 조인합니다. how는 outer로 지정합니다. outer로 지정하면 corp_info 데이터프레임을 기준으로 조인하고 corp_data가 값이 없는 경우 nan으로 표시합니다. 키 칼럼은 on='종목코드'로 지정합니다. 다만 조인은 조인할 칼럼인 종목코드를 set_index 메서드를 사용해 인덱스(index)로 지정해줘야 합니다.

이제 두 개의 데이터프레임을 하나로 병합했습니다. 병합된 데이터프레임을 이용해 EPS와 PER을 구해보겠습니다.

먼저 EPS를 구해보겠습니다. EPS는 앞서 소개한 공식으로 당기순이익에서 상장주식수를 나누면 구할 수 있습니다. 다만 상장주식수 칼럼은 str로 되어 있기 때문에 콤마(,)를 빈값(' ')으로 변환해야 합니다. 변환은 replace 메서드를 이용해 변경합니다. replace 메서드로 변경하고 반환된 결과는 astype 메서드를 이용해 float 타입으로 변환합니다.

예제 8.12 EPS 구하기 (stock-lab/notebooks/PER구하기.ipynb)

```
corp_total["EPS"] = corp_total['당기순이익']/corp_total['상장주식수'].str.replace(',','').
astype('float')
corp_total
```

주당순이익인 EPS가 계산된 모습을 확인할 수 있습니다.

	종목코드	종목명	현재가	상장주식수	당기순이익	EPS
0	A005930	삼성전자	46,100	5,969,782,550	4.434486e+13	7428.219810
1	A000660	SK하이닉스	77,000	728,002,365	1.553998e+13	21346.062523
2	A005935	삼성전자우	38,100	822,886,700	NaN	NaN
3	A005380	현대차	128,000	213,668,187	1.645019e+12	7698.942098
4	A051910	LG화학	333,000	70,592,343	1.519312e+12	21522.334228
5	A012330	현대모비스	242,500	95,306,694	1.888206e+12	19811.892751
6	A068270	셀트리온	179,000	128,329,070	2.535631e+11	1975.882090
7	A035420	NAVER	138,500	164,813,395	6.279019e+11	3809.774521
8	A055550	신한지주	43,900	474,199,587	3.198265e+12	6744.554588
9	A005490	POSCO	228,500	87,186,835	1.892064e+12	21701.262650

그림 8.18 EPS를 계산한 결과

다만 EPS나 현재가가 비어 있는(null)인 데이터가 있기 때문에 해당 데이터는 제외해 보겠습니다.

예제 8.13 EPS, 현재가가 null인 데이터 제외 (stock-lab/notebooks/PER구하기.ipynb)

```
corp_total = corp_total[ pd.notnull(corp_total['EPS']) ]
corp_total = corp_total[ pd.notnull(corp_total['현재가'])]
corp_total
```

pd.notnull을 이용해 EPS와 현재가 칼럼이 notnull인 칼럼을 찾습니다. pd.notnull에 칼럼(시리즈)을 넣으면 칼럼(시리즈)별로 notnull에 대한 결과가 True, False로 반환됩니다. 이 시리즈를 다시

corp_total에 칼럼으로 전달하면 결과가 True인 데이터 행만 선택됩니다. 이런 방식으로 corp_total[ ]에는 칼럼명을 전달할 수도 있지만, 조건식을 전달할 수도 있습니다. 최종 결과는 다음과 같습니다.

	종목코드	종목명	현재가	상장주식수	당기순이익	EPS
0	A005930	삼성전자	46,100	5,969,782,550	44344857000000.00	7428.22
1	A000660	SK하이닉스	77,000	728,002,365	15539984000000.00	21346.06
3	A005380	현대차	128,000	213,668,187	1645019000000.00	7698.94
4	A051910	LG화학	333,000	70,592,343	1519312000000.00	21522.33
5	A012330	현대모비스	242,500	95,306,694	1888206000000.00	19811.89

그림 8.19 null을 제거한 데이터프레임 결과

이어서 PER을 구해보겠습니다. PER은 현재가를 EPS로 나누면 구할 수 있습니다.

현재가 칼럼 역시 문자열(str) 타입이므로 콤마(,)를 제거하고 숫자형(int) 타입으로 변환합니다. 그다음 변환된 칼럼을 EPS 칼럼으로 나눠주면 PER을 구할 수 있습니다.

예제 8.14 PER 구하기　　　　　　　　　　　　　　　　　　　　　　(stock-lab/notebooks/PER구하기.ipynb)

```
corp_total["PER"] = corp_total["현재가"].str.replace(",","").astype('int')/corp_total["EPS"]
corp_total
```

이제 필요한 EPS와 PER을 모두 구했습니다.

	종목코드	종목명	현재가	상장주식수	당기순이익	EPS	PER
0	A005930	삼성전자	46,100	5,969,782,550	4.434486e+13	7428.219810	6.206063e+00
1	A000660	SK하이닉스	77,000	728,002,365	1.553998e+13	21346.062523	3.607223e+00
3	A005380	현대차	128,000	213,668,187	1.645019e+12	7698.942098	1.662566e+01
4	A051910	LG화학	333,000	70,592,343	1.519312e+12	21522.334228	1.547230e+01
5	A012330	현대모비스	242,500	95,306,694	1.888206e+12	19811.892751	1.224012e+01
6	A068270	셀트리온	179,000	128,329,070	2.535631e+11	1975.882090	9.059245e+01

그림 8.20 PER을 계산한 결과

추가로 PER의 값이 12~15 사이인 데이터만 추출해 보겠습니다. 데이터프레임에서 조건에 맞는 행만 추출하는 방법에는 여러 가지가 있습니다. 앞서 notnull을 이용한 방법처럼 corp_total[ ]에 조건식을 대입하는 방법은 다음과 같습니다.

예제 8.15 PER 값이 12~15 사이인 데이터 선택하기   (stock-lab/notebooks/PER구하기.ipynb)

```
corp_filter = corp_total[(corp_total["PER"]>=12) & (corp_total["PER"]<=15)]
corp_filter
```

	종목코드	종목명	현재가	상장주식수	당기순이익	EPS	PER
5	A012330	현대모비스	242,500	95,306,694	1888206000000.00	19811.89	12.24
22	A033780	KT&G	96,800	137,292,497	898659340000.00	6545.58	14.79
43	A086280	현대글로비스	154,000	37,500,000	437373374000.00	11663.29	13.20
47	A004020	현대제철	38,900	133,445,785	407959435000.00	3057.12	12.72
49	A002790	아모레G	58,300	82,458,180	376271212000.00	4563.18	12.78
66	A241560	두산밥캣	35,900	100,249,166	264497169000.00	2638.40	13.61

그림 8.21 PER의 값이 12~15인 데이터만 선택한 결과

다른 방법으로는 query 메서드를 이용하는 방법이 있습니다.

예제 8.16 query를 이용한 데이터 선택   (stock-lab/notebooks/PER구하기.ipynb)

```
corp_total.query('PER >=12 & PER <=15')
```

마지막으로 추출한 데이터를 정렬해 보겠습니다. 정렬은 데이터프레임의 sort_values를 이용합니다. 이때 PER을 기준으로 정렬하려면 by에 칼럼명을 넘겨주면 됩니다.

예제 8.17 PER 값을 기준으로 데이터 정렬   (stock-lab/notebooks/PER구하기.ipynb)

```
corp_filter.sort_values(by='PER')
```

정렬된 결과를 보면 PER을 기준으로 오름차순 정렬된 모습을 확인할 수 있습니다.

	종목코드	종목명	현재가	상장주식수	당기순이익	EPS	PER
412	A008490	서흥	30,600	11,569,113	2.938418e+10	2539.882012	12.047804
408	A097520	엠씨넥스	20,250	17,745,456	2.981801e+10	1680.317823	12.051292
1753	A064820	케이프	1,975	25,528,573	4.176501e+09	163.601036	12.072051
245	A064960	S&T모티브	47,400	14,623,136	5.722514e+10	3913.329193	12.112449
420	A003800	에이스침대	31,350	11,090,000	2.868884e+10	2586.910640	12.118702
272	A086450	동국제약	67,800	8,892,000	4.943317e+10	5559.285538	12.195812
1360	A008250	이건산업	7,250	10,952,635	6.510008e+09	594.378248	12.197620

그림 8.22 PER 값을 기준으로 데이터를 정렬한 결과

내림차순으로 정렬하려면 ascending을 False로 설정하면 됩니다.

예제 8.18 PER 값을 기준으로 데이터를 내림차순으로 정렬   (stock-lab/notebooks/PER구하기.ipynb)

```
corp_filter.sort_values(by='PER', ascending=False)
```

여러 칼럼을 기준으로 정렬하고 싶을 때는 by에는 칼럼을 리스트로 전달하면 됩니다.

예제 8.19 여러 칼럼을 기준으로 데이터를 정렬   (stock-lab/notebooks/PER구하기.ipynb)

```
corp_filter.sort_values(by=['PER','EPS'], ascending=False)
```

이번 절에서는 데이터 분석에 필요한 판다스의 기능을 알아보기 위해 EPS와 PER을 구해봤습니다.

판다스는 앞서 실습했던 것처럼 대부분이 칼럼의 단위를 변환하고 연산하는 과정으로 이뤄져 있습니다.

또한 판다스는 행 단위로 연산할 수 있지만, 행 단위로 연산하면 성능적으로 굉장히 손해를 보게 됩니다. 따라서 특별한 이유가 없다면 행 단위로는 연산하지 않는 것이 좋습니다.

이번 절에서는 EPS와 PER을 구하면서 판다스에서 주로 사용되는 대부분의 기능을 소개했습니다. 하지만 판다스에는 앞서 소개한 기능 외에도 수많은 기능을 제공하고 있습니다. 그리고 같은 결과를 얻기 위한 다양한 방법이 있을 수 있습니다. 모든 기능을 다 익힐 필요는 없지만, 자주 사용하는 기능을 익혀 두면 데이터의 가공 및 분석에 필요한 데이터를 손쉽게 구할 수 있습니다.

다음 절에서는 회귀 분석에 대해 알아보겠습니다.

8.3 회귀(Regression) 분석

이번 절에서는 간단한 회귀 분석 방법을 살펴보면서 머신러닝 라이브러리인 scikit-learn과 그래프 라이브러리인 matplotlib의 사용법을 알아보겠습니다.

회귀 분석은 대부분의 머신러닝 서적에서 가장 먼저 등장하는 내용입니다. 머신러닝을 접하기 전에 기본적인 방법론을 익히기 좋기 때문이 아닐까 생각합니다.

회귀는 관찰된 연속 변수들 사이에서 모형(Model)을 구한 다음 관찰되지 않은 변수에 대한 값을 예측하는 방법을 말합니다. 예를 들어 환율이 1000, 1100, 1200일 때 어떤 종목 가격이 2000, 2200, 2400이었다면 우리가 관측하지 못한 1023원, 1124일 때는 종목가격이 어떻게 될지 예측해보는 것입니다. 회귀도 다양한 종류가 있지만, 이번 절에서는 단순 선형 회귀와 다중 선형 회귀에 관해서 알아보겠습니다.

단순 선형 회귀(Simple Linear Regression)

단순 선형 회귀는 하나의 변수에 대해 하나의 결괏값을 예측하는 간단한 모델을 의미합니다. 만약 어떤 종목의 주식 가격이 달러의 가격과 알 수 없는 약간의 오차에 의해 결정된다고 가정해 보겠습니다. 우리가 알고 있는 데이터는 다음 표와 같습니다.

표 8.1 달러 가격 대비 주식 가격

달러	주식 가격	달러	주식 가격
1120	4500	1350	5000
1150	4700	1320	5010
1270	4750	1370	5120
1210	4780	1280	4800
1252	4850	1190	4820

우리가 알고 있는 데이터에서 달러가 1330원일 때 주식 가격이 얼마가 될지 예측하는 것이 단순 선형 회귀입니다.

주피터 노트북에서 내용을 진행하기에 앞서 필요한 라이브러리를 설치합니다. scikit-learn[7]과 matplotlib[8] 라이브러리를 설치하겠습니다. scikit-learn은 회귀 분석 및 머신러닝에 사용하는 라이브러리이고, matplotlib는 파이썬으로 다양한 그래프를 그릴 수 있게 도와주는 라이브러리입니다.

*(stocklab) C:\stock-lab\notebooks>**pip install matplotlib scikit-learn***

라이브러리 설치가 완료되면 주피터 노트북을 실행한 다음 실습을 진행합니다. 먼저 필요한 라이브러리를 임포트합니다. 주피터 노트북에서 그래프를 그리기 위해 matplotlib를 사용할 때는 %matplotlib inline을 먼저 선언하는 것이 좋습니다.

예제 8.20 라이브러리 임포트   (stock-lab/notebooks/Regression.ipynb)

```
%matplotlib inline
import pandas as pd
import matplotlib.pyplot as plt
```

앞서 살펴본 표 8.1을 데이터프레임으로 생성해 보겠습니다. 딕셔너리의 리스트로 data를 생성한 다음 from_dict 메서드를 이용해 데이터프레임을 생성합니다.

예제 8.21 샘플 데이터프레임 생성   (stock-lab/notebooks/Regression.ipynb)

```
data = [{"x":1120,"y":4500}, {"x":1150, "y":4700},
    {"x":1270,"y":4750}, {"x":1210, "y":4780},
    {"x":1252,"y":4850}, {"x":1350, "y":5000},
    {"x":1320,"y":5010}, {"x":1370, "y":5120},
    {"x":1280,"y":4800}, {"x":1190, "y":4820}]
df = pd.DataFrame.from_dict(data)
df
```

7   https://scikit-learn.org/stable/
8   https://matplotlib.org/

	x	y
0	1120	4500
1	1150	4700
2	1270	4750
3	1210	4780
4	1252	4850
5	1350	5000
6	1320	5010
7	1370	5120
8	1280	4800
9	1190	4820

그림 8.23 샘플 데이터의 결과

다음은 x, y 변수를 스케터 그래프로 그려 보겠습니다. 그림 8.24처럼 달러 가격과 주식 가격이 어느 정도 비례하는 추세로 증가하는 모습을 볼 수 있습니다.

예제 8.22 샘플 데이터의 스케터 그래프 그리기   (stock-lab/notebooks/Regression.ipynb)

```
df.plot.scatter(x='x',y='y')
```

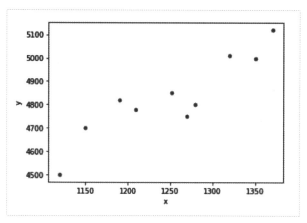

그림 8.24 샘플 데이터를 스케터 그래프로 그린 결과

여기에 적당한 추세선을 하나 추가해 보겠습니다. 우리가 관측한 데이터가 빨간색 선의 그래프를 따라 간다고 볼 수 있으며, 우리가 구하고자 하는 모델은 빨간색 선이 될 것입니다.

```
fig, ax = plt.subplots(figsize=(8,5))
ax.plot((1100,1400),(4500,5200), color="red")
df.plot.scatter(x='x', y='y', ax=ax)
```

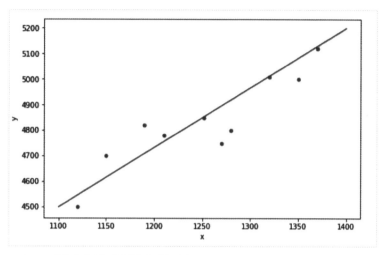

그림 8.25 샘플 데이터의 기준선을 추가한 결과

그럼 주어진 데이터를 이용해 단순 선형 회귀를 학습 시켜 보겠습니다. 먼저 reshape 메서드를 이용해 달러 가격(x)의 값을 이차원 배열로 변환한 다음 변수 X에 담습니다.

예제 8.24 x 칼럼의 값을 이차원 배열로 형변환   (stock-lab/notebooks/Regression.ipynb)

```
X = df["x"].values.reshape(-1,1)
X
```

```
array([[1120],
       [1150],
       [1270],
       [1210],
       [1252],
       [1350],
       [1320],
       [1370],
       [1280],
       [1190]], dtype=int64)
```

그림 8.26 x 칼럼의 값을 이차원 배열로 형변환한 결과

그다음 주식 가격에 해당하는 데이터프레임의 y 데이터만 y 변수에 담습니다.

예제 8.25 y 데이터 생성 (stock-lab/notebooks/Regression.ipynb)

```
y = df["y"]
y
```

데이터가 준비됐으니 sklearn 라이브러리를 임포트한 다음 LinearRegression 모델로 학습시키겠습니다. 학습은 fit 메서드를 이용해 X, y를 전달하면 됩니다.

예제 8.26 선형 모델 임포트 (stock-lab/notebooks/Regression.ipynb)

```
from sklearn import linear_mode
reg = linear_model.LinearRegression()
reg.fit(X,y)
```

이제 생성한 모델에서 달러 가격이 1400원일 때 주식 가격 y는 어떻게 되는지 결과를 확인해 보겠습니다. regression에서 예측은 predict 메서드를 이용합니다.

예제 8.27 주식 가격 예측 (stock-lab/notebooks/Regression.ipynb)

```
reg.predict([[1400]])
```

다음과 같이 1차원 배열에 담긴 결과를 확인할 수 있습니다.

```
array([5118.79086802])
```

그림 8.27 주식 가격을 예측한 결과

이번 절에서는 단순 선형 회귀 모델을 이용해 1개의 변수 x에 대해서 주식 가격 y를 예측하는 모델을 생성하고 예측해 봤습니다.

그래프를 그리고 라이브러리의 사용 방법을 익히기 위해 사용해 봤을 뿐 실제 주식 가격이 하나의 변수로 결정되지는 않으므로 실용적인 모델은 아닙니다. 그리고 수식을 최대한 사용하지 않기 위해서 어떻게 빨간선에 해당하는 모델을 구하는지에 대한 내용은 생략했습니다. 실제로 빨간선을 구하기 위해서는 Ordinary Least Squares라는 방법을 사용하며 그 외 다른 방법들도 있습니다. 머신러닝과 관련한 자세한 내용은 좋은 도서들이 이미 많이 나와 있으므로 관심 있다면 별도로 학습해보기 바랍니다.

다음 절에서는 단순 선형 모델을 확장해 x 변수가 여러 개일 때 선형 모델을 적용하는 방법을 알아보겠습니다.

다중 선형 회귀(Multiple Linear Regression)

이전 절에서는 단순 선형 회귀에 대해 알아봤습니다. 단순 선형 회귀는 y 값이 x 변수 하나에 의해 결정되는 반면 다중 선형 회귀는 y 값이 여러 개의 x 변수에 의해 결정됩니다. 하지만 라이브러리를 사용하거나 선을 구하는 의미에서는 크게 다르지 않습니다. 앞서 8.1절에서 사용한 데이터(예제 8.21)에서 x2 칼럼을 추가해 보겠습니다. 이 데이터는 x1과 x2일 때 y의 값입니다.

예제 8.28 **다중 선형 회귀의 샘플 데이터** (stock-lab/notebooks/Regression.ipynb)

```
multi_data = [{"x1":1120,"x2":2300, "y":4500}, {"x1":1150, "x2":2350,  "y":4700},
    {"x1":1270, "x2":2420, "y":4750}, {"x1":1210, "x2":2380, "y":4780},
    {"x1":1252, "x2":2430, "y":4850}, {"x1":1350, "x2":2560, "y":5000},
    {"x1":1320,"x2":2230, "y":5010}, {"x1":1370, "x2":2410, "y":5120},
    {"x1":1280,"x2":2120, "y":4800}, {"x1":1190, "x2":2200, "y":4820}]
multi_df = pd.DataFrame.from_dict(multi_data)
multi_df
```

먼저 학습할 데이터에 사용할 X와 y 데이터를 생성하겠습니다. multi_X에는 데이터프레임에서 y 칼럼만 제거한 값을 입력합니다. multi_y는 y 값만 선택해서 생성합니다.

예제 8.29 **학습에 필요한 데이터 생성** (stock-lab/notebooks/Regression.ipynb)

```
multi_X = multi_df.drop('y', axis=1)
multi_y = multi_df["y"]
```

다중 선형 모델을 학습하는 방법은 단순 선형 회귀에서 살펴본 방법과 같습니다.

예제 8.30 **다중 선형 모델의 학습** (stock-lab/notebooks/Regression.ipynb)

```
from sklearn import linear_model
reg = linear_model.LinearRegression()
reg.fit(multi_X,multi_y)
```

학습한 모델에 x1과 x2에 해당하는 데이터를 입력한 다음 예측해 보겠습니다.

예제 8.31 학습된 모델로 결과를 예측 　　　　　　　　　　　　　(stock-lab/notebooks/Regression.ipynb)

```
reg.predict([[1500, 2420]])
```

다음과 같이 예측 결과 데이터를 확인할 수 있습니다.

```
array([5311.92608124])
```

그림 8.28 예측 결과 데이터

이번 절에서는 가장 기본이 되며 다양한 분야에서 많이 사용되는 선형 회귀에 대해 알아봤습니다. 선형 회귀는 구하려는 값 y를 설명하는 변수 x들이 선형적인 관계를 가진다는 가정하에 구해지는 모델입니다. 데이터 분석을 시작하는 단계에서 학습하기에는 좋은 주제입니다. 회귀 분석에는 단순 회귀 분석과 다중 회귀 분석 외에도 릿지(Ridge), 라쏘(Lasso), 라스(LARS…) 등 다양한 방법이 있습니다. 데이터의 성격이나 제약 사항에 따라 다른 모델을 적용해 볼 수 있습니다.

이번 장에서는 판다스를 이용한 데이터 가공, 그래프 그리기와 머신러닝 라이브러리를 이용한 기본적인 선형 회귀 분석에 대해 알아봤습니다. 일반적으로 데이터 분석의 절차는 데이터 가공, 데이터 시각화, 데이터 분석을 위한 알고리즘의 적용과 결과 평가, 해석을 반복해서 수행하게 됩니다. 어느 정도 데이터를 분석하고 성능 평가가 좋다면 분석 알고리즘을 가지고 실전에 적용해 볼 수 있게 됩니다. 하지만 주식의 상승, 하락만 예측하고자 해도 굉장히 어려운 주제입니다. 단순히 몇 개의 변수로 상승, 하락을 설명하기 어려울 뿐만 아니라 주식의 가격은 어떤 이벤트(뉴스, 소문 등…)에 민감하게 반응하기 때문에 당장 내일의 주식 가격이 상승할 것인지 하락할 것인지를 예측하기는 쉽지 않습니다.

그러므로 대부분의 퀀트 전략은 당장 내일의 주식 가격을 예측하는 것이 아니라 몇 가지 팩터(PER, PBR, ROE, ROA…)의 조합을 이용해 중장기적으로 주식의 가격이 상승할 가능성이 있는 종목을 선정한 다음 백테스팅, 리밸런싱을 통해 포트폴리오를 보완해 나가게 됩니다.

퀀트 전략과 관련된 내용은 10장에서 알아보겠습니다.

09

배포

이번 장에서는 앞서 개발한 REST API 서버와 리액트 애플리케이션, MongoDB 등을 배포하는 방법을 알아보겠습니다. 일반적인 PC에서도 이러한 애플리케이션을 배포해서 사용할 수 있지만, 이번 장에서는 외부에서도 사용할 수 있도록 서버에 배포하는 방법을 알아보겠습니다.

서버는 다양한 형태로 생성할 수 있습니다. 직접 서버를 구입할 수도 있고, 서버를 임대하는 호스팅 서비스를 이용할 수도 있으며, 클라우드 서비스를 이용할 수도 있습니다.

직접 서버를 구입해서 운영하는 방법은 하드웨어, 운영체제, 네트워크, 보안 등 유지 보수해야 할 항목이 상당히 많습니다. 대부분 이런 항목과 관련해 전문 지식을 모두 보유한 사람은 많지 않습니다. 다행히 최근에는 클라우드 서비스를 이용해 사용자가 서버의 인프라와 관련된 사항에 대해 대부분 알지 못하더라도 서버를 운영할 수 있게 발전됐습니다.

이번 장에서는 이러한 클라우드 서비스를 이용해 지금까지 개발한 소스를 서버에 배포하는 방법을 알아보겠습니다. 클라우드로 서버를 제공하는 대표적인 서비스로는 아마존(Amazon)의 AWS, 구글(Google)의 GCP, 마이크로소프트(Microsoft)의 Azure 등이 있습니다. 국내 업체 중에서는 카페24를 이용해 윈도우 서버를 이용할 수 있습니다.

이번 장에서는 마이크로소프트의 클라우드 서비스인 에저(Azure)를 이용해 여러 가지 서비스를 배포하는 방법을 알아보겠습니다. 다른 업체에서 제공하는 서비스도 설정하는 방식에는 차이가 있지만, 개념적으로 크게 다르지는 않습니다. 모든 업체의 서비스를 책에서 소개할 수 없는 점은 이해 바랍니다.

- 9.1절에서는 윈도우 서버를 생성하는 방법을 살펴봅니다.

- 9.2절에서는 MongoDB와 관련된 서비스를 생성하는 방법을 살펴봅니다.

- 9.3절에서는 웹앱 서비스를 생성하는 방법을 살펴봅니다.

- 9.4절에서는 리액트앱을 배포하는 방법을 살펴봅니다.

이번 장을 진행하려면 Azure CLI (https://docs.microsoft.com/ko-kr/cli/azure/install-azure-cli?view=azure-cli-latest)를 설치해야 합니다. Azure CLI 없이 Azure Cloud Shell을 이용해 동일한 작업을 할 수 있지만, 깃이나 FTP와 같이 원격으로 소스를 업로드하는 방법을 이해하고 있어야 하므로 PC에 Azure CLI를 설치한 다음 이번 장을 진행하는 방법으로 하겠습니다.

9.1 서버 준비

이번 절에서는 클라우드 서비스에서 서버를 생성하는 방법을 알아보겠습니다. 에저는 마이크로소프트의 클라우드 서비스로 다양한 버전의 윈도우 서버, 리눅스 서버를 생성할 수 있습니다. 이 책에서는 윈도우 서버를 생성하는 방법을 알아보겠습니다.

마이크로소프트 에저(Azure)에서 서버 생성

에저를 사용하려면 공식 홈페이지(https://signup.azure.com/)에서 에저 무료 계정을 생성해야 합니다. 계정을 생성한 다음 에저 포탈(https://portal.azure.com/)로 접속하면 에저와 관련된 서비스를 이용할 수 있습니다.

그림 9.1 에저 포탈(https://portal.azure.com)

에저 포탈까지 들어왔다면 윈도우 서버를 생성해보겠습니다.

1) 왼쪽 메뉴에서 [리소스 만들기]를 선택합니다.

2) 새로 만들기에서 [Windows Server 2016 Datacenter]를 선택합니다.

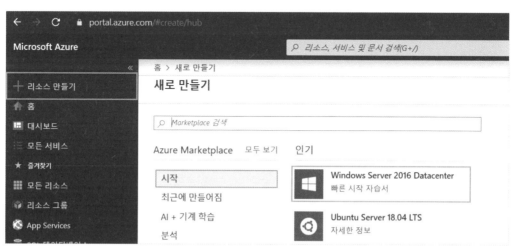

그림 9.2 윈도우 서버 생성하기 - 리소스 만들기

3) 가상 머신 만들기가 나오면 다음과 같이 서버 생성에 필요한 정보를 입력한 다음 [검토+만들기] 버튼을 클릭합니다.

표 9.1 가상 머신 생성에 필요한 정보

항목	설명	항목	설명
리소스 그룹	stocklab	사용자 이름	stocklab-admin
가상 머신 이름	stocklabmachine	암호	개별 암호 설정
지역	(아시아 태평양) 한국 남부	암호확인	암호 확인
가용성 옵션	인프라 중복 필요하지 않습니다.	공용 인바운드 포트	선택한 포트 허용
이미지	Windows Server 2016 Datacenter	인바운드 포트 선택	RDP(3389)
크기	표준 DS1 v2 1 vcpu, 3.5 GiB 메모리	Windows Server 라이선스 여부	아니요

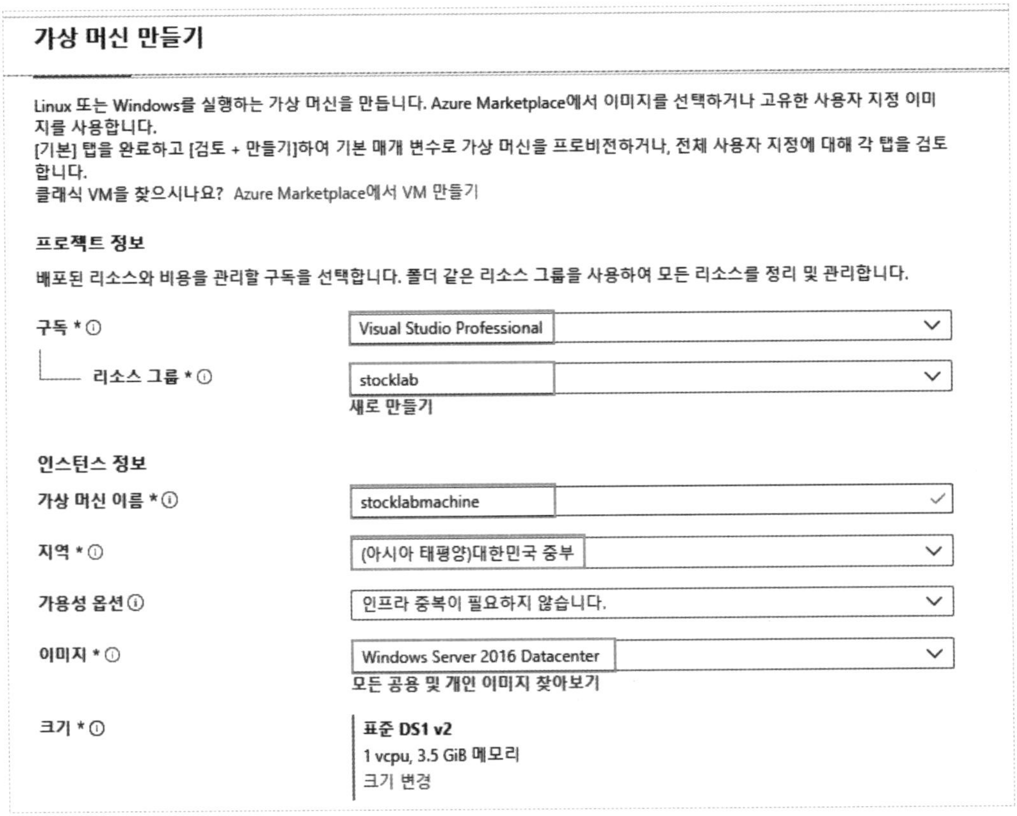

가상 머신 만들기

Linux 또는 Windows를 실행하는 가상 머신을 만듭니다. Azure Marketplace에서 이미지를 선택하거나 고유한 사용자 지정 이미지를 사용합니다.
[기본] 탭을 완료하고 [검토 + 만들기]하여 기본 매개 변수로 가상 머신을 프로비전하거나, 전체 사용자 지정에 대해 각 탭을 검토합니다.
클래식 VM을 찾으시나요? Azure Marketplace에서 VM 만들기

프로젝트 정보
배포된 리소스와 비용을 관리할 구독을 선택합니다. 폴더 같은 리소스 그룹을 사용하여 모든 리소스를 정리 및 관리합니다.

구독 * ⓘ
　　Visual Studio Professional

└── 리소스 그룹 * ⓘ
　　stocklab
　　새로 만들기

인스턴스 정보

가상 머신 이름 * ⓘ
　　stocklabmachine

지역 * ⓘ
　　(아시아 태평양)대한민국 중부

가용성 옵션 ⓘ
　　인프라 중복이 필요하지 않습니다.

이미지 * ⓘ
　　Windows Server 2016 Datacenter
　　모든 공용 및 개인 이미지 찾아보기

크기 * ⓘ
　　표준 DS1 v2
　　1 vcpu, 3.5 GiB 메모리
　　크기 변경

그림 9.3 가상 머신 만들기 정보 입력

4) 입력한 정보를 기준으로 생성되는 서버의 정보를 확인하고, 비용을 확인한 다음 [만들기] 버튼을 클릭합니다.

서버 비용 관련 참고 사항

알아보기

서버의 비용은 서버가 시작되는 순간부터 종료까지 과금이 됩니다. 보통 무료 계정도 카드를 등록해서 사용하며 초과 비용이 부과될 수 있습니다. 에저는 초과 비용 발생하지 않도록 설정할 수 있지만 비용을 아끼기 위해서는 사용하지 않을 때는 서버를 중단 시켜두거나 특정 시간이 되면 서버를 자동으로 종료시키도록 설정해두는 것이 좋습니다.

그림 9.4 가상 머신 만들기

여기까지 완료하면 1~2분 뒤에 서버가 생성됐다는 알림을 받을 수 있습니다. 클라우드 서비스를 이용하니 서버를 구성하는 데 필요한 수많은 절차를 단 몇 번의 클릭만으로 진행할 수 있었습니다.

5) 서버가 생성됐으면 다음 절차를 따라 서버에 접속합니다.

서버의 배포가 끝나면 서버에 접속할 수 있습니다. 서버를 생성할 때 RDP 포트를 열었기 때문에 윈도우의 원격 데스크톱(Win + R, mstsc 입력)을 이용해 서버에 접속할 수 있습니다. 서버의 접속 정보는 왼쪽에 있는 [홈] 메뉴에서 stocklabmachine를 선택하면 공용 IP주소를 확인할 수 있습니다.

그림 9.5 공용 IP 주소 확인

윈도우의 기본 프로그램인 원격 데스크톱 연결(Win + R, mstsc) 프로그램을 이용해 서버로 접속합니다. 컴퓨터에는 그림 9.5에서 확인한 공용 IP 주소를 입력하고, 사용자 이름은 [옵션 보기]를 클릭한 다음 'stocklab-admin'으로 설정합니다.

그림 9.6 원격 데스크톱 연결

[연결] 버튼을 클릭하면 잠시 후 서버로 접속된 화면을 확인할 수 있습니다.

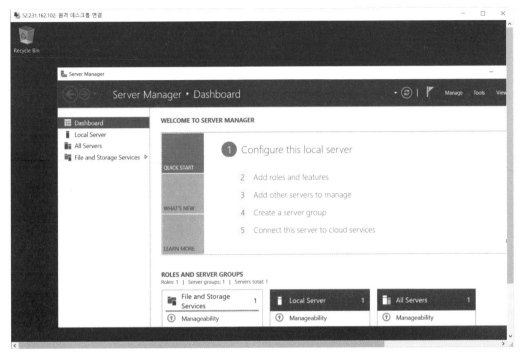

그림 9.7 윈도우 서버 접속 확인

윈도우 서버를 생성한 후에는 앞서 1장과 2장의 개발 환경 셋업에서 설치했던 프로그램인 파이썬, MongoDB 등을 별도로 설치해야 합니다.

지금까지 클라우드 서비스인 에저를 이용해 서버를 생성했습니다. 다만 서버를 생성할 때 [검토 + 만들기]에 나온 비용을 확인해 보면 1시간당 83원 기준으로 30일이면 약 6만원에 가까운 비용이 발생합니다. 그리고 선택한 서버의 용량(vcpu, mem)이 클수록 비용은 더욱 증가합니다. 윈도우는 라이선스 비용이 포함돼 있어서 비용이 비싼 편에 속합니다. 윈도우 서버 2016 Datacenter 외에 Window 10 Pro 등을 생성하는 것도 한 가지 방법이 될 수 있습니다.

추가로 알아야 할 사항은 원격 데스크톱(RDP) 포트를 오픈했기 때문에 누구나 원격 클라이언트로 접속이 가능한 상태입니다. 이런 부분을 방지하려면 RDP 포트를 변경하거나 서버에 접속할 수 있는 IP를 한정하는 것도 방법이 될 수 있습니다. 공용IP로 서버를 생성하면 외부에서 공격이 들어올 수 있다는 것을 항상 염두에 두어야 합니다.

다음 절에서는 클라우드 서버를 이용하는 방식이 아닌 MongoDB 서비스를 이용하는 방식을 알아보겠습니다.

4장에서는 MongoDB 서버를 사용자의 PC에 설치했습니다. 하지만 사용자의 PC에 설치하는 방법 외에도 MongoDB를 사용할 수 있는 여러 방법이 있습니다.

- 윈도우 서버에 MongoDB 설치 : 앞서 9.1절에서 구성한 서버에 MongoDB를 직접 설치해 운영할 수 있습니다.

- 에저 클라우스 서비스 이용: 에저의 리소스 생성에서 mongodb를 검색하면 몇 번의 클릭만으로 MongoDB를 바로 생성할 수 있습니다.

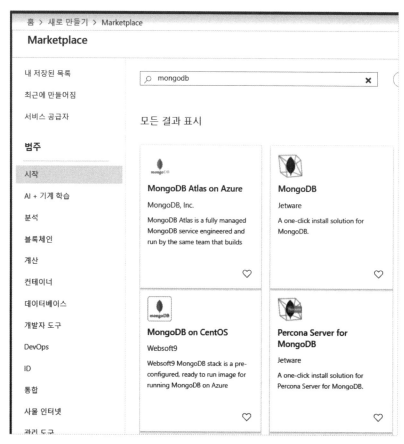

그림 9.8 에저의 MongoDB 서비스

[MongoDB Atlas on Azure]를 선택한 다음 [만들기] 버튼을 클릭합니다. 그다음 이름만 입력하면 간단하게 MongoDB를 생성할 수 있습니다. 다만 MongoDB Atlas는 비용이 꽤 비싸므로 일반적으로 기업의 대규모 서비스에서는 이용할 수 있지만, 개인 개발자가 이용하기는 힘듭니다.

MongoDB Atlas on Azure
MongoDB, Inc.

MongoDB Atlas on Azure ♡ 나중을 위해 저장
MongoDB, Inc.

소프트웨어 플랜 선택

[MongoDB Atlas Pro Package   ∨]   [만들기]

개요   요금제 + 가격 책정

MongoDB Atlas is a fully managed MongoDB service engineered and run by the same team that builds the database. It incorporates operat
from optimizing thousands of deployments across startups and the Fortune 100. Build on MongoDB Atlas with confidence, knowing you nc
database management, setup and configuration, software patching, monitoring, backups, or operating a reliable, distributed database clust

What's Inside

- **Fully Managed Database as a Service on Azure.** Easily deploy, manage, and scale your MongoDB deployments using built in opera
  that we — the company behind the database — have learned from optimizing thousands of deployments from small to massive acrc
- **Deep Monitoring, Query Optimization, & Customizable Alerts.** MongoDB Atlas allows you to visualize and act on over 100 perfo
  performance in real-time, and receive automated suggestions on how to improve slow-running queries.
- **Proactive Support.** MongoDB Atlas Pro provides access to proactive, consultative support. The same team that builds the database
  application lifecycle. Customers can ask MongoDB experts an unlimited number of questions, 24 x 365, globally.
- **Fully Managed Backups.** Protect your business by protecting your data. An optional add-on service to MongoDB Atlas, our fully ma
  MongoDB is the only solution that offers point-in-time recovery, the ability to query your backups, and synchronized snapshots of sl

  Please Note: As of now, only one plan is listed publicly. If that doesn't meet your requirements then we can create a private offer for
  azure-marketplace@mongodb.com or partners@mongodb.com to discuss.

유용한 링크
Learn more: MongoDB Atlas on Azure
Documentation
Live migration to MongoDB Atlas

그림 9.9 MongoDB Atlas 생성

MongoDB Atlas는 에저뿐 아니라 MongoDB 공식 홈페이지(https://www.mongodb.com/)에 가
입하면 약간의 용량을 무료로 이용해 볼 수도 있습니다.

- 에저의 Cosmos DB 서비스 이용

MongoDB 서비스를 이용할 수 있는 또 다른 방법으로는 에저의 Cosmos DB를 이용하는 방법이 있
습니다. [리소스 만들기]에서 [Azure Cosmos DB]를 선택한 다음 계정 만들기에서 필요한 정보를 입
력합니다. 이때 API를 [Azure Cosmos DB for MongoDB API]로 선택한 다음 [리뷰 + 만들기]를 선
택하면 MongoDB와 유사한 문서형 데이터베이스를 비교적 저렴한 비용으로 이용할 수 있습니다.

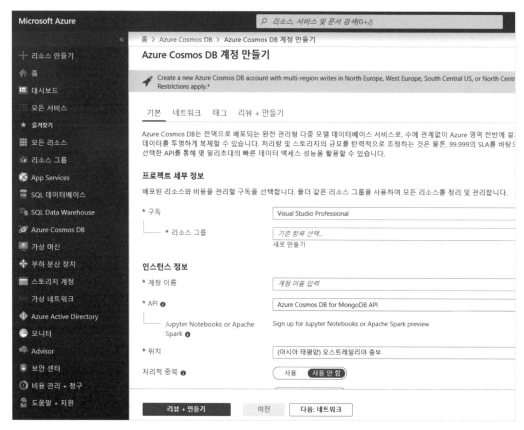

그림 9.10 에저의 Cosmos DB 계정 생성

이번 절에서는 클라우드 서비스인 에저에서 MongoDB와 관련된 서비스를 생성하는 방법을 알아봤습니다. 에저는 윈도우 서버뿐만 아니라 데이터베이스 자체도 서비스로 손쉽게 생성하고 사용할 수 있습니다. 물론 이런 서비스는 다른 클라우드 서비스 업체에서도 제공하고 있습니다.

MongoDB를 서버에 직접 설치 후 운영할지 클라우드 서비스로 이용할지는 비용과 효율성, 서비스의 안정성 등 여러 가지 상황을 고려해 선택하면 됩니다.

9.3 REST API 서버의 배포

이번 절에서는 6장에서 개발한 REST API 서버를 배포하는 방법을 알아보겠습니다. 이번 프로젝트에서는 플라스크로 REST API 서버를 개발했으며, 플라스크로 개발한 서버는 WSGI 라는 파이썬 웹 서버 인터페이스를 따릅니다. 따라서 WSGI를 지원하는 웹 서버로 REST API 서버를 실행해야 합니다. 다만 현재 운영체제가 윈도우 환경이므로 REST API 서버를 배포하려면 Apache + mos_wsgi나 IIS 환경을 변경해서 배포해야 합니다. 하지만 이러한 내용은 이 책의 주제를 벗어나므로(이 책에서 다루기에는 적합하지 않아서) 윈도우 환경이 아닌 리눅스 환경을 구축하고, 리눅스 환경에 배포하겠습니다.

에저에서는 윈도우 환경에서 웹앱 배포에 대한 지원을 중단했습니다. 배포가 가능하긴 하지만 더이상 기술적인 내용이나 업그레이드가 진행되지 않기 때문에 사용을 권장하지 않습니다. 이번 장에서는 에저의 앱 서비스(App service)를 이용해 리눅스 환경에 REST API 서버를 배포하는 방법을 알아보겠습니다.

배포 전 준비

이번 절에서는 REST API 서버를 배포하기 전에 필요한 작업을 진행하겠습니다.

1) stock-lab/stocklab/db_handler/mongodb_handler.py 수정

앞서 6장에서 개발한 REST API는 데이터베이스에 대한 조회와 수정 등을 할 수 있습니다. 6장에서는 같은 로컬 PC에서 REST API와 MongoDB를 설정했기 때문에 conf/config.ini의 [MONGODB]에 작성한 서버의 접속 정보를 이용해 REST API에서 MongoDB에 접근할 수 있었습니다. 하지만 이번 절에서는 REST API와 MongoDB가 물리적으로 서로 다른 위치에 있으므로 접속 정보를 변경해줘야 합니다.

MongoDBHandler에서 __init__ 부분의 config 부분을 다음과 같이 주석 처리한 다음 Mongo Client에 host와 port 정보 대신 9.2절에서 생성한 CosmosDB 연결 문자열 정보를 입력합니다.

만약 9.2절에서 클라우드 서비스에 MongoDB를 배포했다면 연결 문자열(connection string)을 이용해 바로 데이터베이스에 연결할 수 있습니다.

```
class MongoDBHandler:
    """
    PyMongo를 래핑(Wrapping)해서 사용하는 클래스입니다.
    """
    def __init__(self):
        """
        MongoDBHandler __init__
        config.ini 파일에서 MongoDB 접속 정보를 로딩한다.
        접속 정보를 이용해 MongoDB 접속에 사용할 _clinet를 생성한다.
        _db, _collection에는 현재 사용하는 데이터베이스 및 컬렉션 명을 저장한다.
        """
        config = configparser.ConfigParser()
        #config.read('conf/config.ini')
        #host = config['MONGODB']['host']
        #port = config['MONGODB']['port']
        #self._client = MongoClient(host, int(port))
        self._client = MongoClient("mongodb://stocklab:IWBI8qm7pZi9wNs0Lr...")
```

2) requirements.txt 파일 생성 및 수정

다음은 프로젝트에서 사용한 파이썬 패키지 목록을 클라우드에서 사용하기 위해 패키지 정보를 requirements.txt 파일로 생성합니다. 파일은 다음과 같이 pip freeze 명령어를 실행하면 생성할 수 있습니다.

```
(stocklab) C:\stock-lab>pip freeze > requirements.txt
```

다만 리눅스에 배포할 것이므로 requirements.txt에서 pywin과 관련된 패키지 정보는 삭제합니다.

```
pywin32==224
pywinpty==0.5.5
```

3) 깃허브에 소스 코드 업로드

마지막으로 에저에 소스 코드를 업로드하려면 깃허브(GitHub)를 이용해야 합니다. 물론 다른 방식으로도 소스 코드를 올릴 수 있지만, 깃허브를 이용하는 방법이 가장 간편합니다. 깃허브와 관련된 자세한 내용은 부록 A를 참고하기 바랍니다.

다음과 같이 깃허브에 코드를 업로드합니다.

```
C:\>cd stock-lab
C:\stock-lab>git init https://github.com/[사용자ID]/stock-lab.git
C:\stock-lab>git add .
C:\stock-lab>git commit- m "initial commit"
C:\stock-lab>git remote add origin
C:\stock-lab>git push --set-upstream origin master
```

여기까지 배포에 필요한 사전 준비 작업을 마쳤습니다. 다음 절에서는 실제 API 서버를 클라우드 서비스에 배포해 보겠습니다.

에저 웹앱 배포

이번 절에서는 앞서 준비한 내용을 이용해 에저에 웹앱을 배포해 보겠습니다. 에저에는 파이썬으로 개발한 플라스크나 장고와 같은 웹앱을 손쉽게 배포할 수 있도록 지원하고 있습니다. 먼저 배포에 사용할 유저를 생성합니다. 유저를 생성하려면 9장의 앞부분에서 소개한 Azure CLI를 이용해 다음과 같이 명령어를 실행합니다.

```
(stocklab) C:\stock-lab>az webapp deployment user set --user-name hyunny82 --password xxxxxx
```

API 서버가 사용하게 될 리소스 그룹을 생성합니다. 리소스 그룹은 배포하는 서비스가 사용하는 자원을 그룹 단위로 관리할 수 있는 개념으로 여러 개의 서비스가 한 개의 그룹에 포함될 수 있습니다. az group create 명령어를 이용해 name과 location을 지정하고 리소스 그룹을 생성합니다. name은 웹상에 배포되기 때문에 고유한 값을 가져야 합니다. location은 이 리소스 그룹의 서버가 실제 위치하게 될 지역을 의미합니다.

```
(stocklab) C:\stock-lab>az group create --name stocklab88 --location "Korea South"
```

다음은 앱서비스 계획을 생성합니다. 앱서비스 계획은 이 서비스가 사용하는 리소스에 대한 정보를 지정합니다. --resource-group에는 앞서 생성한 리소스 그룹의 이름을 입력하고, --sku에는 이 앱이 사용할 용량을 지정합니다. 기본 설정은 B1이며, 무료 구독을 이용한다면 FREE를 지정합니다.

```
(stocklab) C:\stock-lab>az appservice plan create --name stocklab88 --resource-group stocklab88
--sku B1 --is-linux
```

다음은 실제 웹앱을 생성하겠습니다. --resoruce-group은 앞서 생성한 리소스 그룹의 이름이며 --plan은 앱서비스 계획을 생성할 때 사용한 이름입니다. 또한 --runtime 옵션에 이 웹앱이 사용할 파이썬 버전을 명시해야 합니다. 마지막으로 --deployment-local-git 옵션은 이 웹앱을 배포할 때 사용하게 될 저장소입니다. 이에 관해서는 뒤에서 다시 알아보겠습니다.

```
(stocklab) C:\stock-lab>az webapp create --resource-group stocklab66 --plan stocklab66 --name
stocklab66 --runtime "PYTHON|3.6" --deployment-local-git
```

웹앱 생성 명령어를 실행하면 실행 결과에서 deploymentlocalGitUrl을 볼 수 있습니다. 이 URL로 프로젝트의 소스를 올리면 자동으로 배포가 진행됩니다. hostNames는 접속에 사용하게 될 URL입니다.

```
{
  "availabilityState": "Normal",
  ...
  "defaultHostName": "stocklab88.azurewebsites.net",
  "deploymentLocalGitUrl": "https://hyunny88@stocklab88.scm.azurewebsites.net/stocklab88.git",
  ...
  "hostNames": [
    "stocklab88.azurewebsites.net"
  ],
  ...
}
```

프로젝트 홈에서 git 명령어를 이용해 앞서 출력된 deploymentLocalGitUrl을 저장소로 추가합니다. 이때 이름은 azure로 지정합니다.

```
(stocklab) C:\stock-lab>git remote add azure https://hyunny88@stocklab88.scm.azurewebsites.net/
stocklab88.git
```

git 명령어를 이용해 azure 저장소로 소스 코드를 업로드합니다.

```
(stocklab) C:\stock-lab>git push azure master
```

배포에는 몇 분 정도 소요됩니다. 배포가 완료된 다음 앞서 출력된 hostNames의 URL로 접속하면 REST API 서버를 호출할 수 있습니다. 다음은 /codes를 호출한 결과입니다.

{"count": 1, "code_list": [{"code": "000020", "extend_code": "KR7000020008", "name": "\ub3d9\ud654\uc57d\ud488", "memedan": 1, '

그림 9.11 REST API 서버의 호출 결과

이렇게 해서 클라우드 서비스에 API 서버를 배포했습니다.

에저와 관련된 몇 가지 명령과 깃에 관한 내용을 알고 있으면 몇 단계의 명령만으로 API 서버를 배포할 수 있습니다. 만약 클라우드 서비스가 아닌 실제 서버에 플라스크 애플리케이션을 배포하려면 앞서 실행한 단계보다는 몇 배의 과정을 거쳐야 합니다.

이어서 에저 포탈에서 웹앱과 관련된 몇 가지 메뉴를 살펴보겠습니다. 에저 포탈에는 다양한 기능이 많이 있지만, 몇 가지 필요한 메뉴에 대해서만 알아보겠습니다.

개요

개요 메뉴에서는 기본적인 웹앱에 대한 시작, 중지, 삭제를 실행할 수 있으며 표시된 URL 정보를 이용해 웹앱으로 접속할 수 있습니다.

그림 9.12 에저 포탈 – 개요

문제 진단 및 해결

문제 진단 및 해결 메뉴에서는 웹앱에 대한 많은 내용을 확인할 수 있습니다. 자원(CPU, Memory 등)의 사용량, 애플리케이션 로그, 설정 등 다양한 메뉴가 있습니다.

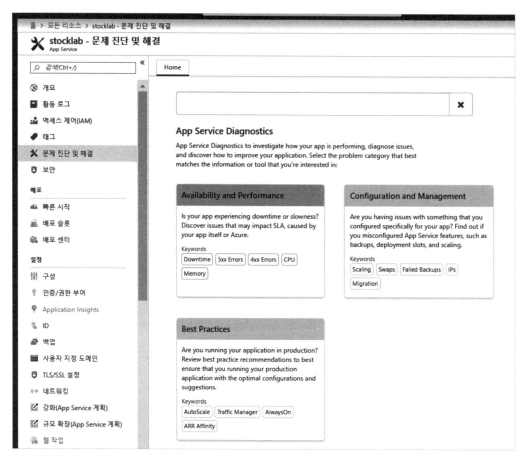

그림 9.13 에저 포탈 – 문제 진단 및 해결

로그 스트림

App Service 로그에서 로깅을 설정하면 로그 스트림 메뉴를 이용할 수 있습니다. 로스 스트림 메뉴를 실행하면 서버에서 생성되는 로그를 실시간(스트림)으로 확인할 수 있으며, 어떤 문제로 서버가 실행되지 않는지 바로 확인할 수 있습니다.

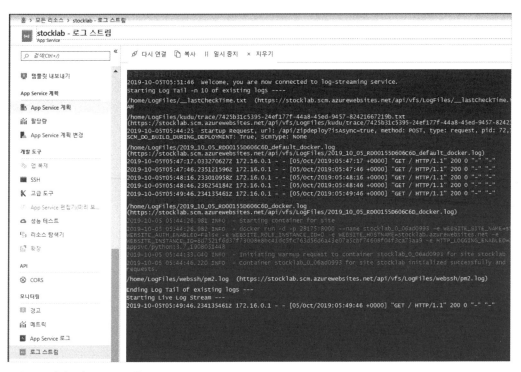

그림 9.14 에저 포탈 – 로그 스트림

개발 도구

개발 도구 메뉴의 SSH나 고급 도구를 이용하면 실제 배포된 서버로 직접 들어가서 여러 정보를 확인할 수 있습니다. 다만 직접 수정하는 것은 권장하지 않습니다.

그림 9.15 에저 포탈 – 개발 도구

이번 절에서는 에저에 REST API 서버를 배포하는 방법을 알아봤습니다.

에저에서는 윈도우 서버에서 웹앱 배포에 대한 추가적인 지원을 중단했기 때문에 이 책에서 소개하지는 않았지만, 윈도우 환경에서도 웹앱을 배포할 수는 있습니다. 다만 IIS 서버에 대한 설정 등을 변경해야 하고 파이썬을 추가로 설치하는 등의 과정을 거쳐야 합니다. 특별히 REST API 서버에서 윈도우 서버와 관련된 기능이 없다면 리눅스에 배포하는 것을 권장합니다.

9.4 리액트 애플리케이션 배포

이번 절에서는 리액트로 개발한 웹을 배포하는 방법을 알아보겠습니다. 리액트를 배포하려면 우선 빌드 과정을 거친 다음 HTML, JS 파일을 만들어서 웹 서버에 올리는 과정을 거쳐야 합니다. 이런 과정 역시 웹 서버에 대한 어느 정도의 지식이 필요하며, 웹 서버에 대해 설정을 해야 합니다. 하지만 클라우드 서비스를 이용하면 리액트로 개발한 웹을 간단하게 인터넷상에 배포할 수 있습니다. 이번 절에서는 리액트 애플리케이션을 빌드하고 간단한 http-server를 이용하는 방법과 에저를 이용한 배포 방법을 알아보겠습니다.

리액트 앱 빌드

리액트 앱을 빌드하는 방법은 간단합니다. 비주얼 스튜디오 코드의 터미널(Ctrl + Shift + `)에서 다음 명령어를 실행하면 빌드를 진행할 수 있습니다

```
C:\stock-lab\client\stocklab-react>npm run build
```

빌드가 완료되면 실행 위치에 build 폴더가 추가됩니다. static 폴더에는 프로젝트에서 개발한 소스 코드들이 몇 개의 chunk.js, chunk.css 파일로 뭉쳐져 있습니다. 이 파일을 실제로 열어 볼 일은 없습니다.

빌드까지 정상적으로 완료했으면 build 폴더에 생성된 파일을 웹 서버에 올리기만 하면 배포는 끝나게
됩니다. 다음 절에서는 빌드한 리액트 앱을 실행하는 두 가지 방법을 알아보겠습니다.

http-server에 리액트 앱 배포

빌드가 완료된 폴더를 http 서버에 올리면 해당 서버에서 리액트 앱을 볼 수 있습니다. http 서버의 종
류에는 파이썬, 노드, 아파치 등 간단하게 사용할 수 있는 다양한 서버가 많습니다.

여기서는 간단한 http-server를 이용해 앞서 빌드한 리액트 앱을 실행해 보겠습니다. http-server는
다음 명령어로 설치할 수 있습니다.

```
C:\stock-lab\client\stocklab-react>npm install http-server -g
```

설치한 http-server를 실행하려면 build 폴더에서 다음 명령어를 실행합니다. 실행 후 Available on
에 표시되는 URL을 이용해 빌드한 화면을 확인할 수 있습니다.

```
C:\stock-lab\client\stocklab-react\build>http-server
Starting up http-server, serving ./
Available on:
    http://192.168.0.14:8080
    http://127.0.0.1:8080
```

http-server가 실행되면 브라우저에서 아래 2개의 주소 중 하나로 접속합니다.

- http://192.168.0.14:8080/index.html

- http://127.0.0.1:8080/index.html

그림 9.17 리액트 앱 배포 후 서버에서 접속

이 방법은 실제 서버에 빌드한 파일을 업로드한 다음 해당 디렉터리를 아파치나 기타 웹 서버로 실행하는 방식입니다.

이어서 다음 절에서는 에저에서 리액트 앱을 배포하는 방법을 알아보겠습니다.

에저에서 리액트 앱 배포

빌드를 완료한 리액트 앱은 REST API와 동일하게 웹앱 형태로 바로 배포할 수 있습니다. build 디렉터리에서 다음 명령어로 배포를 진행합니다.

```
(stocklab) C:\stock-lab\client\stocklab-react\build>az webapp up -n "stocklab-web" -l "Korea South"
```

실행이 완료되면 다음과 같이 배포 정보가 출력됩니다. 여기서 출력된 URL을 이용해 리액트 앱에 접속할 수 있습니다.

```
{
    "URL": "http://stocklab-web.azurewebsites.net",
    "appserviceplan": "hyunny8288_asp_Windows_koreasouth_0",
```

```
    "location": "koreasouth",
    "name": "stocklab-web",
    "os": "Windows",
    "resourcegroup": "hyunny8288_rg_Windows_koreasouth",
    "runtime_version": "-",
    "sku": "FREE",
    "src_path": "C:\\stock-lab\\client\\stocklab-react\\build",
    "version_detected": "-"
}
```

브라우저에서 URL로 접속하면 리액트 앱을 확인할 수 있습니다.

그림 9.18 브라우저에서 URL로 접속해 배포 확인

이렇게 클라우드 서비스를 이용하면 한 번의 명령어로 간단하게 웹을 배포할 수 있습니다.

이번 장에서는 서버를 생성하는 방법부터 개별 데이터베이스, API 서버, 리액트 앱의 배포를 진행해 봤습니다. 서버에서 직접 모든 내용을 다 배포하는 방법은 보안이나 확장성 등 신경 써야 할 부분이 많습니다. 클라우드 서비스는 이런 대부분의 내용을 자체적으로 잘 보완해서 서비스로 제공하므로 개발자는 클라우드의 사용법만 익히면 되고, 인프라나 개발 서비스 운영에 대한 부담을 덜 수 있습니다.

다만 클라우드의 사용법이 아마존, 마이크로소프트, 구글 등 서비스를 제공하는 업체마다 다르기 때문에 처음 익히기에는 어려움이 따를 수 있습니다. 에저 역시 Azure CLI를 이용할 수도 있고, 에저 포탈 (http://portal.azure.com)에서도 동일하게 배포할 수 있습니다. 다만 배포에 필요한 설정이나 명령어가 꽤 많은 편이라서 처음 학습할 때에는 부담을 느낄 수 있습니다.

하지만 처음부터 모든 Azure CLI를 다 외우고 익힐 필요는 없습니다. 하고자 하는 서비스를 검색하거나 클라우드 서비스 업체의 문서를 이용하면 어렵지 않게 진행할 수 있습니다.

10

퀀트 전략

이번 장에서는 퀀트 전략에 관해 알아보겠습니다. 퀀트(Quant)는 계량적(quantitative)과 분석가(analyst)의 약어로 정량적 분석 또는 계량적 분석이라는 뜻입니다. 즉 느낌과 감정을 배제하고 수학적, 통계적 모델링을 이용해 투자 모델을 만드는 방법입니다. 수식을 적용해 종목을 선택하거나 배제하는 방법이라고 이해하면 됩니다. 이번 장에서는 널리 알려진 퀀트 전략 중에서 몇 가지 전략을 구현해 보겠습니다. 다만 퀀트 전략의 유용성이나 활용성, 백테스팅과 관련된 내용은 이 책의 목적을 벗어나는 부분이므로 다루지 않습니다. 구현은 앞서 8장에서 사용한 판다스를 이용하겠습니다.

10.1 NCAV 전략

NCAV(Net Current Asset Value)는 기업의 순유동자산으로 유동자산에서 부채를 제외한 금액을 의미합니다. NCAV 전략은 순유동자산이 시가총액보다 높은 종목을 선택하는 전략입니다. 기업이 청산되더라도 손해 보지 않는 주식을 고르기 때문에 보수적이면서도 저평가된 종목을 고르는 전략 중 하나입니다. 다음과 같은 공식을 이용해 시가총액의 1.5배 이상인 종목만 선택해 보겠습니다.

NCAV 전략	유동자산 − 총부채 〉 시가총액 x 1.5

NCAV 전략의 구현

실제 구현은 8장에서 PER을 구했던 노트북을 기준으로 복사해서 진행합니다. 먼저 새로운 노트북 파일을 생성합니다. 노트북 파일의 이름은 NCAV.ipynb으로 지정합니다. 그다음 새로 생성한 노트북 파일에 다음 코드를 붙여넣습니다. 이 코드는 실제 8장에서 PER을 구할 때 사용했던 코드입니다. 기본 코드는 8장에서 살펴본 코드와 동일하므로 설명은 생략하겠습니다.

예제 10.1 NCAV 전략을 구현하기 위한 기본 코드   (stock-lab/notebooks/NCAV.ipynb)

```python
import pandas as pd
corp_info = pd.read_csv('corp.csv', header=0)

corp_info = corp_info[['종목코드','종목명','현재가','상장주식수']]
corp_info['종목코드'] = 'A' + corp_info['종목코드'].astype(str)

corp_result = pd.read_excel('SAMPLE_2018.xlsx')

corp_data = corp_result[['종목코드', '유동자산', '부채총계']]

corp_total = pd.merge(corp_info, corp_data, how='left', on='종목코드')
corp_total_dropna = corp_total.dropna()
```

예제 10.1을 작성한 다음 corp_total_dropna부터 필요한 데이터를 생성하겠습니다. 먼저 상장주식수 데이터에서 콤마(,)를 제거합니다.

예제 10.2 상장주식수 데이터에서 콤마 제거   (stock-lab/notebooks/NCAV.ipynb)

```python
corp_total_dropna["상장주식수"] = corp_total_dropna["상장주식수"].str.replace(",","")
```

시가총액은 현재가×상장주식수로 구할 수 있습니다. 다음과 같이 현재가에서도 콤마(,)를 제거한 다음 float64로 형변환하고, 상장주식수와 곱셈(*) 연산을 합니다. 연산 결과는 "시가총액" 칼럼에 저장합니다.

예제 10.3 시가총액을 구하는 코드   (stock-lab/notebooks/NCAV.ipynb)

```python
corp_total_dropna["시가총액"] = corp_total_dropna["현재가"].str.replace(",","").astype('float64') *
corp_total_dropna["상장주식수"].astype('float64')
corp_total_dropna
```

다음과 같이 시가총액 결과를 확인할 수 있습니다.

```
In [150]:  #corp_total_dropna["시가총액"] = pd.to_numeric(corp_total_dropna["상장주식수"]) * corp_total_dropna["현재가"]
           corp_total_dropna["시가총액"] = corp_total_dropna["현재가"].str.replace(",","").astype('float64') * corp_total_dropna["상장주식수"].ast
           corp_total_dropna
```

```
Out[150]:
```

	종목코드	종목명	현재가	상장주식수	유동자산	부채총계	시가총액
0	A005930	삼성전자	46,100	5969782550	1.773885e+11	9.185273e+10	2.752070e+14
1	A000660	SK하이닉스	77,000	728002365	1.861824e+10	1.796549e+10	5.605618e+13
3	A005380	현대차	128,000	213668187	4.718014e+10	1.084575e+11	2.734953e+13
4	A051910	LG화학	333,000	70592343	1.319824e+10	1.401299e+10	2.350725e+13
5	A012330	현대모비스	242,500	95306694	2.067302e+10	1.324862e+10	2.311187e+13
6	A068270	셀트리온	179,000	128329070	1.598940e+09	8.587405e+08	2.297090e+13
7	A035420	NAVER	138,500	164813395	5.625319e+09	4.847642e+09	2.282666e+13
9	A005490	POSCO	228,500	87186835	3.467779e+10	3.249545e+10	1.992219e+13
10	A017670	SK텔레콤	246,000	80745711	8.348748e+09	2.122736e+10	1.986344e+13

그림 10.1 시가총액 결과

다음은 NCAV를 구해보겠습니다. "NCAV" 칼럼에는 유동자산에서 부채총계를 뺀 값을 대입합니다. 그다음 "NCAV_RESULT" 칼럼에는 NCAV가 시가총액에 1.5를 곱한 값(시가총액*1.5)이 큰지 비교하여 결괏값을 저장합니다.

예제 10.4 NCAV와 시가총액*1.5의 비교 결과 구현　　　　　　　　　　　　　(stock-lab/notebooks/NCAV.ipynb)

```
corp_total_dropna["NCAV"] = corp_total_dropna["유동자산"] - corp_total_dropna["부채총계"]
corp_total_dropna["NCAV_RESULT"] = corp_total_dropna["NCAV"] > corp_total_dropna["시가총액"]*1.5
corp_total_dropna
```

다음은 NCAV_RESULT에서 True인 경우만 출력합니다.

예제 10.5 NCAV 결과 필터링　　　　　　　　　　　　　　　　　　　　　　(stock-lab/notebooks/NCAV.ipynb)

```
corp_total_dropna[corp_total_dropna["NCAV_RESULT"] == True]
```

다음과 같이 NCAV 결괏값을 확인할 수 있습니다. 결과로 나온 종목은 계산상으로 시가총액에 해당하는 금액을 투자해 모든 주식을 매입한 다음 기업을 바로 청산하면 유동자산으로 부채를 모두 갚은 후 남는 금액은 이익이 됩니다. 따라서 저평가된 종목일 가능성이 높은 기업들입니다. 참고로 NCAV는 비유동자산도 기업이 청산될 때 매각할 수 있지만, 비유동자산의 평가액은 표시된 가격보다 낮을 수 있어서 이러한 자산은 보수적으로 0으로 두고 계산한 전략입니다.

Out[157]:

	종목코드	종목명	현재가	상장주식수	유동자산	부채총계	시가총액	NCAV	NCAV_RESULT
344	A029530	신도리코	43,550	10080029	7.715372e+08	90157728.0	4.389853e+11	6.813794e+11	True
348	A013120	동원개발	4,800	90808100	8.981246e+08	205574622.0	4.358789e+11	6.925500e+11	True
564	A036530	S&T홀딩스	15,000	16303886	1.190037e+09	635462929.0	2.445583e+11	5.545739e+11	True
572	A104700	한국철강	5,290	46050000	5.869405e+08	171829533.0	2.436045e+11	4.151110e+11	True
596	A001940	KISCO홀딩스	12,500	18476380	1.092719e+09	245888261.0	2.309548e+11	8.468307e+11	True
852	A004890	동일산업	59,100	2425215	2.926977e+08	61929466.0	1.433302e+11	2.307683e+11	True
912	A011370	서한	1,310	100894865	4.176500e+08	203752980.0	1.321723e+11	2.138970e+11	True
974	A054800	아이디스홀딩스	11,750	10347756	5.399446e+08	207021746.0	1.215861e+11	3.329228e+11	True
1013	A042420	네오위즈홀딩스	13,150	8856866	2.855531e+08	75866817.0	1.164678e+11	2.096863e+11	True

그림 10.2 NCAV 결과 출력

하지만 저평가된 기업이라고 무조건 주식이 오를 수는 없습니다. 이런 부분들은 백테스팅을 통해 로직을 보완하고 추가적인 팩터(흑자 여부 등)를 통해 확률을 높일 수는 있습니다.

이번 절에서는 이렇게 비교적 간단하게 NCAV를 구현해 봤습니다.

10.2 GP/A, PBR을 이용한 퀀트전략

이번 절에서는 신마법공식을 구현해 보겠습니다. 일부 퀀트 전략 책에서 조엘 그린블란트 교수의 마법공식에 빗대어 노비 막스의 고GP/A, 저PBR 방법을 신마법공식으로 표현하고 있습니다. 노비 막스 교수의 논문[1]에 나오는 GP/A와 PBR을 이용한 전략을 판다스로 구해보겠습니다. 전략은 다음과 같이 비교적 단순합니다.

1) GP/A, PBR의 순위를 각각 구함
2) 통합 순위를 만든 후 높은 20~30종목 매수

먼저 각 용어에 대해 알아보면 다음과 같습니다.

---

1   Robert Novy-Marx, Quality Investing (2014)
     http://rnm.simon.rochester.edu/research/OSoV.pdf

표 10.1 신마법공식에서 사용된 용어 정의

용어	정의
GP/A	매출총이익 / 자산총계
매출총이익	매출액 − 매출원가
자산총계	자기자본 + 부채
PBR(주가순자산비율)	현재주가 / BPS
BPS(주당순자산가치)	기업의 순자산 / 총 발행 주식 수

GP/A는 영업이익이나 당기순이익처럼 기업의 수익성을 나타내는 지표 중 하나로 사용하고 있으며, GP/A가 높을수록 기업의 수익성이 좋은 의미로 해석할 수 있습니다. PBR(Price to Book Ratio)은 주가를 주당순자산(BPS)로 나눈 값으로 만약 PBR이 1이라면 주식의 가격이 순자산의 1배이며 PBR이 10이면 주식의 가격이 순자산의 10배라고로 해석할 수 있습니다. 결국 PBR이 낮을수록 저평가 돼 있다고 볼 수 있습니다.

그럼 다음 절부터는 판다스를 이용해 노비 막스 교수의 고GP/A, 저PBR 퀀트 전략을 구현해보겠습니다.

판다스를 이용한 고GP/A, 저PBR 퀀트 전략의 구현

신마법공식 또한 기본 코드는 PER과 NCAV에서 사용한 기본 코드를 그대로 사용합니다. '신마법공식.ipynb' 파일을 생성한 다음 기본 코드를 붙여넣어 데이터를 준비합니다. NCAV와는 corp_data에서 사용하는 칼럼이 다릅니다.

예제 10.6 신마법공식을 구현하기 위한 기본 코드　　　　　　　　(stock-lab/notebooks/신마법공식.ipynb)

```python
import pandas as pd
corp_info = pd.read_csv('corp.csv', header=0)

corp_info = corp_info[['종목코드','종목명','현재가','상장주식수']]
corp_info['종목코드'] = 'A' + corp_info['종목코드'].astype(str)

corp_result = pd.read_excel('SAMPLE_2018.xlsx')

corp_data = corp_result[['종목코드', '매출총이익', '자본총계', '자산총계', '부채총계']]
```

```
corp_total = pd.merge(corp_info, corp_data, how='left', on='종목코드')
corp_total_dropna = corp_total.dropna()
```

이어서 표 10.1에서 설명한 용어의 값을 표에 주어진 식을 이용해 계산해 보겠습니다.

예제 10.7 GP/A, BPS, 상장주식수, PBR 구하기   (stock-lab/notebooks/신마법공식.ipynb)

```
corp_total["GP/A"] = corp_total["매출총이익"] / corp_total["자본총계"]
corp_total["BPS"] = (corp_total["자본총계"]) / corp_total['상장주식수'].str.replace(',','').
astype("float64")
corp_total["PBR"] = corp_total["현재가"].str.replace(',', '').astype("float64") / corp_total["BPS"].
astype("float64")
corp_total
```

다음과 같이 개별 항목이 출력되는 모습을 확인할 수 있습니다.

In [28]:
```
corp_total["GP/A"] = corp_total["매출총이익"] / corp_total["자본총계"]
corp_total["BPS"] = (corp_total["자본총계"]*1000) / corp_total['상장주식수'].str.replace(',','').astype("float64")
corp_total["PBR"] = corp_total["현재가"].str.replace(',', '').astype("float64") / corp_total["BPS"].astype("float64")
corp_total
```

Out[28]:

	종목코드	종목명	현재가	상장주식수	매출총이익	자본총계	자산총계	부채총계	GP/A	BPS	PBR
0	A005930	삼성전자	46,100	5,969,782,550	1.113770e+11	2.477532e+11	3.393572e+11	9.160407e+10	0.449548	41501.206271	1.110811
1	A000660	SK하이닉스	77,000	728,002,365	2.526423e+10	4.685233e+10	6.365834e+10	1.680600e+10	0.539231	64357.388454	1.196444
2	A005935	삼성전자우	38,100	822,886,700	NaN	NaN	NaN	NaN	NaN	NaN	NaN
3	A005380	현대차	128,000	213,668,187	1.514213e+10	7.389601e+10	1.806558e+11	1.067597e+11	0.204911	345844.699848	0.370108
4	A051910	LG화학	333,000	70,592,343	5.346197e+09	1.732213e+10	2.894414e+10	1.162201e+10	0.308634	245382.533910	1.357065
5	A012330	현대모비스	242,500	95,306,694	4.567004e+09	3.070343e+10	4.307113e+10	1.236770e+10	0.148746	322153.950697	0.752746
6	A068270	셀트리온	179,000	128,329,070	5.491659e+08	2.632778e+09	3.540627e+09	9.078488e+08	0.208588	20515.833723	8.724968

그림 10.3 GP/A, BPS, 상장주식수, PBR 결과

여기에서 PBR이나 GP/A 항목이 null인 데이터는 제거합니다.

예제 10.8 PBR, GP/A 항목이 없는 데이터 제거   (stock-lab/notebooks/신마법공식.ipynb)

```
corp_total = corp_total[pd.notnull(corp_total['PBR']) | pd.notnull(corp_total['GP/A'])]
corp_total
```

GP/A 순위와 PBR 순위를 구합니다. 순위는 rank 메서드를 이용하면 손쉽게 구할 수 있습니다. 다만 PBR은 값이 낮을수록 높은 랭킹을 주기 위해 ascending=False 인자를 추가합니다. 각 순위는 "GP/A Rank", "PBR Rank" 칼럼에 저장한 후 "Total Rank"에는 개별 순위 값을 더한 값으로 저장합니다.

예제 10.9 GP/A, PBR 순위 및 합계 순위 구하기　　　　　(stock-lab/notebooks/신마법공식.ipynb)

```
corp_total["GP/A Rank"] = corp_total["GP/A"].rank()
corp_total["PBR Rank"] = corp_total["PBR"].rank(ascending=False)
corp_total["Total Rank"] = corp_total["GP/A Rank"] + corp_total["PBR Rank"]
corp_total
```

다음과 같이 출력 결과를 볼 수 있습니다. 숫자가 높을수록 높은 순위입니다.

종목코드	종목명	현재가	상장주식수	매출총이익	자본총계	자산총계	부채총계	GP/A	BPS	PBR	GP/A Rank	PBR Rank	Total Rank
A149940	모다	155	21,160,409	7.766928e+10	6.091668e+10	2.299720e+11	1.690554e+11	1.275008	2878.804611	0.053842	1969.0	2043.0	4012.0
A084690	대상홀딩스	6,700	36,212,538	8.912242e+11	1.094780e+12	2.629589e+12	1.534809e+12	0.814067	30232.062608	0.221619	1876.0	2009.0	3885.0
A005990	매일홀딩스	11,700	13,718,304	4.548671e+11	5.160672e+11	8.489405e+11	3.328733e+11	0.881411	37618.876721	0.311014	1900.0	1935.0	3835.0
A095570	AJ네트웍스	4,660	46,822,295	1.056691e+12	5.082648e+11	2.575139e+12	2.066875e+12	2.079017	10855.188559	0.429288	2009.0	1801.0	3810.0
A194510	파티게임즈	536	24,488,350	4.225842e+10	6.304665e+10	1.779223e+11	1.148757e+11	0.670272	2574.556799	0.208191	1794.0	2014.0	3808.0

그림 10.4 GP/A 순위, PBR 순위, 합계 순위 결과

Total 순위를 내림차순(ascending=False)으로 구합니다.

예제 10.10 합계 순위 정렬　　　　　(stock-lab/notebooks/신마법공식.ipynb)

```
corp_total.sort_values(by=['Total Rank'], ascending=False)
```

상위 20개의 종목만 보려면 정렬 코드에 [:20]을 추가합니다.

```
corp_total.sort_values(by=['Total Rank'], ascending=False)[:20]
```

신마법공식 또한 절대적인 수익률을 보장하지 않습니다. 추가로 흑자기업, 중/소형주, 배당 등 팩터를 추가한 다음 종목을 선정할 수 있습니다.

이번 장에서는 몇 가지 유명한 퀀트 전략을 소개하고 이를 판다스로 구현하는 방법을 알아봤습니다. 데이터로 투자 전략을 수행할 때는 대부분의 시간을 데이터의 수집과 정제에 소요한다고 해도 과언이 아닙니다. 판다스는 그중 정제하는 시간을 줄여줄 수 있는 도구로 사용하면 됩니다. 물론 처음 학습하는

데에는 시간이 꽤 걸리지만 한번 익히고 나면 엑셀만큼 편하게 사용할 수 있으며 많은 시간을 절약할 수 있습니다.

퀀트 전략의 어떤 공식도 100% 수익을 장담하지 못하며 백테스트 검증, 리밸런싱 등 추가적인 방법들도 필요합니다. 그렇다고 해도 수익을 장담할 수 있는 공식은 존재하지 않을 것입니다. 다만 확률을 높이기 위한 분석 작업으로 볼 수 있습니다.

몇 가지 알려진 공식을 추가로 구현해보면서 판다스의 사용법과 퀀트에 대한 내용도 함께 익히면 도움이 되리라 생각됩니다.

프로젝트를 마치며

여기까지 이 책의 프로젝트를 모두 완료했습니다. 모든 내용을 읽은 독자라면 이 프로젝트가 주식을 컨셉으로 시스템을 구성하기 위한 기본적인 방법론을 소개하기 위한 프로젝트라는 의미를 이해했을 것이라 생각합니다. 한 권의 책에서 소규모 프로젝트를 진행하는 데 필요한 많은 내용을 모두 다 담아보고 싶었습니다. 넓은 범위의 내용을 다루다 보니 용어나 프로그래밍이 익숙지 않으신 분들은 어렵게 느껴질 수도 있고 어느 정도 개발을 해보신 분이라면 사실 기본적인 내용이라고 느끼실 수도 있습니다. 한 권의 책에서 넓은 범위를 다루다 보니 깊은 내용까지 담기에는 한계가 있었던 점은 이해를 부탁드립니다.

자신만의 시스템을 디자인하고 직접 만들어 가면서 흥미를 느꼈다면 이 책의 역할은 다 한 것으로 볼 수 있습니다. 포기하지 않고 매일 조금씩 이해하는 범위를 넓혀가면 어느 순간에는 굉장히 높은 수준까지 올라갈 수 있을 것으로 생각합니다. 부디 중간에서 포기하지 말고 끝까지 완성해보기 바랍니다.

형상 관리

A.1 형상 관리 도구의 개념

개발에서 중요한 부분 중의 하나는 소스 코드를 관리하는 방법입니다. 소스 코드를 관리한다는 의미는 단순히 저장만을 위한 것이 아니라 기능 단위로 소스 코드를 저장하고 복원하는 것 외에도 팀원과 함께 개발한다면 병합, 버전 나누기, 합치기 등 다양한 활동이 있습니다. 이런 활동을 지원하는 소스 코드의 형상 관리 도구는 SVN, TFS, HG, GIT처럼 다양한 도구가 있습니다.

여러 형상 관리 도구 중에서 이번 프로젝트에서는 깃(Git)을 사용하도록 하겠습니다. 깃은 분산 버전 관리 시스템[1]으로 현재 가장 많이 사용되는 형상 관리 도구 중 하나입니다. 먼저 분산 버전 관리 시스템에 대해 간략히 알아보겠습니다. 그림 A.1을 보면 중앙 저장소(Central Repository)와 로컬 저장소 (Local Repository)를 볼 수 있습니다. 그리고 개발자는 로컬 저장소에 자신이 개발하는 내용을 커밋 (commit)[2]해 반영합니다. 그리고 최종적으로 중앙 저장소에 여러 개발자의 코드를 푸시(push)[3]해 합치게 됩니다.

---

1   Distributed version Control System, https://en.wikipedia.org/wiki/Distributed_version_control
2   로컬 저장소에 개발자의 변경 사항을 반영하는 행위(명령어)를 의미합니다. 다만 분산형이 아닌 버전 관리 시스템에서는 중앙 저장소에 변경 사항을 반영하는 명령어로 쓰이기도 합니다.
3   로컬 저장소에 반영된 내용을 중앙 저장소로 반영하는 행위(명령어)를 의미합니다.

그림에서 볼 수 있듯이 로컬 저장소를 따로 두고 작업하기 때문에 평상시에는 중앙 저장소가 동작하지 않더라도, 그리고 다른 개발자의 소스 코드와는 상관없이 개발을 진행할 수 있습니다.

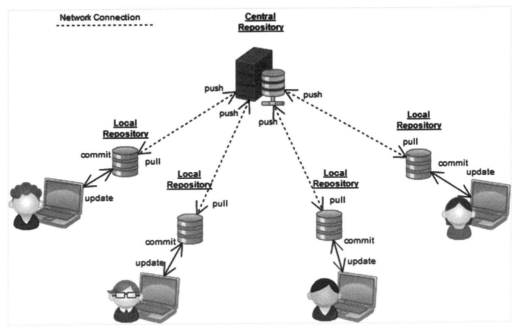

그림 A.1 분산 버전 관리 시스템[4]

이러한 분산 버전 관리 방식을 많은 개발자가 하나의 프로젝트에 참여해 공동으로 개발할 수 있는 환경을 제공하게 됐고, 필요한 기능은 중앙 저장소에 병합함으로써 프로젝트가 발전하면서 오픈 소스가 널리 보급되는 데 많은 역할을 한 도구입니다.

이 프로젝트 역시 일반적인 오픈소스와 같은 활동을 할 수 있도록 깃을 설치하고 중앙 레파지토리에 해당하는 깃허브에 프로젝트를 생성해 소스 코드를 푸쉬까지 해보겠습니다.

A.2 깃(Git)과 깃허브(GitHub)

깃은 버전 관리 시스템으로 소스 코드의 변경을 관리하는 도구입니다. 그렇기 때문에 소스 코드를 보관할 곳은 따로 정해야 합니다. 물론 중앙 저장소를 PC나 서버에도 구성할 수 있지만, 이 책에서는 무료

---

4 출처 https://www.codeproject.com/KB/applications/1165512/image1.png

로 사용할 수 있는 저장소를 이용하겠습니다. 이를 위한 대표적인 저장소가 바로 깃허브입니다. 깃허브는 저장소의 역할뿐만 아니라 협업 툴로서 다양한 기능을 제공하고 있어 전 세계 수많은 개발자들이 깃허브에서 함께 개발을 하고 있습니다. 전 세계 오픈소스 프로젝트의 대부분이 이곳에 모여있다고 해도 과언이 아닙니다. 그리고 깃허브는 2019년 1월부터 비공개(Private) 프로젝트도 무료로 사용할 수 있게 정책이 바뀌었습니다. 이번 프로젝트 역시 깃허브를 사용해 프로젝트를 관리하겠습니다.

우선 깃허브에 회원가입을 해야 합니다. 아래 URL로 이동한 다음 [Sign up]을 클릭하고 이메일로 간단한 인증 절차를 거친 후 가입합니다.

- https://github.com/

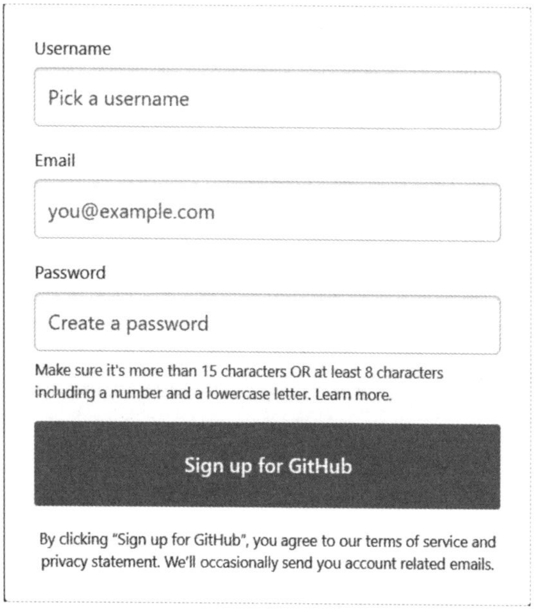

그림 A.2 깃허브에 회원 가입

깃허브에 가입한 다음 [Sign in] 버튼을 클릭해 로그인하면 왼쪽에 현재 사용 중인 저장소의 목록을 확인할 수 있습니다. 처음 로그인한 사용자에게는 저장소가 없습니다. 오른쪽에 있는 [Start a project] 버튼이나 [New] 버튼을 클릭합니다.

그림 A.3 깃허브의 프로젝트 목록

[Repository name]에 'stock-lab'을 입력하고 'Private'을 선택한 다음 [Create repository]를 클릭합니다.

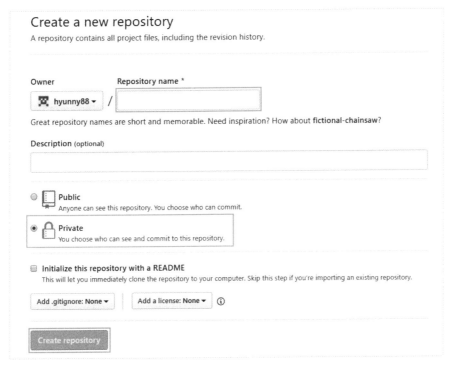

그림 A.4 깃허브 프로젝트 생성

프로젝트가 생성되면 소스 코드를 처음 푸시하는 방법이 나옵니다. 그리고 상단의 HTTPS에 보이는 URL을 저장해 둡니다.

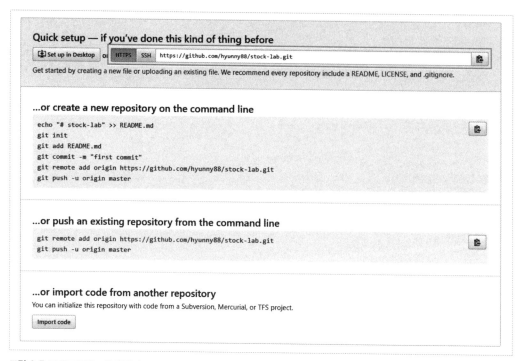

Quick setup — if you've done this kind of thing before

Set up in Desktop or HTTPS SSH https://github.com/hyunny88/stock-lab.git

Get started by creating a new file or uploading an existing file. We recommend every repository include a README, LICENSE, and .gitignore.

...or create a new repository on the command line

```
echo "# stock-lab" >> README.md
git init
git add README.md
git commit -m "first commit"
git remote add origin https://github.com/hyunny88/stock-lab.git
git push -u origin master
```

...or push an existing repository from the command line

```
git remote add origin https://github.com/hyunny88/stock-lab.git
git push -u origin master
```

...or import code from another repository

You can initialize this repository with code from a Subversion, Mercurial, or TFS project.

Import code

그림 A.5 초기 프로젝트 푸시 방법

그럼 앞서 생성한 stock-lab 프로젝트를 깃허브에 올려보겠습니다. 먼저 git config로 글로벌 정보를 PC에 저장합니다.

```
git config --global user.name "[이름]"
git config --global user.email "[이메일]"
```

그다음 stock-lab 폴더로 이동하고 git init 명령어를 실행합니다. 이 명령어를 실행하면 숨겨진 .git 폴더가 만들어집니다. 이곳에 각종 깃과 관련된 구성 파일이 저장됩니다.

```
C:\>cd stock-lab
C:\stock-lab>git init
```

git remote add origin은 깃허브에 만든 저장소를 중앙 저장소로 지정하겠다는 의미입니다. 앞서 HTTPS에 있던 URL을 다음과 같이 입력합니다.

```
C:\stock-lab>git remote add origin https://github.com/[사용자ID]/stock-lab.git
```

추가로 conf/config.ini은 사용자의 아이디나 패스워드가 담겨있기 때문에 이런 파일은 저장소로 업로드하지 않는 것이 좋습니다. git에서 파일을 제외하는 방법을 알아보겠습니다. 프로젝트 홈(stock-lab)의 하위에 .gitignore 파일을 생성합니다. .gitignore 파일에 conf/config.ini를 추가합니다. 이 파일에 명시된 파일이나 폴더는 깃에서 형상 관리를 위한 파일 추적을 하지 않습니다. 깃허브가 프라이빗 프로젝트를 지원하더라도 개인 정보가 담긴 파일은 올리지 않는 것이 좋습니다.

예제 A.1 **사용자 환경 파일은 추적에서 제외**   (stock-lab/.gitignore)

```
conf/config.ini
```

다음은 프로젝트의 파일을 올리는 방법입니다. git add는 지정한 파일을 형상 관리에 포함하겠다는 의미입니다. 여기서 닷(.)을 지정하면 현재 폴더를 포함한 하위 모든 파일을 형상 관리에 포함하게 됩니다. 하지만 파일이 신규로 추가되면 git add로 해당 파일 역시 추가해야 합니다. 다음 git commit -m은 'Initial commit'이라는 메시지와 함께 변경 사항을 지역 저장소에 반영하는 명령어입니다.

```
git add .
git commit -m "Initial commit"
```

처음 git push를 입력하면 현재 브랜치를 upstream으로 설정하라는 안내가 나옵니다. 깃에서 안내하는 명령어를 입력하면 푸시가 정상적으로 진행되는 것을 확인할 수 있습니다.

```
C:\stock-lab>git push
fatal: The current branch master has no upstream branch.
To push the current branch and set the remote as upstream, use

    git push —set-upstream origin master

C:\stock-lab>git push --set-upstream origin master
Enumerating objects: 5, done.
Counting objects: 100% (5/5), done.
Delta compression using up to 12 threads
Compressing objects: 100% (2/2), done.
Writing objects: 100% (5/5), 376 bytes ¦ 53.00 KiB/s, done.
Total 5 (delta 0), reused 0 (delta 0)
```

To https://github.com/hyunny88/stock-lab.git
 * [new branch]   master -> master
Branch 'master' set up to track remote branch 'master' from 'origin'.

다시 브라우저에서 깃허브에 들어가 보면 푸시한 파일들이 저장소에 생성된 것을 확인할 수 있습니다.

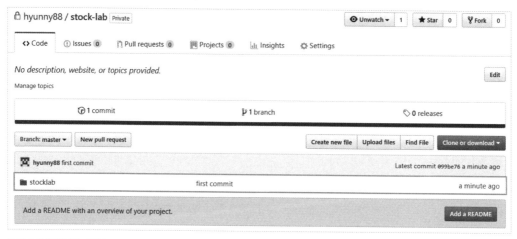

그림 A.7 깃허브의 저장소

보통 커밋은 작은 기능을 단위로 진행하는 것이 좋습니다. 너무 많은 변경 이력을 한 번에 커밋하면 소스 코드를 복원해야 할 때 너무 많은 변경을 복원해야 할 수 있습니다.

지금까지 깃을 이용해 깃허브에 프로젝트를 올려봤습니다. 다음은 리액트와 관련된 몇 가지 오픈소스 프로젝트에 대해 알아보겠습니다.

리액트의
다양한 오픈소스 프로젝트

이번에는 리액트의 다양한 오픈소스 컴포넌트를 알아보겠습니다. 리액트를 기반으로 하는 오픈소스 생태계는 굉장히 다양하고 활발하게 진행되고 있습니다. 이 책의 프로젝트에서는 Material UI, react-select, rechart를 사용했지만, 그 외의 다양한 컴포넌트와 프레임워크를 소개하고자 합니다.

B.1 React-bootstrap

bootstrap은 Material UI와 유사한 프론트엔트 컴포넌트 라이브러리입니다. 반응형, 모바일 친화적으로 Material UI와 같이 다양한 컴포넌트를 이용할 수 있습니다. 샘플 예제[1]를 보면 친숙한 웹 화면들을 볼 수 있습니다.

React-bootstrap은 bootstrap에서 제공하는 컴포넌트를 리액트 기반으로 개발한 오픈소스입니다. 설치는 npm을 이용합니다.

```
npm install react-bootstrap bootstrap
```

몇 가지 컴포넌트를 살펴보겠습니다. 다음은 가장 많이 쓰이는 버튼 컴포넌트입니다.

---

1 https://getbootstrap.com/docs/4.3/examples/

<ButtonToolbar> Primary Secondary Success Warning Danger Info Light Dark Link

```
<ButtonToolbar>
  <Button variant="primary">Primary</Button>
  <Button variant="secondary">Secondary</Button>
  <Button variant="success">Success</Button>
  <Button variant="warning">Warning</Button>
  <Button variant="danger">Danger</Button>
  <Button variant="info">Info</Button>
  <Button variant="light">Light</Button>
  <Button variant="dark">Dark</Button>
  <Button variant="link">Link</Button>
</ButtonToolbar>
```

그림 B.1 React-bootstrap의 버튼 컴포넌트

기본 버튼 외에도 outline, check, radio 버튼 등 일반적으로 사용되는 컴포넌트는 모두 제공됩니다. 사용법도 리액트 컴포넌트에 대한 개념만 이해하고 있다면 바로 사용할 수 있습니다. 이 외에 제공되는 컴포넌트는 다음과 같습니다.

표 B.2 React-bootstrap 컴포넌트

Alerts	Accordion	Badge	Breadcrumb	Buttons
Button Group	Cards	Carousel	Dropdowns	Forms
Input Group	Images	Figures	Jumbotron	List Group
Modal	Navs	Navbar	Oberlays	Pagination
Popovers	Progress	Spinners	Table	Tabs
Tooltips	Toasts			

Bootstrap 컴포넌트는 비교적 모바일과 일반 웹 사이트에 혼용으로 사용해도 자연스러워 많은 개발자가 사용하는 컴포넌트입니다.

웹이나 앱을 개발하면서 아이콘을 적절히 사용하면 괜찮은 디자인 효과를 낼 수 있습니다. Material UI 역시 Material UI의 디자인 컨셉을 반영한 Material UI Icon[2]을 제공하고 있습니다.

이 외에도 다양한 아이콘을 제공하는 Font Awesome에 대해 알아보겠습니다. Font Awesome은 몇 번의 버전 업을 거치면서 약 7천 개의 아이콘을 보유하고 있습니다. 이 아이콘은 공식 사이트[3]에서 검색할 수 있습니다. 그리고 무료로 사용할 수 있으며 프로 버전으로 비용을 지불하면 동일한 아이콘에 대한 다양한 효과도 이용할 수 있습니다.

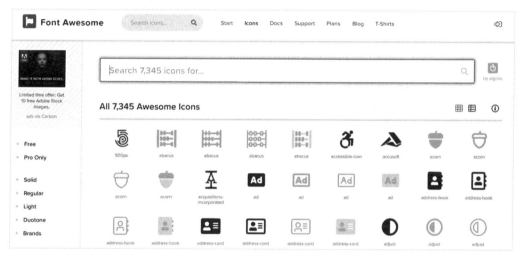

그림 B.2 Font Awesome

리액트에서는 Font Awesome에서 이미지를 내려받은 다음에 개별 컴포넌트에 불러와서 사용할 수도 있지만, 리액트를 기반으로 하는 Font Awesome 컴포넌트 오픈소스[4]가 있어서 이를 이용하면 조금 더 손쉽게 사용할 수 있습니다. 설치는 다음과 같이 npm으로 할 수 있습니다.

```
npm install --save @fortawesome/fontawesome-svg-core
npm install --save @fortawesome/free-solid-svg-icons
npm install --save @fortawesome/react-fontawesome
```

---

2 https://material.io/resources/icons/?style=baseline
3 https://fontawesome.com/
4 https://github.com/FortAwesome/react-fontawesome

사용법 역시 다른 리액트 컴포넌트의 사용법과 같습니다. icon에 아이콘 이름을 입력하면 됩니다.

```
import React from 'react'
import { FontAwesomeIcon } from '@fortawesome/react-fontawesome'

export const Gadget = () => (
    <div>
        <FontAwesomeIcon icon="check-square" />
        Popular gadgets come from vendors like:
        <FontAwesomeIcon icon={['fab', 'apple']} />
        <FontAwesomeIcon icon={['fab', 'microsoft']} />
        <FontAwesomeIcon icon={['fab', 'google']} />
    </div>
)
```

그 외 아이콘과 관련된 다양한 효과는 다음과 같이 간편하게 사용할 수 있습니다.

사이즈 조정

```
<FontAwesomeIcon icon="spinner" size="xs" />
<FontAwesomeIcon icon="spinner" size="lg" />
<FontAwesomeIcon icon="spinner" size="6x" />
```

반대 방향

```
<FontAwesomeIcon icon="spinner" inverse />
```

회전

```
<FontAwesomeIcon icon="spinner" rotation={90} />
<FontAwesomeIcon icon="spinner" rotation={180} />
<FontAwesomeIcon icon="spinner" rotation={270} />
```

사이즈, 방향, 회전 외에도 다양한 효과를 줄 수 있어 유용하게 사용할 수 있습니다.

부록 B에서는 리액트와 관련된 몇 가지 오픈소스 프로젝트를 알아봤습니다. 리액트에는 디자인과 관련된 컴포넌트 외에도 컴포넌트의 상태를 관리하기 위한 프레임워크인 Redux[5], 리액트 페이지를 위한 React Router[6] 등 미처 리액트에서 전부 제공하지 못하는 기능에 대한 프레임워크가 다양하게 준비돼 있습니다.

이런 프레임워크는 리액트 프로젝트의 규모가 커질수록 필요성을 느끼게 됩니다. 부록에서 소개하기에는 다소 어려운 내용이 포함돼 있으니 필요에 따라 이용해보기 바랍니다.

---

5   https://redux.js.org/
6   https://reacttraining.com/react-router/web/guides/quick-start

비주얼 스튜디오
코드 플러그인

이번에는 비주얼 스튜디오 코드의 사용과 관련해 도움을 주는 몇 가지 플러그인을 알아보겠습니다. 비주얼 스튜디오 코드의 플러그인은 엄청나게 많이 개발돼 있습니다. 사실상 비주얼 스튜디오 코드가 제공하는 기능보다 플러그인으로 사용할 수 있는 기능이 월등히 많으며 각 언어(C, Java, Python, Ruby, …)나 프레임워크, 개발하는 프로그램의 형태(웹, 서버, 클라우드, …)에 따라서 개별적으로 다양한 플러그인이 제공되고 있습니다.

부록 C에서는 이러한 플러그인 중에서 몇 가지 유용한 플러그인을 알아보겠습니다.

C.1 REST Client

REST Client는 앞서 6장에서 개발한 REST 클라이언트에 http 요청을 할 수 있는 플러그인입니다. 플러그인에서 REST를 검색하면 상단에서 REST Client 플러그인을 볼 수 있습니다. 29만 건의 다운로드에 평점도 높아서 꽤 좋은 플러그인이라는 것을 알 수 있습니다. [Install] 버튼을 클릭한 다음 설치합니다.

그림 C.1 REST Client 플러그인

사용법은 비교적 간단합니다. 다음 그림과 같이 api.http 파일을 생성합니다. 확장자만 .http로 끝나면 이름은 상관없습니다.

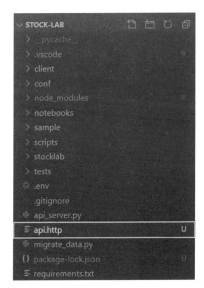

그림 C.2 api.http 파일 생성 (위치: stock-lab/api.http)

api.http 파일에는 다음과 같이 API에 대한 메서드(GET)와 URL을 작성합니다.

```
GET http://127.0.0.1:5000/codes
```

Ctrl + Alt + R 키를 누르면 실행되며, 잠시 후 다음과 같이 오른쪽 화면에 Response가 출력됩니다.

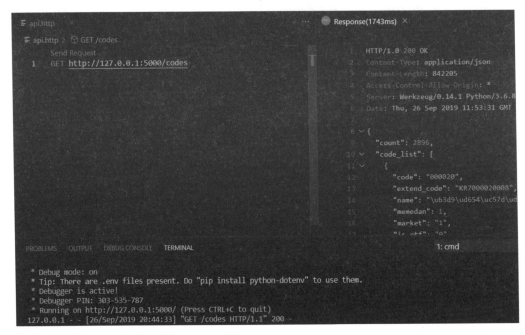

그림 C.3 REST Client 플러그인을 이용해 Response 출력

여러 요청이나 POST에 JSON 포맷 본문을 추가하는 방법은 다음과 같습니다. 일반적인 HTTP spec[1]에 맞는 양식을 사용할 수 있습니다.

```
GET https://example.com/comments/1 HTTP/1.1

###

GET https://example.com/topics/1 HTTP/1.1

###
```

---

1   https://www.w3.org/Protocols/rfc2616/rfc2616-sec5.html

```
POST https://example.com/comments HTTP/1.1
content-type: application/json

{
    "name": "sample",
    "time": "Wed, 21 Oct 2015 18:27:50 GMT"
}
```

REST Client 플러그인을 이용하면 테스트 케이스를 작성하지 않아도 간단하게 실제 요청을 전송할 수 있어 간편하게 사용하기 좋은 플러그인입니다.

C.2 React snippets

이번에는 React와 관련하여 편의성을 높여주는 플러그인을 알아보겠습니다. 일반적으로 React로 개발을 하다 보면 컴포넌트의 기본 코드 템플릿이 같기 때문에 반복적으로 입력 작업을 하는 경우가 꽤 발생합니다. React snippets는 이런 반복 작업을 손쉽게 도와주는 플러그인입니다.

플러그인에서 react snippets로 검색한 다음 ES7 React/Redux/GraphQL/React-Native snippets 플러그인을 설치합니다.

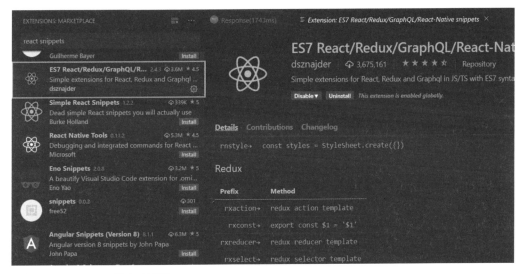

그림 C.4 React snippets 플러그인 설치

그리고 test.js 파일을 생성한 다음 rcc를 입력하고, 드롭다운 박스에 있는 rcc를 선택합니다.

그림 C.5 rcc 입력 후 드롭다운 박스에서 rcc 선택

rcc를 선택하면 다음과 같이 컴포넌트 스니펫 코드가 생성됩니다.

그림 C.6 생성된 스니펫

React snippets는 아주 간단하면서도 개발자의 편의성을 도와주는 플러그인입니다. 컴포넌트 외에 import 문이나 console과 관련된 다양한 스니펫이 있습니다. 리액트에 어느 정도 익숙해진 후에 유용하게 사용할 수 있는 플러그인입니다.

표 C.1 리액트 스니펫 단축키워드

키워드	치환되는 코드
imp→	`import moduleName from 'module'`
imn→	`import 'module'`
imd→	`import { destructuredModule } from 'module'`
ime→	`import * as alias from 'module'`
ima→	`import { originalName as aliasName} from 'module'`
exp→	`export default moduleName`
exd→	`export { destructuredModule } from 'module'`
exa→	`export { originalName as aliasName} from 'module'`
enf→	`export const functionName = (params) => { }`
edf→	`export default (params) => { }`
met→	`methodName = (params) => { }`
fre→	`arrayName.forEach(element => { }`
clg→	`console.log(object)`
clo→	`console.log("object", object)`
ctm→	`console.time("timeId")`
cte→	`console.timeEnd("timeId")`
cas→	`console.assert(expression,object)`
ccl→	`console.clear()`

비주얼 스튜디오와 관련된 플러그인은 종류가 너무나도 많으며 편리한 플러그인이 많습니다. 원격소스 제어, 깃과 관련된 플러그인, 문법 교정을 위한 플러그인, 웹 서버 플러그인 등 다양한 플러그인이 준비 돼 있으니 필요에 따라 설치해서 사용해보기 바랍니다.